JN039135

離婚と
面会交流

子どもに寄りそう制度と支援

小田切紀子
町田隆司

編著

金剛出版

離婚と面会交流
子どもに寄りそう制度と支援
————目次

序章　小田切紀子　［東京国際大学人間社会学部教授］

子ども中心の面会交流に向けて

●—面会交流の現状

面会交流の実態

　離婚後に、父母が子どもの親権、面会交流や養育費について合意できず、家庭裁判所で争う件数が増加している。日本の離婚は大半を父母の合意で成立する協議離婚が占め、離婚後は父母どちらかの単独親権となるが、2011 年の民法改正でようやく面会交流と養育費が法律に明文化され、子どもの利益を最優先に取り決めることが明記された。2012 年には離婚届けの様式が改正され、面会交流および養育費の分担について、「取り決めをしている」「まだ決めていない」をチェックする欄が設けられた。しかしこのチェック欄は、法改正の趣旨を周知させるためのものであり、チェックがなくても離婚届けは受理される。「取り決めをしている」にチェックされていても、どのような内容なのか、どのように履行しているのかは裁判所が関与しない協議離婚ではわからない。2016 年10 月に法務省は、「子どもの養育に関する合意書作成の手引きと Q&A」を作成し、子どもの健やかな成長のために、親は離婚後の養育費と面会交流について、最も優先して考えなければならないとし、全国自治体の窓口で配布を開始した（法務省，2016）。しかし、離婚するほどまで関係性が崩壊している父母が、自発的に連絡を取り協力しあって面会交流を実施するのは容易ではない。

2017 年に家庭裁判所に申し立てられた面会交流の調停は約 12,000 件、養育費の調停は約 18,000 件であった。しかしながら、面会交流の実施状況は、「現在も面会交流を行っている」は母子世帯 29.8％、父子世帯 45.5％、養育費の受給状況は「現在も養育費を受けている」は母子世帯 24.3％、父子世帯 3.2％と低い（厚生労働省，2017a）。また、調停や審判で面会交流を定めても、日本では月 1 回が約 44％、宿泊なしが約 92％であり、養育費の平均月額は母子家庭で 43,707 円、父子家庭で 32,550 円であり、欧米諸国と比較すると極めて低い（OECD, 2017）。

面会交流とひとり親家庭

◉ひとり親家庭の貧困

「平成 28 年度全国母子世帯等調査結果報告」（厚生労働省，2017b）によると、2016 年の母子世帯は 123.1 万世帯、父子世帯は 18.7 万世帯と推計されている。母子世帯になった理由は離婚が 79.5％、死別が 8.0％、父子世帯になった理由は離婚が 75.6％、死別が 18.0％である。収入は、母子家庭の平均年収 223 万円、父子家庭の平均年収は 380 万円、子育て中の一般世帯 626 万円であり、ひとり親家庭の貧困率において、日本は OECD の平均値よりも高い（OECD, 2017）。ひとり親家庭は 2 世帯に 1 世帯が「相対的な貧困」の状態にある。「相対的な貧困」の状態とは、平均的な所得の半分に満たない所得のレベルで生活をしなければならない状態である。

　ひとり親家庭の子どもは、親の収入が少ないため十分な教育を受けらず、進学や就職のチャンスにも恵まれず、子ども世代も貧困になる、という貧困の連鎖が生じている。大学等進学率は、全世帯の進学率 73.0％に比べ、生活保護世帯（35.3％）、児童養護施設（27.1％）、ひとり親家庭（58.5％）で低くなっている。経済的な困窮は、生活習慣、健康管理、自己肯定感など、子どもの成長にさまざまな影響を与え、生育環境により「頑張っても仕方がない」と、学ぶ意欲と将来への希望を喪失することにつながる。

◉面会交流と養育費の関係

　2016 年子育て世帯全国調査（労働政策研究・研修機構，2017）によると、2016 年の離婚母子家庭の「面会交流なし」（過去 1 年間、父親と子どもとの面会や会話

が「ほとんどない」または「まったくない」）は68.2％であった。離婚母子家庭全体の養育費の受け取り率は16.2％であるが、「面会交流なし」は、受け取り率12.0％、「面会交流あり」は25.1％と2倍になる。

アメリカでは養育費の回収に関する州の責任を強化するとともに、面会交流支援によって養育費の自発的な支払を促進させる法整備を行ったが、その効果測定（2006年）では、監督付面会交流支援を受けた別居親で、養育費を支払っている割合が支援を受ける前と比べて53％増加したことが報告されている（国立国会図書館，2015）。

前述のように日本のひとり親世帯の相対的貧困率は高く、ひとり親世帯の半分の子どもが貧困にさらされている。このことから、面会交流を子どもの権利と定め、面会交流を促進することが、養育費を受け取る率を高め、子どもの貧困問題の緩和につながると仮定できる。

面会交流についての心理学的知見

子どもにとっての面会交流の意義は、親から愛されていることの確認、親離れの促進、アイデンティティの確立、自尊心の形成である（小田切，2009；棚瀬，2010）すなわち、子どもは離れて生活する親からも慈しまれ愛されているという体験を通して自尊心を持ち、他者を尊重する気持ちを育む。また価値観の違う二人の親との交流を通して、父親と母親の意見や感情に巻き込まれず、両親から等距離を置くことで、思春期の課題である親離れが可能となる。さらに、父親と母親という性別も性格も価値観も異なる大人が自分の人格形成にどのように影響を与えたかを知って初めて、親とは異なる自分らしさを発見することができる。

父母の離婚後も子どもが双方の親と安定・継続した交流をすることの重要性は、内外の多数の学術的研究によって指摘されている。それらによると、離婚が子に及ぼす悪影響として、抑うつ、喪失感、混乱と困惑、見捨てられ感、寂しさ、怒り、学業成績不振、攻撃性、自己肯定感の低下、他者信頼感の低下などが実証されているが、父母が連携して、面会交流と養育費の支払いが実施されれば、父母がそろった家庭に育っている子の群と比較して統計的有意差がないことも明らかになっている（Wallerstain et al., 2000；Bauserman, 2002；Clarks-Stewart

& Brentano, 2006；Amato, 2010）。つまり、父母の離婚後は、面会交流が子どもの健全な成長において極めて重要であり、面会交流が実施されないことは、子どもの精神発達に上述のような悪影響を与える最大の危険因子であるといえる。

　東京家庭裁判所の判事により、「一方の親との離別が子どもにとって最も否定的な感情体験の一つであり、非監護親との交流を継続することは子が精神的な健康を保ち、心理的・社会的な適応を改善するために重要である」（細矢他, 2012）との基本的認識が示され、子の福祉の視点から面会交流を有益なものととらえる意識が社会の中で定着してきている。子どもが、自分のアイデンティティを形成するにあたり、同居、別居にかかわらず親がどういう人物であるかが子ども自身の認識に与える影響は大きい。子どもが一方の親によってもう一方の親との関係を遮断され、交流の機会が十分に与えられなければ、それは子どもにとって負の財産となり、子どもが健全な愛着関係を築くうえで、取り返しのつかない誤りを犯していることになる。

　さらに、家庭裁判所調査官の小澤真嗣（小澤, 2002）によると、一方の親が面会交流の重要性を理解せず、利己的な判断により、面会交流を妨害、実施しない場合、子の精神状態は、以下のような重大な影響を被る。①拒絶のプロセスに巻き込まれた子どもは、別居親との関係が失われる結果、同居親の価値観のみを取り入れ、偏った見方をするようになる、②同居親が子どものロールモデルとなる結果、子どもは自分の欲求を満たすために他人を操作することを学習してしまい、他人と親密な関係を築くことに困難が生ずる、③子どもは、完全な善人（同居親）の子である自分と完全な悪人（別居親）の子である自分という二つのアイデンティティを持つことになるが、このような極端なアイデンティティを統合することは容易なことではなく、結局、自己イメージの混乱や低下につながってしまうことが多い、④成長するにつれて物事がわかってくると、自分と別居親との関係を妨害してきた同居親に対し怒りの気持ちを抱いたり、別居親を拒絶していたことに対して罪悪感や自責の念が生じたりすることがあり、その結果、抑うつ、退行、アイデンティティの混乱、理想化された幻の親を作り出すといった悪影響が生ずる。

●面会交流と父子関係

　日本に限らず諸外国でも離婚後に子と同居する親は母親が大半であるが、ア

メリカの大学生を対象にした大規模調査によると、離婚家庭の子どもは、両親がそろっている子どもよりも学業や娯楽など多くの側面で父親とのかかわりを求めており、この結果は性別や民族による違いはなく、離婚後の父親と子どもの交流の減少が、離婚家庭の子どもの主なストレスの原因になっている（Schwarts & Finley, 2009）。また、親が離婚した大学生は、そうでない大学生と比較すると、より心痛な子ども時代について報告し、学費や学校行事に親が参加してくれるかについて心配し、親が離婚した学生の3分の2は、父親が身近にいないことを寂しいと感じ、3分の1は父親から愛されているのか、大切に思われているのか不安であると報告し、父親を失ったことの辛さ、喪失感に苦しんでいることが明らかになっている（Laumann-Billings & Emery, 2000）。

　宿泊付きの面会交流は、良好な父子関係に寄与するが、面会交流の回数が多いだけでは、父子関係の質には影響しないことも明らかになっている。とりわけ思春期の子どもにとって、父親と宿泊付きの交流をしている子どもは、していない子どもと比較して、抑うつ、不安、非行や問題行動が少ないことが明らかになっている（Cashmore et al., 2008；Carlson et al., 2008）。

　このように、離婚後、子どもにとって父親の存在は重要であり、父親も子どもとの親密なかかわりを求めている。父親と子どもの双方が交流を求めているが、スムーズな交流には母親の面会交流に対するサポーティブな態度が重要で、母親は父子の交流において重要な役割を果たしている（Kelly & Emery, 2003）。

　母親と暮らす大多数の子どもたちは、離婚後、父親との交流を持ち続けたいと望んでいる一方で、夫婦間暴力や父親による児童虐待、父親の薬物依存があった家庭の子どもは、父親に会うことを拒否していた（Kelly & Johnston, 2001）。また、母親と暮らし、父親との交流がほとんどない10代の子ども27人を対象にしたインタビュー調査からは、子どもは、母親から早急に自立するタイプ、母親の精神的不安定さに巻き込まれるタイプ、母親を精神的に支えるタイプに分かれることが報告されており、年齢に応じた発達課題の達成が難しいことが報告されている（小田切，2010）。

　子どもと父親との交流は子どもの発達に好ましいことが明らかになっている一方で、離婚を経験した親101人と子ども96人を対象にした質問紙と面接調査によると（家庭問題情報センター，2015）、父親と子どもの交流がある母親

（監護者）の77％が、子どもと父親の交流を「よかった」「どちらかといえばよかった」と評価しているが、父親との交流を肯定的に評価している子どもは半分ほどであった。つまり、子どもは父親との面会交流について、単純にうれしい、楽しいではなく複雑であり、両方の親への忠誠心から葛藤を抱えながら会っていることが理解できる。双方の親が、自分たちの対立関係が子どもに影響を及ぼすことを理解し、子どもが不安や罪悪感を持つことなく別居親と交流できるよう努める必要がある。

●──子ども中心の面会交流

子どもの発達と離婚・面会交流

◉子どもの発達課題

アメリカの心理学者エリクソン（Erikson, 1950）によれば、人は乳児期には養育者との間で信頼関係、愛着関係を確立し、幼児期には、両親や家族に温かく支えられながら新しい言語や行動を身につけ（自律）、児童期には学校生活の中で友人関係や学業に取り組み（勤勉性）、思春期・青年期には、身体的変化を受け入れながら自分らしさを獲得し（自我同一性の獲得）大人になっていく。両親が離婚しても、それぞれの発達段階に応じた親の役割が必要であり、面会交流を先延ばしにすることは、子どもの発達にとって大きな損失である。また、子どもは親の離婚に対して、親とは異なる体験をしており、両親の口論や不和、別居・離婚に、親から見捨てられる不安や恐れ、これから先に何が起きるかわからない不安、心配を抱く。親の離婚の影響は年齢によって大きく異なり、乳児期では両親の雰囲気に敏感になり、食事や睡眠の乱れ、同居親から離れられなくなる分離不安などがある。学童期には、どちらかの親の味方につくことが、他方の親を裏切ることのように感じられる忠誠葛藤を起こしたり、悲しみや怒りの気持ちを抑え込んで親を心配させないように明るく振る舞ったりすることがある。思春期以降は、情緒が不安定になり、些細なことで苛立ち物にあたったり、不登校になったりする。自我を形成するこの時期に、親子関係、友人関係で躓き自己肯定感や自信を育むことができないと、生涯にわたり人間関係、社会適応で問題を抱えることになる。

◉子どもの年齢に応じた面会交流

日本では、裁判所が決定する面会交流の頻度は、子どもの年齢には関係なく、1カ月1日数時間程度と一律に決定されることが多い。しかし、諸外国では上述の発達心理学の研究成果に基づいて、子どもの年齢に応じた面会交流の頻度と時間が決められている。アメリカ・アリゾナ州（Arizona Supreme Court, 2009）を例に挙げると、0〜2歳は平日2回夕方3〜4時間＋週末半日、3〜5歳は平日2回夕方3〜4時間＋週末1泊、6歳以降は平日1回夕方3〜4時間＋隔週3泊となっている。長期休暇や祝日は特別スケジュールとして追加される。子どもの親との愛着関係の発達、心身の発達については、外国と日本の子どもに相違は全くない。日本においても、子どもの年齢に応じた面会交流の取り決めがなされるべきである。

父母の葛藤と面会交流

◉父母の葛藤レベルに応じた面会交流支援

父母の葛藤の程度によって、①父母が話し合いによって、自発的に面会交流の取り決めと実施ができる、②専門的な第三者が関与することで、面会交流の取り決めと実施ができる、③父母の葛藤が高く、専門的な第三者の継続的な支援によって、面会交流の取り決めと実施ができる、④父母の葛藤が極めて高く、家庭裁判所の介入によって面会交流が合意できる、あるいは裁判所の審判によって面会交流が決着する、に便宜上分類できる。④の場合、諸外国では、裁判所が民間の面会交流支援機関と連携して実施している。しかし日本では、裁判所が面会交流の決定を出したあと、面会交流の実施はすべて当事者に委ねられており、実施の場面でも、父母の紛争が激化することが少なくなく、子どもの利益のための面会交流であるはずが、子どもが両親の紛争に巻き込まれ忠誠葛藤に苦悩し心身ともに傷ついているケースが多い。裁判所が行政機関と連携して、裁判所の調停、審判の通りに面会交流が実施できているかフォローアップできる制度が期待される。

◉父母の葛藤と面会交流の制限

両親間の葛藤のレベルにかかわらず、単独監護の子どもと比較して、共同監護の子どもでは、感情面、行動面、学業において好成績であり（Warshak, 2017）、

共同養育は、親の葛藤による有害な影響を増大するのではなく、両親の紛争の影響から子どもを守ることが明らかになっている（Nielsen, 2018）。つまり、父母間の葛藤が高いと評価される場合であっても、共同監護・面会交流が制限されるべきではないのである。両親が「高葛藤」と指摘されたときに、一方の親と子どもの面会交流を制限する、あるいは直接的な交流を避け間接交流にするという方針は、面会交流を拒みたい親に高葛藤であると主張し続ければよいという動機を与えてしまう可能性につながる。他方で、高葛藤でも面会交流を行っていくためには、面会交流支援者の専門性、スキルが求められる。

◉片親疎外のリスク

　両親の別居をきっかけに、子どもが良好な関係を構築していた別居親に対し強い拒否反応を示し、別居親への見方が極端な見方に激変する子どもの状態を片親疎外（Parental Alienation）という（Bernet, 2010）。高葛藤の夫婦や面会交流紛争や親権・監護権紛争で起こる病的現象であり、子どもが別居親に対して激しい一連の誹謗中傷を繰り返すことによって明らかになる。ウォーシャック（Warshak, 2017）は、次の3要素の立証を、片親疎外認定の条件として示した。①別居親に対する一連の誹謗中傷や拒絶（エピソードが単発的ではなく、持続的）、②不合理な理由による拒絶（別居親の言動に対する正当な反応といえない疎外）、③同居親の言動に影響された結果としての拒絶。さらに、片親疎外の認定においては、①子が別居親を拒否するようになった時期や、その前後の出来事、②現在の子の拒否の程度や、子が述べる拒否の理由を確認し、子の拒否が現実的な体験に基づくものであるか否か、③子の拒否の背景要因の3点を検討する。

　片親疎外の状態に陥ると、子どもは、同居親は「すべて良くて大好き」、別居親は「すべて悪くて大嫌い」という考え方になり、同居親の別居親への敵意や嫌悪を無批判に支持して取り入れ、それは自分の意見、考えであり、本心だと主張する。子どもは、別居親への苛烈な発言や態度に罪悪感を持たず、別居親の親（子どもの祖父母）や親戚も批判するようになる。

　片親疎外は、同居親が自分の考えを子どもに吹き込むこと、子どもが同居親の意向をくみ取り、自分の考えだと表明すること、つまり同居親と子ども双方の行動によって生じる。子どもが同居親の意向を自分の意向だと主張するのは、

両親の離婚紛争に巻き込まれ、一方の親と引き離され、頼りになるのは同居親だけである状況で、同居親の愛情を失いたくないという気持ちが働き、忠誠葛藤を抱えきれなくなるためである。

　片親疎外は精神疾患の診断名として主要な診断基準への登録が検討されてきた。いまだ診断名として登録はされていないが、『精神疾患の分類と診断の手引き第5版（DSM-5）』（American Psychiatric Association, 2014）からは、「臨床的関与の対象となることがある他の状態」として「両親の不和に影響されている児童」（CAPRD, V61.29）が設けられ、専門家による支援が必要であることが精神科医やサイコロジストらの共通認識となっている（例えば、中村，2018）。片親疎外は診断名となりうるかどうかには議論があるものの、臨床的関与の対象として広く認識されている。

　ウォーシャック（Warshak, 2017）は、一般的に拒絶された親と十分な面会交流を続けていれば、年齢の低い子どもの方が年齢が高い子どもよりも片親疎外の症状を緩和させることが容易であること、片親疎外に陥りやすいのは9〜12歳であることを指摘している。例えば、同居親が「あなたは別居親から虐待を受けていた」と繰り返し聞かせれば、偽りの虐待の記憶を植え付けることは簡単であり、ひとたび偽りの記憶を植え付けられてしまうと、子どもは虐待加害者の嫌疑をかけられた別居親からの働きかけを一切拒否してしまう。その他多くの研究者が、親の離婚や死別よりも、片親疎外に陥った子の方が健全な成長・発達により強い悪影響を受けることを報告している（Barnet, 2010）。また日本では離婚後の単独親権制度をとっているが、クルック（Kruk, 2018）は、片親疎外は親権が一人の親にしか与えられない法制度のもとで生じやすいことを指摘しており、日本では片親疎外のリスクが高いことが予測される。

　同居親が別居親への悪意から子どもに意図的に働きかける場合は、子どもの健全な成長を阻害する心理的虐待といってもよい状況であるが、前述のように、片親疎外は同居親と子ども双方の行動から生じるため、子どもと別居親との面会に気が進まない同居親の態度を子どもがくみ取り、それを同居親が子ども自身の意思と解釈することでも生じうる。結果として子どもの福祉が著しく害されることになるため、正当な理由なく面会交流を制限する態度・行為が子どもに与える影響について、離婚する親たちへの情報提供が必須である。

●──子どもの最善の利益に資する面会交流実現に向けて

民間支援団体への資金助成と支援者の育成

　日本は、アメリカ、カナダなどの諸外国のように家庭裁判所が民間の面会交流支援機関と密接に連携し、裁判所の命令に基づいて面会交流支援機関が支援を開始する法制度が整っていない。また、公的な面会交流支援機関も十分に整備されておらず、民間の面会交流支援機関が法的・制度的支えもなく活動し、自治体による面会交流への資金援助も極めて限定されている。そのため家庭裁判所で調停合意や審判により、面会交流の実施が子の最善の利益に資すると判断されても、裁判所による面会交流へのサポートは乏しく、当事者である親に一任される傾向がある。結果として面会交流の実現も継続も難しく、別居親と子どもの関係が断絶されることが多い。

　加えて、各支援団体の支援者の資質にはばらつきがあり、家族の力動的理解、一方の親からの引き離しや児童虐待やDVのトラウマを抱えた子どもへのアプローチ、高葛藤な親への対応についての専門的な知識やスキルが不足している支援者が、面会交流の現場で親と子どもに対応しているケースが散見される。その結果、子どもが両親の葛藤に巻き込まれて別居親に会うことに強い不安を感じたり、会うことを拒否して面会交流が中断することがある。面会交流支援団体の人材育成とそれを可能にする公的費用の援助が必要である。

　例えば、アメリカで監督付きの面会交流を支援する「監督付き面会交流支援ネットワーク」（Supervised Visitation Network: SVN）では、支援者の行動基準と倫理規定を示し、これらの遵守を支援者に求めている。また、常に専門性の高い卓越した支援が提供できるように多彩な支援者研修を実施したり支援機関のネットワークの構築をサポートしている。また、イギリスで面会交流支援を提供する組織「子ども交流センター全国協会」（National Association of Child Contact Centres: NACCC）では、一定水準の支援者の研修プログラムや支援内容を遵守している機関を認証する制度を導入している。アメリカのSVNの取り組みの詳細は補章を参照してほしい。

裁判所と行政機関と民間支援団体の連携

　日本の離婚件数の約90％を占める協議離婚では、親権者の指定、養育費の分担、面会交流の実施など、子どもの健全な育成に関わる決定がすべて離婚当事者である父母に委ねられている。協議離婚する夫婦が、公的支援がない状況で子どもの養育について合意形成するのは容易ではない事実を行政は認識し、裁判所が核となり、行政と民間の面会交流支援機関が連携し、面会交流の実現に向けて支援していく必要がある。裁判所で蓄積された高葛藤夫婦の紛争解決の調査研究と精神医学・心理学の学術的研究を結集させて、面会交流の援助方法を確立し、その知見を各自治体での支援に生かしたい。例えば、兵庫県明石市のように、各自治体に離婚後の子ども養育に関する専門窓口を設けて、面会交流についての相談や支援機関の情報を提供し、親ガイダンスを実施することが期待される。

文　献

Amato, P. R.（2010）．Research on divorce: Continuing trends and new development. *Journal of Marriage and Family, 72*, 650-666.

American Psychiatric Association（日本精神神経学会日本語版用語監修）（2014）．DSM-5 精神疾患の診断・統計マニュアル．医学書院.

Arizona Supreme Court（2009）．Planning for parenting time: Arizona's guide for parents living apart. ［https://www.azcourts.gov/portals/31/parentingTime/PPWguidelines.pdf］

Bauserman, M. R.（2002）．Child adjustment in joint-custody versus sole-custody arrangement: A meta-analysis review. *Journal of Family Psychology, 16*, 91-102.

Bernet, W.（2010）．*Parental alienation: DSM-5 and ICD-11.* Charles C. Thomas.

Carlson, M., McLanahan, S. S., & Brooks-Gunn, J.（2008）．Coparenting and nonresident fathers' involvement with young children after a nonmarital birth. *Demography, 45*(2), 461-488.

Cashmore, J., Parkinson, P., & Taylor, A.（2008）．Overnight stays and children's relationships with resident and nonresident parents after divorce. *Journal of Family Issues, 29*, 707-733.

Clarks-Stewart, A. & Brentano, C.（2006）．*Divorce: cause and consequences.* Yale University Press.

Erikson, E. H.（1950）．*Childhood and society.* W.W. Norton & Company.（仁科弥生訳（1977）．幼児期と社会Ⅰ・Ⅱ．みすず書房）

Kelly, J. B. & Emery, R. E.（2003）．Children's adjustment following divorce: Risks and resilience perspectives. *Family Relations, 52*, 352-362.

Kelly, J. B. & Jonston, J. R.（2001）．The alienated child: A reformaulation of parental alienation syndrome. *Family Courts Review, 39*, 249-266.

Kruk, E.（2018）．Parental alienation as a form of emotional child abuse: The current state of knowledge and directions for future research. *Family Science Review, 22*(4), 141-164.

Laumann-Billings, L., and Emery, R. E.（2000）．Distress among young adults from divorced families. *Journal of Family Psychology, 14,* 671-687.

Nielsen, L.（2018）．Joint versus sole physical custody: Children's outcomes independent of parent-child relationships, income, and conflict in 60 studies. *Journal of Divorce and Remarriage, 59*（4）, 247-281.

OECD（2017）．［http://www.oecd.org/els/soc/CO_2_2_Child_Poverty.pdf］

Schwartz, S. J., & Finley, G. E.（2009）．Mothering, fathering, and divorce: The influence of divorce on reports of and desires for maternal and paternal involvement. *Family Court Review, 47*（3）, 506-522.

Wallerstain, J. S., & Lewis, J.（2000）．*The unexpected legacy of divorce: A 25 year landmark study.* Hyperion.（早野依子訳（2001）．それでも僕らは生きていく――離婚・親の愛を失った25年間の軌跡．PHP研究所）

Warshak, R. A.（2017）．Stemming the tide of misinformation: International consensus on shared parenting and overnighting. *Journal of the American Academy of Matrimonial Lawyers, 30,* 177-217.

小澤真嗣（2002）．子どもを巡る紛争の解決に向けたアメリカの研究と実践――紛争性の高い事例を中心に．ケース研究，272, 149-167.

小田切紀子（2009）．子どもから見た面会交流．自由と正義，*60*（12）, 28-34.

小田切紀子（2010）．離婚――前を向いて歩きつづけるために．サイエンス社．

小田切紀子（2015）．離婚と子ども――揺れ動く子どもの心．ケース研究，322, 91-119.

家庭問題情報センター（2015）．別居・離婚後の子の最善の利益の実現と親子関係の再構築：面会交流援助の実情と考察．

厚生労働省（2017a）．平成28年（2016）人口動態統計（報告書）．

厚生労働省（2017b）．平成28年度全国母子世帯等調査報告．

国立国会図書館（2015）．離婚後面会交流及び養育費に係る法制度：米・英・仏・独・韓．調査と情報，No. 882.

棚瀬一代（2010）．離婚で壊れる子どもたち：心理臨床家からの警告．光文社．

中村伸一（2018）．夫婦不和の子どもへの影響．心身医学，*58*（4）, 320-325.

法務省（2016）．子どもの養育に関する合意書作成の手引きとQ&A.

細矢郁・進藤千絵・野田裕子・宮崎裕子（2012）．面会交流が焦点となる調停事件の実情及び審理の在り方：民法766条の改正を踏まえて．家庭裁判月報，*64*（7）, 1-97.

労働政策研究・研修機構（2017）．第4回（2016）子育て世帯全国調査．

第Ⅰ部　離婚と子ども　面会交流をめぐる現状と課題

子どもがいる夫婦間の葛藤が限界を超え、離婚に向けて動き出すと、解決しなければならない問題が出てくる。第Ｉ部では、離婚紛争とその間に挟まれた子どもの問題、面会交流の現状と課題・最新の情報を総論として概観することにした。まず、棚村政行教授（早稲田大学）に、家族法研究者の立場から、最新の家族法改正、家族法の考え方、離婚後の親権、面会交流と養育に関する問題点、諸外国の実情などを紹介していただいた。離婚紛争を前に、法律はどのように書かれ、子どもを含めた当事者をどのように守っているのだろうか。気になるところである。次に、編者の町田隆司（家裁調査官）が、家庭裁判所に紛争が持ち込まれたときの扱いを紹介した。調停や審判がどのように行われ、その解決のためにどのような工夫や検討がなされているかを示した。編者の小田切紀子（東京国際大学）は、臨床心理士の立場から、離婚が子どもに与える影響についての学術的知見の紹介、日本の離婚後の単独親権制度における面会交流の現状と課題をまとめた。そして、最後に、今里恵子弁護士から、国際的な子の奪い合い紛争（ハーグ条約事件）の実情と合意による解決に向けた実務を概説していただいた。総論といっても、専門性が異なると、離婚と子ども・面会交流をめぐる課題もかなり違って見えてくることが、おわかりいただけるであろう。面会交流で忘れてならない基本は、子の福祉（子の最善の利益）に適うことであり、その実現には多面的な制度と支援が必要である。それを踏まえたうえで、面会交流を積極的に考えるのが基本であろう。これらを各章から読み取っていただければ幸いである。

第1章　棚村政行　［早稲田大学法学学術院教授］

離婚と子どもを めぐる議論

家族法学者から見た現状と課題

—はじめに

　日本では、2017 年は 21 万 2,000 件、2018 年 20 万 7,000 件、2019 年には 21 万件の夫婦の離婚があり、その 6 割近くに未成年の子がいて、毎年、20 ～ 22 万人の未成年の子が親の離婚によって影響を受けている[註1]。また、2016 年の厚生労働省の全国ひとり親世帯等調査の結果では、母子世帯の平均年間就労年収は 200 万円と父子家庭の半分程度しかなく、パートなど非正規雇用が多く経済的にもきわめて不安定な生活を送っていた。しかも、父親から養育費を受け取っている母子は 24.3％にすぎず、養育費を一切受け取ったことがない母子が 60.7％にものぼっていた。また、母子家庭の面会交流の実施率は 29.8％、父子家庭は 45.5％にすぎず、取決めをしていない親が 7 割を超え、離れて暮らす子どもとの交流も十分でなかった[註2]。

　さらに、全国の家庭裁判所における子の監護に関する処分調停申立新受事件数は、2007 年に 2 万 2,524 件、審判事件は 4,873 件であったのが、2018 年には、

....

● 註1　厚生労働省「平成 30 年度人口動態統計調査上巻 10-11」［https://www.e-stat.go.jp/stat-search/database?query=%E5%87%BA%E7%94%9F%E7］（2020 年 1 月 20 日閲覧）
● 註2　厚生労働省「全国ひとり親世帯等調査結果報告書（2017 年）」［https://www.mhlw.go.jp/stf/seisakunitsuite/bunya/0000188147.html］（2020 年 1 月 20 日閲覧）

調停申立事件が 3 万 4,864 件、審判事件は 9,483 件と急激に増加している。一方、親権者指定・変更事件では、2007 年の調停申立事件は 8,896 件、審判申立事件 2,511 件だったのが、2018 年には、調停申立事件 5,908 件、審判 1,597 件と、こちらは若干の減少傾向にあった。2018 年に家庭裁判所で離婚が成立したケースでは 9 割が母親が親権者となり、父がなるのは 1 割にすぎなかった。面会交流の調停申立事件は 10 年間で 3 倍も増え、2018 年に 2 万 748 件にのぼった。子の引渡し請求も 2,348 件で、監護者指定事件も 3,338 件となった。養育費も、2018 年には、2 万 3,805 件となり、家庭裁判所で離婚が成立したケースで、4 万円以下が 31.7％、次いで、6 万円以下が 19.7％で、10 万円以上は 6.7％しかなかった。[註3]

　そこで、ここでは、離婚と子どもをめぐる困難な問題について、諸外国での先進的な取組みや最近の動向を参考にしつつ、面会交流、子の養育費、親権者・監護者の決定、離婚後の共同親権（共同養育）などを中心に、子どもの権利保障の観点から、その現状と今後の課題について若干の展望を試みたいと思う。

●──面会交流をめぐる問題

面会交流の意義と面会交流原則実施論をめぐる対立

　児童の権利に関する条約 9 条 1 項では、締約国は、児童がその父母の意思に反して父母から分離されないことを確保するとし、同条 3 項で、「締約国は、児童の最善の利益に反する場合を除くほか、父母の一方又は双方から分離されている児童が定期的に父母のいずれとも人的な関係及び直接の接触を維持する権利を尊重する」と定めている。本条からも明らかなように、面会交流は、子どもが両親との交流や接触・絆を維持し守るために不可欠の児童自身の権利であって、父母の対立や葛藤が激しいからという理由だけで制限することは許されない。あくまでも、諸外国と同様に、子の利益に直接かつ明白に反し、子に[註4]

●註3　最高裁判所「平成 30 年度司法統計年報家事事件」（2019 年）2 頁以下［http://www.courts.go.jp/app/sihotokei_jp/search］（2020 年 1 月 20 日閲覧）
●註4　石川稔・森田明編『児童の権利条約』（一粒社，1995 年）222 頁（山口亮子）、喜多明人・森田明美・広沢明・荒牧重人『逐条解説子どもの権利条約』（日本評論社，2009 年）95 頁（許斐有）参照。

とって有害であることが明らかである場合に、面会交流が許されないことが正当化されるといってよい。

　ところで、2011（平成23）年の民法の一部改正で、ようやく民法766条1項に「面会及び交流」との規定が明記されたが、家裁実務では、子の虐待、子の連れ去り、DV、暴力、ストーカーなど面会交流を禁止したり制限すべき事情がないかぎり、葛藤や拒否など感情的な対立に伴う消極的な姿勢があっても、面会交流の阻害要因や問題点を克服してできるかぎり非監護親と子の面会交流を図ろうとする傾向が見られる[註5]。これについては、児童の権利に関する条約の基本理念の再確認やその適合性などから、現行法制度のもとでの実務努力として支持する立場もある[註6]。

　しかしながら、これを面会交流原則的実施論として、これによって子どもの精神的安定が害され、DVや暴力の被害を受けている同居親や子どもたちが面会交流や非同居親との関わりを強制され、その結果、子どもの虐待に近いダメージを受けていると批判する立場もある[註7]。

　もちろん、実務はケースバイケースで考えるべきであり、事案によっては、面会交流をさせることが困難であって、適切でないケースもありうる。しかし、児童の権利に関する条約の9条にもあるように、親子の絆を確かめ継続的な接触や交流を維持する権利は、子ども自身の権利である。子どもの権利が保障されず、大人の激しい争いの中で傷つき、ないがしろにされ、対立の狭間で忠誠葛藤を起こしている状態への支援が不可欠である。このような子どもの利益や権利を守るために、裁判所だけでなく、行政も民間機関も、弁護士なども総合

....

● 註5　細矢郁・進藤千絵・野田裕子・宮崎裕子「面会交流が争点となる調停事件の実務及び審理の在り方」家月64巻7号（2012年）1頁以下、関根澄子「家庭裁判所における面会交流と養育費をめぐる事件の実務」『面会交流と養育費の実務と展望』（日本加除出版，2013年）36〜47頁等を参照。

● 註6　若林昌子「面会交流事件裁判例の動向と課題」論叢85巻2・3号（2012年）406頁。なお、村上正子・安西明子・上原裕之・内田義厚『手続からみた子の引渡し・面会交流』（弘文堂，2015年）101〜106頁（上原裕之）は、留保付で賛成する。

● 註7　梶村太市「子ども中心の面会交流論（原則的実施論批判）：面会交流の実体上・手続上の諸問題」判時2260号（2015年）4〜10頁、長谷川京子「子どもの監護と離別後別居親の関わり」判時2260号（2015年）11〜18頁、梶村太市『裁判例から見た面会交流調停・審判の実務』（日本加除出版，2013年）7頁以下、梶村太市・長谷川京子編著『子ども中心の面会交流』（日本加除出版，2015年）1頁以下等。

的な支援をすべきであろう。[※註8]

面会交流相談支援の実態とその重要性

　父母の確執や葛藤のために、子どもたちがその間で板挟みになったり、親子の面会交流が円滑に実施できなくなることも少なくない。そこで、厚生労働省の母子自立支援室では、ひとり親家庭の支援の一環として面会交流相談支援団体の実態調査研究につき民間調査会社に業務委託をし、面会交流支援を行っている自治体や民間団体に対して、2018年12月より具体的な相談支援体制等についてのアンケート調査を実施するとともに、その中から対象を絞ったかたちで相談支援における大切なポイントを明らかにするためのヒヤリング調査を実施した。[※註9]

　このアンケート調査では、55団体のうち自治体7、民間団体25の合わせて32団体から回答があった。支援実施の経緯では、ひとり親支援系（母子家庭自立支援）が11団体、当事者系（自身の経験等）が9団体、司法系（調停委員・弁護士等）が8団体となっており、「付添い型」「受渡し型」「連絡調整型」の面会交流を実施しているところが8〜9割にのぼっていた。支援実績をみると、相談受付、支援計画策定、面会交流回数とも増加傾向が顕著であった。事前相談の経路としては、「同居親」「別居親」が9割を超え、「弁護士」も9割近くを占めた。支援条件としては、「父母の合意」が9割以上でほぼ必須の条件となり、「面会回数」「最長支援期間」「子の年齢」「連れ去り・暴力がないこと」などの順に多かった。時間を守る、悪口を言わない、同意なく金品をあげないなど面会交流のルールについては、ほぼすべての団体で定めていた。親向けの事前ガイダンスを実施しているところが約8割あり、行っていないのは2割弱にとどまった。留意すべきポイントとして、夫婦や子どもの気持ちに寄り添い、問題点について丁寧に聞き取り、支援者との信頼関係を構築すること、そのために事前ガイダンスに参加し、面会交流の意義を理解し、ルールを守り、相手

●註8　棚村政行「面会交流の実情と課題」ケース研究316号（2013年）86〜134頁参照。
●註9　平成30年度厚生労働省委託『調査親子の面会交流に関する相談支援の充実に向けた調査研究報告書』1頁以下（2019年12月）。

方の立場を尊重することなどがあげられた。[註10]

面会交流支援の留意点

　ヒヤリング調査の結果からも相談の流れに沿った形で次のことが明らかになった。まず、相談・受付では、支援対象者との信頼関係の構築、面会交流支援の内容についての説明・確認、支援条件の説明・確認、面会交流の依頼の意思、離婚や調停の状況、経済状況や生活状況の把握が大切であることがわかった。また、ここでの主要な課題は、メンタルヘルスの問題やDVなどであり、この段階での対応に限界はあるものの、インテーク段階でも情報を得ておくことはきわめて重要であった。ただし、この段階でのメンタルヘルスの問題やDV等の問題の扱いには慎重な配慮が必要であることも明らかになった。事前面談（ガイダンス）では、個別面談で、同居親・別居親双方から不安や要望事項などを丁寧に聞きとり、双方との間で十分な信頼関係を形成するとともに、いずれかに偏らずできる限り公正・中立のスタンスで臨むことが重要だとの指摘もあった。子どもを取り巻く人間関係は事前に確認をしておき、面会交流のルールについてもあまり細かい事項については押し付けることがないように配慮が必要であるとも言われていた。ここでの主要な課題は、強引で過剰な要求や高葛藤で攻撃的な主張から支援員をどのように守るかであった。面会交流の場面では、支援者や親の都合でなく、子どもが楽しめる時間や場所になるよう配慮し、安全・安心を確保し、目が行き届くかどうかを確認することになる。プレゼントや金銭など面会交流時に発生しやすいトラブルやリスクについて、あらかじめ想定したうえで望ましい対応策について検討しておく必要があった。課題としては、安全・安心な場所の確保、ルール違反に対する適切な対応、事故や怪我に対する保険加入等の事前の検討の重要性であった。[註11]

面会交流支援の課題

　面会交流後のアフターフォローとしては、面会交流後にそれぞれから様子を聞き取り、成果や今後の課題について情報共有を図ることが望ましいケースも

●註10　前掲『調査研究報告書』3〜42頁参照。
●註11　前掲『調査研究報告書』43〜75頁参照。

あった。他方で、結果を聞き出したり様子を確認することが、かえって子ども
や親にストレスを与えることもあるため、事案ごとに慎重に配慮する必要があ
ることも明らかにされた。課題として、面会交流の報告書にはセンシティブな
情報が含まれているので、守秘義務や個人情報の管理には細心の注意が必要と
された。専門人材や必要な知識についても、支援員や相談員等のスタッフの
継続的研修が必要であること、NPO法人など組織体制が十分でないところは、
関係機関と連携することで、足りない知識や専門的支援を補完してもらう必要
もあると指摘されている。人材不足や知識不足を補うために関係機関とのネッ
トワークをどのように作り、具体的に必要な研修をどのように行うか検討しな
ければならないことも明らかになった。面会交流を普及し円滑に実施するため
には、その意義や必要性について十分な理解や周知徹底が必要であり、身近な
ところに支援者や支援団体が存在することが必要であるとされた。しかし十分
な事業の周知・PRができておらず、必要な財源や場所の確保、支援者や支援
団体の不足をどうすべきかがさらなる課題として挙げられている。^{●註12}

　欧米諸国と比較しても、日本の面会交流支援団体や支援者は、民間機関にし
ろ、自治体にしろ、圧倒的に数は限られ10分の1以下しかない。しかも、事
業継続のための人材不足や財源の確保の問題は深刻と言える。また、相談支援
体制としても、関係機関の連携や専門家との連携も脆弱であり、限られたリ
ソースを有効に活用するためには、面会交流支援団体における相互交流やネッ
トワーク化を強力に推し進める必要があろう。

親ガイダンスと教育的働きかけの重要性

　また、親教育プログラム、親ガイダンスについて、面会交流を通じて深刻化
する前に、感情的な対立や葛藤が離婚や別居が子どもに与える影響、親の感情
や気持ちと子どもの立場や気持ちを分けて考えられるようになるための心理的
支援が大切である。明石市は、2015年1月から親教育プログラムを試行的に
実施しており、また、FPIC（家庭問題情報センター）は2016年6月から、東京、
大阪、福岡、名古屋、広島、新潟等の各相談室の協力を得て親ガイダンスやセ

●註12　前掲『調査研究報告書』78 ～ 108頁参照。

ミナーを開催した。さらに、大阪家庭裁判所、京都家庭裁判所、東京家庭裁判所など全国の家庭裁判所でも、調査官を中心とした面会交流の親ガイダンスをはじめている[註13]。面会交流では、自主的な合意による納得づくの解決が望ましく、そのための心理的感情的な問題の解決のためには、親教育や親ガイダンスというソフトな働きかけが重要である[註14]。

養育費をめぐる問題

養育費相談からみた実情と問題点

養育費相談支援センターが2007年10月に相談を開始してから、2017年3月までの相談件数は5万4,835件であり、毎年6,000～6,500件の養育費等の相談を受け付けていることになる[註15]。相談者の属性としては、女性が78.9％と圧倒的に多く、男性からの相談は21.1％にとどまった。年齢は30代、40代が比較的多く、職業は3人に1人が会社員であるものの、パート等3割、無職、無収入が4割、収入が200万円を超えない相談者も6割を占め、8割が経済的に厳しい状況におかれていた。相談者の学歴は高卒、年収200万円を超えないものが多く、これに対して、相手方は、大卒も5人に1人おり、年収も300万円以上500万円以下が約3割を占めて、大きな格差があった。

また、離婚後1～3年が6割以上を占めており、協議離婚7割、調停離婚3割、裁判離婚、和解離婚は数％となっていた。話し合いができない相談者が半数近くおり、その理由としては、連絡が取れない、所在不明、暴力の順になっていた[註16]。

養育費の取り決めについては、「協議前・中」が40％、「取り決め有」が49％、「取り決め無」が9％、「不明」2％であった。婚姻状況は、離婚前が31.8％、離婚後の59.6％、婚姻外が7.1％であった。「取り決め有」の内訳とし

●註13　2017年10月21日付朝日新聞夕刊（大阪本社）6頁参照。
●註14　棚村政行編著『面会交流と養育費の実務と展望［第2版］』（日本加除出版，2017年）21頁参照。
●註15　原千枝子「養育費相談の現状と養育費確保を巡る課題」家庭の法と裁判12号（2018年）16頁参照。
●註16　棚村編著・前掲書190頁以下（鶴岡健一）参照。

ては、口頭 19％、念書等 14％、調停・審判等 44％、公正証書 22％と、法的強制力のある取り決めをしているものは 7 割近かった。[註17] 主な相談内容で見ると、①請求手続、②養育費算定、③養育費の不履行、④減額請求、⑤面会交流、⑥強制執行の順で多かった。①の請求手続は 3 割近くにもなり、支払い義務、請求の可否、取り決め方法、請求にあたって相手方の住所を調べる方法など多岐にわたっている。子ども自身から過去の養育費を請求したいとか、同居親に言わずに自分だけで請求できないかという相談もある。[註18] ②の養育費の算定に関する相談は 2 割ほどで、年度途中での転職による収入認定、子どもが 4 人以上いるとか再婚で子どもが生まれるなどの算定表によれないケースの相談もある。自営業の収入の認定・把握、進学費用・住宅ローン、学資保険の扱いなどの相談も少なくない。③の養育費の不履行に関する相談は 3 番目に多く、履行確保の手続、家裁の履行勧告の制度、住所・勤務先等の探索方法等の相談が多い。④の減額請求は、失業、転職等による収入減、再婚に伴う扶養関係の変動に伴う相談が増えている。⑤の面会交流には、別居親が養育費をきちんと支払っているのに、同居親がいろいろな理由をつけて面会交流を拒んでくるので、養育費の支払いを止めてよいかという相談も多い。[註19] ⑥の強制執行では、銀行名がわからないので銀行口座の差し押さえができないとか、公正証書の取り決めで財産開示請求ができないかなど、強制執行の具体的な手続や方法に関するものもあった。2020 年 4 月からは、強制執行の際の財産開示制度として、家庭裁判所に銀行口座や金額等の照会を求めたり、公的機関が有している勤務先・住所等の義務者の個人情報の開示を求めることができる改正民事執行法がスタートする。[註20]

家族関係に対する総合支援センターの設置の必要性

すでに述べたように、2011 年 5 月に、民法の一部を改正する法律案が国会

....

● 註17　原・前掲論文 19 頁参照。
● 註18　原・前掲論文 20 頁参照。
● 註19　原・前掲論文 20 頁参照。
● 註20　浅野匡男「民事執行法及びハーグ条約実施法の一部改正に関する法律」立法と調査 411 号（2019 年）（www.sangiin.go.jp/japanese/annai/chousa/rippou_chousa/backnumber/2019pdf/20190415030.pdf）（2020 年 1 月 20 日閲覧）34 頁参照。

で成立し、児童虐待防止のための親権停止制度等の改正とともに、民法766条の協議離婚に際して、子の監護に関する事項として面会交流・養育費（監護費用）とが明文で規定されることになった。この民法の改正は、2012年4月1日から施行されたが、これに伴い、法務省の通達で、協議離婚届書に面会交流と養育費についての取り決めの有無をチェックする欄が設けられた。しかしながら、これ自体は協議離婚届の受理要件ではないため、チェックをしなくても離婚届出は受理される。

　もちろん、離婚届用紙に面会交流と養育費の取り決めの有無の欄が設けられることで、当事者に離婚の際の取り決めを促進する効果が全くないとは言えず、確かに一歩前進ではあろう。しかし、養育費相談支援センターでの養育費相談の実情から明らかなように、多くの相談者が養育費の取り決めはしたものの、十分な内容の精査はされておらず、半数弱は専門機関への相談を経ておらず、かりに公正証書や調停調書が作成されていても、不履行の割合は7割、8割ときわめて多かった。面会交流についても、取り決めがないものが約7割と多く、取り決めがある者は3割にとどまっていた。養育費相談支援センターも、パンフレット、ホームページ、市役所等で教えてもらったというものが多く、アメリカのロサンゼルスの例と比べても、離婚前、離婚後の専門家による相談支援体制が十分に整えられているということはできない。

　欧米諸国や韓国などが力を入れているように、日本も協議離婚、財産分与、養育費、婚姻費用分担、親権・監護、面会交流などの法的手続や支援、国や自治体の母子寡婦等福祉対策事業等の社会福祉や社会保障のプログラムについて、ワンストップサービスでの相談支援機関を一層拡充しなければならない。家庭問題情報センター（FPIC）は、公益社団法人として、成年後見、離婚、面会交流、養育費、非行など幅広く家族問題についての民間相談機関として活発な活動を展開している。しかしながら、元家庭裁判所調査官等を中心として、ボランティアスタッフの確保、財源や運営費用など経済的な基盤も厳しい状況で、養育費相談支援センターへの厚労省からの業務委託費も限られているため、継続的安定的なサービスができるような公的助成が必要不可欠である。

　国や自治体は、オーストラリアなどのように連携協力して、各地に家族関係支援センターを設置し、家族の問題について合意形成援助と関係機関へつなぐ

ワンストップサービスの機関を充実整備し、家族や子どもの問題への予防的な取組み、早期対応のルートを充実させるべきである。[註21]また、協議離婚についても、韓国の 2007 年の法改正のように、協議離婚に熟慮期間を設けるなどして、[註22]その間に子の親権・監護・面会交流・養育費等についての取り決めを促進するとともに、家庭裁判所での離婚に備えての親権・監護・面会交流・養育費の調停調書の作成、公正証書の作成等について、最高裁判所、法務省、厚生労働省、弁護士会や公証人連合会、司法書士会、行政書士会、臨床心理士会など関係諸団体と協議し、各地に、協議離婚や婚姻費用・財産分与・親権・監護・養育費・面会交流についての家庭問題支援センター（仮称）などの専門相談支援機関を設置すべきであろう。

標準算定表の見直し

2003（平成 15）年 4 月に、養育費・婚姻費用の簡易迅速な算定を目指して、裁判官 6 名、調査官 2 名による東京・大阪養育費等研究会が養育費・婚姻費用の標準算定方式・簡易算定表を公表した。これまで家庭裁判所では、養育費等の事件は件数も多くなり、複雑な計算に時間がかかって、結果の予測可能性が低いという大きな問題を抱えていた。そこで、この「簡易算定表」が家庭実務でも使われるようになり、当事者においても広く活用され、実務上も定着してきた。

もとより算定表は一応の「目安」であり、「算定表によることが著しく不公平となる特別の事情」があれば、これによらずに計算するものであるが、次第に、例外をあまり認めず柔軟性や弾力性を欠くとか、子どもやひとり親家庭の貧困を促進し、最低限の生活を保障していないなどの批判もでてきた。また、算定表が公表されてから 15 年以上が経過し、算定表の基礎となっている数値

● 註21　たとえば、オーストラリア連邦政府・オーストラリア家族問題研究所（2009 年 12 月）（犬伏由子監修・駒村絢子翻訳）「資料：オーストラリア 2006 年家族法制改革評価報告書（要約版）」法学研究 84 巻 3 号（2011 年）55 頁以下は，オーストラリアの家族関係支援センターの活動とその評価について詳しく紹介している。

● 註22　金亮完「韓国における協議離婚制度および養育費確保制度について」家族〈社会と法〉26 号（2010 年）107 頁以下、二宮周平・渡辺惺之編『子どもと離婚：合意解決と履行支の支援』（信山社，2016 年）33 頁以下参照。

や統計等が変わってきており、現在の生活実態や現状にそぐわなくなっているのではないかとも指摘を受けてきた。

　研究者・弁護士らによるこういった批判や問題点の指摘を受け、2012 年 3 月には日弁連が意見書を提出し、2016 年 11 月にはこれらを踏まえたうえで、日弁連が職業費、特別経費の控除や子の生活指数の年齢による細分化などを大幅に見直し、約 1.5 倍ほど増額になる「新算定方式」を提案した。しかし、家裁実務で当事者から「新算定方式」による主張が多くなされたものの、家裁実務の現場では「新算定方式」の（日弁連）提案は「実務上合理性があり、定着しているとは言えない」として認められておらず、少なからず現場での当事者らの混乱を招きかねない状態にあった。

　そこで最高裁は、2018 年 5 月より養育費等の算定に関する実証的研究として共同研究を行い、2019 年 12 月 23 日に「改訂標準算定方式」「改訂標準算定表」を公表することになった。今回の改訂は、現行標準算定表が実務に広く定着し、幅広く活用されていることを認めつつも、提案から 15 年以上も経過していることから、時間の経過や社会生活の実態等の変化に対応して、その内容等に改良が必要な部分につき見直しを図るというものであった。基本的には、現在の算定方式の考え方・判断枠組みを踏襲しつつ、前提となる統計数値や税制等の改正の結果などを最新のものに更新するとともに、子どもの生活指数の見直しなど微調整を図ることで、できる限り、公平性、合理性、客観性を保ち、生活実態を反映しようした。家裁実務では、養育費の事件は 2 万件以上で、子どもの監護を巡る事件の半数を占めており、大幅な改訂や見直しとなると、これまでの調停や審判や取決めも変更や見直しが必要になってしまい、実務上も大きな混乱を招きかねない。このことで結果的に子どもたちの生活にも重大な影響や不利益が出て来ることも危惧される。その意味で、今回の見直しが必要最小限の改訂にとどまったことはやむをえないかもしれない。

　しかし、諸外国をみると、3 年から 5 年程度で、物価指数や経済状況、生活実態等の社会生活の変化は大きく、今後は日本も数年ごとの最新データに基づ

....
●註23　司法研修所『養育費，婚姻費用の算定に関する実証的研究』（法曹会，2019 年）1 頁以下参照。
●註24　2019 年 12 月 23 日付読売新聞朝刊 2 頁、2019 年 12 月 23 日付産経新聞朝刊 1 頁参照。

く算定表の改訂や見直しが必要ではないか。また、今回は、裁判所による実務上の目安やガイドラインということで、見直しがなされたものであるが、裁判所だけでなく、内閣府、総務省、厚労省などの関係機関が連携協力して、子どもや親の生活実態を踏まえたうえで、最低生活を保障できるような合理的で適切な「標準算定表」を作成するとともに、これを子ども貧困対策、ひとり親家庭支援策、格差の是正など国・都道府県・自治体などの子ども・子育て支援、ひとり親支援施策との整合性をもつものとして位置づけてゆくべきである。

今回の算定表の見直しは、あくまで妥当な養育費の金額の決定に関するものであるが、むしろ、決められた養育費がいかに実効的に支払われるか、養育費の履行確保や回収の方法についても、国が率先して対策を講ずるべきである。諸外国のように、養育費を払わずに逃げ回る親に対して、行政を含めてどのように養育費を効果的に回収するか、場合により、立替払いなどで国や自治体が代わりに義務者から取り立てる制度なども考えるべきであろう。

注目すべき明石市の取組み

兵庫県明石市では、2019 年 9 月に、「ひとり親家庭の困窮を防ぎたい」として、離婚相手が養育費を支払わない場合に氏名公表も含む条例案を検討していることをメディアを通じて公表した。子どもの貧困を救済し毅然たる姿勢を示すべきとの賛成の意見もあったが、検討しようとしている条例案に、養育費不払いの場合の履行命令や反則金の徴収、行政サービスの停止、氏名公表などがあったために、行政の過剰な介入、プライバシーの侵害、子どものいじめにつながらないかなどの疑問や批判も強く出てきた。[註25]

2019 年 10 月 11 日には、明石市において、第 1 回の養育費に関する検討会が開催され、私を含む 6 名の委員が参加して活発な意見交換がなされた。明石市としては、養育費の合意形成支援、支払い状況確認、給与の天引き、合意の債務名義化、裁判所からの情報提供支援、市独自の情報提供、養育費の支払い勧告、差押えの手続支援、養育費支払い命令、反則金の徴収、養育支援金の支給、官民連携の立替払い制度、市独自の立替払い制度、行政サービスの停止、

....
●註25　2019 年 9 月 19 日付朝日新聞朝刊（大阪本社）30 頁参照。

氏名公表、罰則など16項目に及ぶ提案がなされ、とくに、3回程度で来年3月の条例制定を目指すことと、制裁の発動など強権的な介入に対して、委員からも異論が出された。[※註26]

そこで、2019年11月18日の第2回検討会では、検討スケジュールを伸ばして2020年12月までの6回程度開催にあらため、再来年の条例制定をめざし、できることについて直ちに実行に移すこと、行政サービスの制限や刑事罰（罰則）などは検討項目から外すこと、検討項目を17から大きな4項目に整理し直すとともに、養育費不払いの場合に、明石市の方で先に養育費を立て替えて、求償権行使により相手方から回収する「明石市養育費公的立て替え制度」の創設の検討をはじめることにした。大きな項目としては、履行促進支援、差押え支援、立替金の支給、過料・公表、その他としたうえで、各制度の利用対象者や具体的な要件等を明確に打ち出すことにした。

今後、明石市の検討会では、第3回の検討会を2020年3月26日に行い、第4回を5月に行って、できれば8月の第5回検討会で、条例骨子案を作成し、9月には委員会報告書を取りまとめたいと考えている。2020年10月には、パブリック・コメントを募集し、11月の第6回検討会ではパブコメの結果を踏まえて、条例骨子案の最終確認を終え、同年12月に市議会に対して条例議案の提出をする予定である。2020年春の現段階では、明石市の条例は、2021年4月1日の施行を考えている。[※註27]もっとも、その間に立て替え払いの試行的実施も検討している。

欧米の先進諸国では、中央政府や国・連邦などに養育費の専門部署（養育費庁、養育費事務所（Child Support Agency）等）を設けて、養育費の決定や回収に関する法律を制定し、国家や行政が養育費の不払いに対して、スウェーデンやフランスなどのように、国による養育費の立替払い制度を設けたり、イギリス、アメリカ、オーストラリアなどのように、給与からの天引き、手当・年金からの天引き・引き落とし、税金の還付金や失業給付からの相殺、運転免許証やパスポート等の停止、扶養料の不払いを犯罪として処罰したり裁判所侮辱で収監するなど、かなり思い切った養育費の決定・回収策を講じている。その結

●註26　2019年9月19日付朝日新聞朝刊（大阪本社）30頁参照。
●註27　2019年9月19日付朝日新聞朝刊（大阪本社）30頁参照。

果、養育費を支払えるのに払わない者からの養育費回収率は、オーストラリア、イギリスなどでは 70 〜 90％を超えているという。[註28]

　お隣の韓国でも、養育費の支払い率は 17％程度であったのが、2014 年に養育費履行確保及び支援に関する法律が成立し、2015 年 3 月から国に養育費履行管理院ができ、アジア初の養育費履行確保の支援機関ができたことで、養育費回収率が 33％程度に上がったという。養育費履行管理院は、養育費に関する相談を受け付け、義務者の住所・勤務先などの照会をするとともに、合意形成支援、取立て支援や制裁措置支援などのほか、モニタリングサービス、面会交流支援、一時的養育費緊急サービスなども行う。2019 年には、一時的養育費緊急支援サービスの期間を最大 12 か月まで延長できるようにした。[註29]

　既に述べたように、日本でも、厚労省の全国ひとり親世帯調査の結果では、養育費を受け取っている割合は 5 年前の 19.7％よりは多少よくなったものの、2016 年で 24.3％しかなかった。これでは、養育費を支払わずに逃げ回る「逃げ得」を許すことになってしまい、子どもの貧困やひとり親家庭の貧困はますます悪化せざるを得ないことになる。養育費標準算定表の見直しも数万円程度の増額にとどまり、ひとり親や子どもの貧困化の抜本的解消や養育費の逃げ得の解決策には程遠い。国をあげて、明石市で進みつつある養育費への取組みの意義をあらためて強調するとともに、養育費の問題を個人の私的な問題とせずに、子どもの幸せを応援するため、養育費の合意形成支援、合意実現支援、行政による不払い対策を講ずべきである。また、裁判所も養育費紛争の解決のための簡易算定表の作成に当たり、養育費の妥当な金額や子どもの最低生活費を保障する養育費水準に基づき、数年ごとに改定するなど関係機関と連携協力すべきであろう。

●──親権者・監護者の決定基準

　誰が親権者・監護者となるべきかについては、子の利益が基準となるが、具

●註28　棚村編著・前掲書 302 頁、308 頁（下夷執筆）参照。
●註29　姜東姓「大韓民国養育費履行管理院の現況と改善の方向」『新・アジア家族法三国会議第 9 回養育費の算定と履行確保』（日本加除出版，2019 年）152 頁参照。

体的には、父母の事情として、監護能力（親族の援助や監護補助者も含む）、監護の実績（継続性）、主たる監護者、子に対する愛情、経済力（職業・収入・就労状況等）、心身の健康状態、子と接する時間、保育環境、住居環境、教育環境、性格や生活態度、親としての適格性、暴力・虐待・ネグレクトの有無、監護開始方法の違法性、面会交流の許容性や相手方の親としての立場の尊重（フレンドリー・ペアレント・ルール）、子との情緒的結び付きなど子どもの監護養育に影響を及ぼす事情、また子の側の事情としては、子の年齢、性別、心身の状況、養育環境への適応状況、監護養育環境の安定性や継続性、子の意向・心情などが総合的に判断されることになる。[註30]

　たとえば、離婚訴訟係属中に、母親（妻）から父親（夫）に対して、2人の子どもに対する監護者の指定と子の引渡しが請求されたケースで、当時3歳の長男、2歳の長女の監護者につき、両者に監護者としての適性を欠く点がなく、有意な差があるわけでないため、現在の監護状況を変化させることがいたずらに監護の安定性を欠くことになるとして、母親優先の主張を斥け、継続性や監護養育環境の安定と現状の尊重の考え方に立って、父親を監護者として指定し、母親からの子らの引渡し請求を却下した事例がある（①広島高決平成19.1.22家月59巻8号39頁）。また、9歳の長男について、父から母親に対して監護者の指定と子の引渡しが求められたケースで、父母双方が監護者としての適格性を有しているが、子の生活基盤及び心情の安定を図るという観点から監護者として母親を指定し父親からの子の引渡し請求を却下した事例もある（②東京家審平成22.5.25家月62巻12号87頁）。さらに、8歳の長男と6歳の二男につき、母親から父親に対して監護者指定と子の引渡しが求められたケースで、現在の父親の下での監護状態に問題がないとして母親からの請求を認めなかった抗告審を支持した事例もある（③最決平成24.6.28判時2206号19頁）。

　別居中の夫婦の間で父親が面会交流の予定の9歳と5歳の未成年者らを連れ去る計画で、両親や親族の協力のもとに実力行使により無理やり子らを車に乗

....
●註30　松原正明「家裁における子の親権者・監護者を定める基準」判タ747号（1991年）305〜306頁、清水節「親権者指定・変更の手続とその基準」判タ1100号（2002年）156〜157頁、二宮周平・榊原富士子『離婚判例ガイド［第3版］』（有斐閣，2015年）191頁、二宮周平編『新註釈民法（17）親族（1）』（有斐閣，2017年）341頁（棚村政行）参照。

せて連れ去って監護しているケースで、母からの監護者の指定及び子の引き渡しが求められたのに対し、双方の親権者としての適格性はあるものの、監護の継続性の視点から、子らが主たる養育者である母のもとで継続的に養育され安定していた事情があり、現在の状態は父の違法な未成年者の連れ去りにより作出された監護開始の違法性を重視し、母親を監護者に指定した原審判を相当と認めた事例もある（④東京高決平成 24.6.6 判時 2152 号 44 頁）。

　婚姻中の父母が不仲で、母は近くの自分の実家で寝泊まりし、父も勤務の関係で母とはほとんど時間を共にすることなく、お互いに 8 歳の長男と 7 歳の長女、15 歳と 16 歳の継子（前妻との間の子）の監護養育を継続しているところ、母から父に対して子の監護者の指定の申立がなされたケースで、母と父はほぼ同じ程度に子らの監護養育をしているということができ、「共同監護のような状態」であるといえること、父の監護養育に大きな問題があるとは認められずに、現在の共同監護の状態はそれなりに安定しており、いずれかを監護者に指定することは、未成年者らが触れ合える現状を壊しかねず、きょうだいは離れたくないという未成年者らの意向にも反して相当でないと申立を却下した事例がある（⑤大阪家審平成 26.8.15 判時 2271 号 111 頁）。

　とくに、現に子らを監護する父に対して母親から三人の子の引渡しが求められたケースで、子らと母への精神的な結びつきや母への思慕の念の強さ、母の下で生活したい旨の意向のほか、父は自身の母に対する暴力を目撃した子らの心情に対する配慮に欠けており、父は審判期日で合意した月 1 回の面会交流の実施に対しても非協力的な態度に終始していること、面会交流に柔軟に対応する意向を示している母に監護させ、父母双方との交流ができる監護環境を整え、もって子らの情緒の安定、心身の健全な発達をはかることが望ましいと説示して、3 人の子を母に引き渡すよう命じた事例がある（⑥東京高判平成 15.1.20 家月 56 巻 4 号 127 頁）。

　また、別居中の夫婦間で、母が 6 歳、5 歳、3 歳の子らを平穏かつ公然と監護下におき監護を継続してきたにもかかわらず、父が無断で保育園から子らを連れ去り違法に自らの監護下に置いたとして母から父に対して子らの引渡しを求めたケースで、子の福祉の観点から、父に引き続き子を監護させることで得られる利益と母に子らを監護させる場合に得られる利益とを比較し、前者が

後者をある程度有意に上回ることが積極的に認められない限り、法律や社会規範を無視する行為であり、監護者としての適格性を疑わせる事情とも言い得るとして、母への子らの引渡し請求を認容した事例もある（⑦仙台高判平成 17.6.2 家月 58 巻 4 号 71 頁）。

さらには、別居中の父が 7 歳の子を監護する母に対して子の監護者の指定と子の引渡しの保全処分を申し立てたケースで、未成年者がまだ 7 歳であり、安定的に母子関係を形成することが重要である点からは、母子を分離することに問題はあるものの、母の従前の監護状況や現在の就業形態からすると、子を十全に監護できる状態にあるとはいえないこと、母は父との面会交流に反対の意思を有しており、かかる態度が子と父との交流を妨げる結果となっており、未成年者の社会性を拡大し、男性性を取得するなど健全な発育に対する不安定要素となっていることなどから、子の監護者を父と定めて、子の引渡しを命じることが子の福祉にも適うと判断した事例もある（⑧東京家八王子支審平成 21.1.22 家月 61 巻 11 号 87 頁）。

別居中の父母間で、離婚訴訟で、長女（一審当時 8 歳）の親権者をめぐり争われたケースで、母親が父親の了解を得ることなく長女を連れ出し、以後 5 年 10 カ月間、長女を監護してきたこと、その間、6 回程度しか面会交流に応じておらず、自分が親権者となっても月 1 回程度の面会交流を希望すること、これに対して、父親は長女との生活が実現すれば、共同養育計画や年間 100 回に及ぶ面会交流の提案をしており、長女が両親の愛情を受けて健全に成長することを可能とするため、父親を親権者に指定した事例（⑨千葉家松戸支判平成 28.3.29 判時 2309 号 121 頁）が出てきた。これに対して、二審の東京高裁は、親権者の指定においては、父母の面会交流の意向だけで決めるべきではなく、子が母親の下で順調に生育し、母子関係に特段の問題もなく、子の利益の観点から、長女を転居・転校させて現在の監護養育環境を変更しなければならない必要性はなく、子の意向等も考慮すれば母親を親権者と指定するのが相当だと判示した（⑩東京高判平成 29.1.26 判時 2325 号 78 頁）。

最近の裁判例をみる限り、①③は継続性や現状の尊重原則を重視し、②④は監護実績と主たる養育者を優先させ、④は付随的に奪取行為の違法性を考慮している。⑤も現状の尊重や継続性であるが、子の意向やきょうだい不分離の原

則も配慮されている。⑥は母子の情緒的結びつき、子の意向のほか、子らの心情への配慮の欠如、面会交流への非協力的態度が子の引渡し請求で父側にマイナス評価の事情とされている。⑦は違法な連れ去り、監護者としての適格性を疑わせるとマイナス評価されており、⑧も、母の監護能力に問題があり、父の面会交流に反対していることが考慮されて、父を監護者として母に引き渡すよう命じた事例であった。これに対して、⑨は、共同養育の計画や年100回もの面会交流という寛容性原則を重視したものであったのに対し、⑩は年100回の面会交流の実現は困難であるとし、これまでの監護実績や子の現状を変更する必要性がないことや子の意向を重視して、一審判決を覆した。

　このように、これまでの裁判例では、常にさまざまな考慮事項が総合的に判断され、優劣がないとき、主要な考慮事項が絞られて判断がなされていた。ここに挙げた中で面会交流への非協力的な態度や拒否が親権者・監護者指定や子の引渡しで考慮されたのは⑥⑧の事例のみであった。これに対して⑨の判決は、はじめて親権者の決定において、監護の実績や継続性において勝る母親より、年100回程度という頻回な面会交流と共同養育計画を提案した父親を親権者にすることが子の利益となるとの判断をしたもので、これまでの家裁実務のあり方と比べ、かなり異例の考え方を採用したものと言えよう。⑩は継続性や子の意思の尊重原則に従った判断であるといってよく、最高裁も二審判決を支持して上告受理を拒否した（最二小決平成 29.7.12LEX/DB 文献番号 25547054）。

●──離婚後の共同親権の導入に向けて

婚姻中の共同親権と離婚後の単独親権の原則への批判

　成年に達しない子は、父母の親権に服し（818 条 1 項）、婚姻中は、父母は子の親権を共同して行う（818 条 3 項本文）。明治民法は、家制度の下で、原則として未成年の子の親権者として「家ニ在ル父」と定め、例外的に父が知れないとき、死亡したり、去家したときに、母も親権者になれるとしていた（明治民法 877 条）。これに対して、戦後の民法改正では、親権における父母の平等性

●註31　棚村政行「親権者・監護者の決定とフレンドリー・ペアレント（寛容性）原則」家族〈社会と法〉33 号（2017 年）。

を確保するため、婚姻中の父母の共同親権行使を原則化した。

　しかしながら、父母が協議上の離婚をするときは、その協議で父母の一方を親権者と定めなければならないと規定した（819条1項）。離婚後の単独親権の原則を採ったのは、離婚した父母は事実上生活を共にしないため、親権の共同行使が困難であったり、不可能であることが多く、子の利益にもならないからだと説明されてきた。[註32]

　もっとも、離婚後の単独親権の原則を批判し、子どもの幸福追求権を根拠に、離婚後の共同親権の立法提案をする立場もあった。[註33]最近では、諸外国での動向に合わせて、離婚後の共同養育責任、親権共同行使の原則を採用するべきであるとの立場も有力に主張されている。[註34]これに対して、離婚後の共同親権について、子の福祉の観点から慎重に検討すべきとの立場、[註35]現在の離婚後の単独親権制を維持しながら、共同化の選択肢をとれるような法改正の提案をする立場も主張されている。[註36]

親権と監護権の分離による共同監護や面会交流実現の可能性

　ところで、親権と監護権とはどのような関係にあるのか、また親権と監護は分離することはできるのだろうか。離婚後、父母の間で親権と監護権を分離分属させることができるかどうかについては争いがある。消極説は、親権の本質は子の監護教育にあるから監護適任者を親権者に指定すべきで、親権と監護権を旧法のように分離させるべき必要性はないこと、父母の争いを調整する手段

....
- ●註32　我妻栄『改正親族・相続法解説』（日本評論社，1949年）107頁、中川善之助編『註釈親族法（下）』（有斐閣，1952年）36頁（舟橋淳一）、於保不二雄・中川淳編『新版注釈民法（25）』（有斐閣，1994年）41頁（山本正憲）等。
- ●註33　佐藤隆夫『離婚と子どもの人権』（日本評論社，1988年）84頁以下参照。
- ●註34　許末恵「親権をめぐる法規制の課題と展望」家族〈社会と法〉24号（2008年）130～131頁、中田裕康編『家族法改正』（有斐閣，2010年）138頁（水野紀子）、犬伏由子「親権・面会交流権の立法課題」家族〈社会と法〉26号（2010年）46～47頁、田中通裕「親権法の立法課題」法時83巻12号（2011年）27～29頁等。
- ●註35　窪田充見『家族法［第2版］』（有斐閣，2013年）121頁参照。
- ●註36　小川冨之「婚姻の解消と子どもの問題について」日弁連両性の平等に関する委員会編『離婚と子どもの幸せ』（明石書店，2011年）218頁、小川冨之「離婚後の親子の交流と親権・監護・親責任」梶村太市・長谷川京子編『子ども中心の面会交流』（日本加除出版，2015年）107頁等。

として親権と監護権を分属することは子の利益にならないこと等を論拠とする。[※註37]これに対して、積極説は、離婚に際しての父母の親権争いで、妥協的調整的措置として利用できること、離婚による混乱の中で落ち着くまで便宜的暫定的に父母間で親権と監護権を分ける実益があることを主張する。[※註38]

　しかしながら、近時は妥協的調整的手段として親権と監護権の分離を考えるのではなく、離婚後も父母が子の養育に共同で関与し、離婚後の単独親権の原則の弊害を是正する意味で子の監護者制度を位置づけようとする積極説も有力である。このような立場では、親権と監護権の分属により、父母双方が子の養育についての共同責任を負担していることを自覚させ、子の福祉の観点から、父母の監護養育責任と協力の必要性を強調することにより、離婚後の共同監護の可能性を模索しようとすることになろう。[※註39]

　もっとも、父親と母親との間で父がたびたび暴力を振るい、母親も被害者意識を強めて、お互いの不信感は高まり、離婚するに至ったもので、子どもたちの不登校などの問題行動は、父親から母親に対する暴力を伴う家庭不和に大きく影響されたものと考えられ、未成年者の健全な人格形成のために父母の協力が十分可能な場合には、親権と監護権を父母で分属させることも適切な場合があるが、本件は、父母の間で父親に親権・監護権を分属せることは適当であるとは認めがたいとして、長女（当時9歳）と長男（当時7歳）の親権者を父親に、また二女（4歳）の親権者を母親に指定した原審判を取り消して、3名の親権者を母親として指定し、父親を監護者に指定することは相当ではないと判断したケースもある（東京高決平成5.9.6家月46巻12号45頁）。

　なお、離婚訴訟の係属中の夫婦において、それに先立って監護者の指定の審

....
● 註37　内田貴『民法Ⅳ親族相続〔補訂版〕』（東大出版会、2004年）133頁等。
● 註38　高木積夫『判例家事審判法』（判例タイムズ社、1974年）1310頁、荒木友雄「親権と監護の分離分属」ジュリ661号（1975年）116頁、金田英一「子の監護者の指定」『講座・実務家事審判法2』（日本評論社、1988年）160～161頁。窪田・前掲書122頁は必要かつ適切な場合には認める。
● 註39　石川稔『子ども法の課題と展開』（有斐閣、2000年）256頁、棚村政行「離婚後の子の監護」『家族法改正への課題』（日本加除出版、1994年）237頁、若林昌子「親権者・監護者の判断基準と子の意見表明権」『新実務家族法大系②』（新日本法規、2008年）386～387頁、二宮周平『家族法〔第4版〕』（新世社、2013年）115頁。大村敦志『家族法〔第3版〕』（有斐閣、2013年）178頁は、微妙な言い回しであるが子どもの利益や選択の余地をあげ、否定はしない。

判を求めることができるのは、子の福祉の観点からして早急に監護者の指定をしなければならず、離婚訴訟の帰趨を待っていることができない場合に限られるとする裁判例もある（福岡高決平成 20.11.27 判時 2062 号 71 頁）。また、父母の間で、長男が生まれてから双方で子育てに関わり、子との実質的なかかわりを持ってきたところ、離婚後親権者となった母親が調停で定められた面会交流を子自身が拒絶していると応じず、試行的面会交流の際も、母親のいないところでの父子の交流は順調であったにもかかわらず、母親が「ママは、見ていたわ」と子に言った途端、長男が調査官に暴力をふるうなどしたケースで、母親のマイナスの評価と子の引き込みを認定し、親権者を父親、監護者を母とする親権と監護権の分属を認めた事例もある（福岡家審平成 26.12.4 判時 2260 号 92 頁）。

　なお、福岡家審平成 26.12.4 の事件をめぐっては面会交流の確保と親権者変更との関係について、監護権は母親にあるため、面会交流への協力・介入・促進とはならないとか、事態を改善させるどころか、面会交流の円滑な実施が[註40]困難で、かえって紛争を激化させないか疑問とする立場がある[註41]。これに対して、海外の共同養育を原則とする国々は、面会交流や共同養育への協力や相手方の親としての立場の尊重等を子の利益の一要素として考慮しており、日本においても、実力での子の連れ去り、面会交流の許容性、相手方の親としての立場の尊重など親権者・監護者としての適格性・相当性を判断する一要素とし、必要があれば親権者を変更して、監護者としては一方を指定し、それでも交流や教育を妨害するような場合、最後の手段として、親権を停止したり、変更したり[註42]することは認められてよいとする立場もある。もっとも、このような強力な手段と共に、カウンセリングや親教育プログラムの受講などソフトな働きかけも必要であることは言うまでもない。

....
●註40　梶村太市・判比・私法判例リマークス 54 号（2014 年・下）65 頁参照。
●註41　田中通裕・新・判例解説 Watch17 号（2017 年）116 頁。
●註42　山口亮子・民事判例 12 号（2017 年）110 頁。

●──欧米先進国での共同養育・フレンドリー・ペアレント（寛容性）原則

◉アメリカ

　アメリカでは、離婚後の共同監護（Joint Custody）や共同養育（Shared Parenting）を認める州は、ほぼ全州に及んでいる。しかし、共同監護は、父母に合意がある場合に認める州が多く、一つの選択肢として認める州、強い推定を置く州は多くない[註43]。共同監護とは言っても、子どもについての重要な事項を共同で決定する共同法的監護（Joint Legal Custody）と、子どもと生活を共にし世話をする共同身上監護（Joint Physical Custody）があり、共同法的監護は75〜80％で、共同身上監護が45％、父母双方と半々に暮らすのは10％程度で、75％くらいは父母の一方に主たる住まいを決め、休日や夏・冬の長期休暇時に他方と時間を過ごし、法的監護権は共同にするというパターンであった。安心や安全の確保のため、DV、児童虐待、暴力、薬物依存、精神障害等の問題があるケースでの共同監護は認められない[註44]。

　アメリカでも、親子の交流を促進するために、監護権の決定基準として、他方の親と子の緊密で継続的な関係を維持し促進する友好的な親（friendly parent）をあげている州は少なくない[註45]。たとえば、アイオワ州では、「正当な理由なく他の親との最大限の継続した交流の機会を否定することは、監護権決定の重要な要件として考慮する」と規定する（IOWA CODE ANN. §598.41(1)）。また、ウィスコンシン州は、一方当事者が不合理に子どもと他方当事者との継続した関係を妨害しているか否かを検討するものとしている（WIS. STAT. ANN. §767.41(5)(11)）。さらに、カリフォルニア州でも、離婚又は別居後、子どもと両方の親が緊密かつ継続的な接触・交流を維持することが州のパブリックポリシーで

●註43　See Spector, Robert G. & Elrod, Linda D.（2016）. A Review of the Year in Family Law 2014-2015: Family Law Continues to Evolve as Marriage Equality Is Attained, Family Law Quarterly, 49, 593-597.

●註44　日弁連法務研究財団編『子どもの福祉と共同親権』（日本加除出版，2007年）68〜71頁（棚村政行）参照。なお，床谷文雄・本山敦編『親権法の比較研究』（日本評論社，2014年）39頁（山口亮子）も参照。

●註45　山口亮子「アメリカにおける離婚後の親権制度」『各国の離婚後の親権制度に関する調査研究業務報告書』（比較法研究センター，2014年）92頁参照。

あると宣言し（FAM.CODE§3020）、子の最善の利益を判断するに当たり、双方の親との交流の程度及び態様をあげ（3011条）、単独監護を選択する場合にも、非監護親に緊密かつ継続的な交流・接触を認めるかどうかが考慮事情とされている（3040条）。しかし、高葛藤事案やDV・児童虐待・暴力等の主張されているケースで、この原則を考慮することには強い批判もある。[註46]

◉フランス

また、フランスでも、2002年の親権法の改正により、全ての子が対象とされたため、原則として、両親の離婚又は離別後も、親権は両親に帰属し（仏民371-1条2項）、共同で行使される（仏民372条1項、373-2条1項）。しかし、例外的に、父母の離別後に、子の利益のために、裁判官により親権の単独行使が命じられることがある（仏民373-2-1条1項）。単独行使は、子への暴力や虐待、アルコール依存症、明白な不品行、子の連れ去り、子への配慮の欠如等共同行使が子の利益に反する場合に親権制限として命じられる。[註47]2002年親権法改正後のアンケート調査では、離婚の場合98.1％、非婚カップルの離別でも93.0％が親権共同行使であり、残りが単独行使で、主たる住まいが母とされるのが78％にのぼっていたという。[註48]

2002年親権法では「父母のそれぞれは、子との人格的関係を維持し、他方の親と子の絆を尊重しなければならない」と規定する（仏民373-2条2項）。父母が離婚後の親権行使の態様や子の養育及び教育の分担について合意できないときは、家事事件裁判官は、これまでの慣行、合意、子の感情、親としての適性、子の年齢、社家庭的調査、暴力等につき、子の利益の観点から考慮して判断することになるが（仏民373-2-11条）、親の適性については、相互に相手方を尊重することが重要な要素とされる。[註49]

◉ドイツ

ドイツでも、1998年の親子法改正法により、別居や離婚後の共同配慮が原

◉註46　山口・前掲「業務報告書」92頁。See Dore, Margaret K. (2004). The Friendly Parent Concept: A Flawed Factor for Child Custody, Loyola Journal of Public Interest Law, 6 41-56.
◉註47　栗林佳代「フランスの親権制度」『各国の離婚後の親権制度に関する調査研究業務報告書』（比較法研究センター，2014年）34～45頁参照。
◉註48　栗林・前掲論文42頁参照。床谷・本山編・前掲書180頁（栗林佳代）参照。
◉註49　栗林・前掲論文41頁参照。

則とされ、父母のいずれも、家庭裁判所に親としての配慮又はその一部を自己に単独で委譲する申立をすることができると規定している（BGB1671 条 1 項）。単独配慮の申立は、父母の他方の同意、共同配慮の廃止及び申立人への委譲が子の福祉にもっともよく適合するときに認められるとしている（BGB1671 条 1 項）。子には固有の単独配慮申立権は認められていない。父母は、できる限り、親としての配慮を自己の責任において、双方の合意で、子の福祉のために行使しなければならず、意見が異なっても一致するように努めなければならない（BGB1627 条）。ドイツの実態としては、94 ～ 96％が共同配慮であり、単独配慮の申立が認められるケースはまれであるが、子の約 80％は母親の下で暮らし、日常的な監護は母が行っているという。[*註50]

　離別後の共同配慮を原則とするドイツでも、親子の面会交流は重視され、「父母は、子と父母の他方との関係を害したり、または教育を妨げる全てのことを行ってはならない」と規定している（BGB1684 条）。これは、善行条項（Wohlverhaltensklausel）と呼ばれている。善行義務違反には、交流保護人の選任やカウンセリングや精神科医の治療を命じることができるが、親権者の変更事由となるかでは争いがある。[*註51]

　◉オーストラリア

　オーストラリアでも、2006 年の家族法改正（共同親責任）法（Family Law Amendment（Shared Parental Responsibility）Act）で、共同養育責任が積極的に推進されて、子どもの最善の利益にかなう限り、父母が最大限に、子どもの生活に有意義な関わりを持つことの利益を確保し、虐待・ネグレクト、DV 等の身体的精神的危害からの保護が必要でない限りは、共同養育を進めることとされていた（同法 60 条 B (1)）。そこで、他方の親としての存在を否定したり、面会交流に積極的でない親は、親権者としての適格性を疑われるというフレンド

◉註50　稲垣朋子「ドイツにおける離婚後の配慮」『各国の離婚後の親権制度に関る調査研究業務報告書』（比較法研究センター，2014 年）4 ～ 7 頁参照。床谷・本山編・前掲書 135 頁以下（稲垣朋子）参照。

◉註51　Vlg. Johannsen/Henrich, Familienrecht, Scheidung, Unterhalt, Verfahren, Kommentar. 5. Auflage, SS. 1050-1056. 2010. 高橋由紀子「ドイツの交流保護制度：親子の面会交流実現のための親権制限」帝京法学 27 巻 2 号（2011 年）25 頁以下、稲垣朋子「離婚後の父母共同監護について：ドイツ法を手がかりに［2・完］」国際公共政策研究（大阪大学）16 巻 2 号（2012 年）136 頁以下参照。

リー・ペアレントの規定も置かれていた。オーストラリアでも、実態としては両親と半々に生活する子は3%程度で、主として母親とともに暮らし、毎日・毎週会うのは31％、2週間に1回は20％、年1回以下か全く交流なしも25％とばらつきがあるとの指摘もある。[*註52]

　オーストラリアでは、2011年改正法で、極端になりやすい均等での共同養育の原則が見直され、併せてフレンドリー・ペアレント条項も廃止された。DV・虐待・暴力、薬物依存やアルコール依存、重篤な精神障害・不法な子の連れ去り等がある場合には、共同養育も面会交流も子の安全や安心の確保のために制限ないし停止されることになる。[*註53] もっとも、2006年法の評価・検証作業において、共同養育の促進という原則が否定されたわけではなく、一定の成功を収めたという評価はなされた。しかし、子どもの保護を軽視したまま共同養育を推進することへの弊害も指摘されて、暴力や虐待等の被害からの実質的な保護のために、父母双方との有意義な関係の維持と子の保護の要請が相反する場合に、子どもの保護の要請を優先することを銘記したり、虐待・暴力の定義を広げて精神的な危害を加えたり、ストーキングや社会的経済的支配等を列挙するなど大幅な改正がなされた。[*註54]

──おわりに　今後の課題と展望

　少子化が進むとともに、共働き夫婦も増え、父母や祖父母を含め、子どもがかけがえのない存在になっている。しかも、民法は離婚後の単独親権の原則を定めており、面会交流や養育費もようやく2012年に明文化されたばかりで、紛争の予防や解決の明確な基準を示せていない。さらには、離れて暮らす親と子が円滑に面会交流できる場所、施設はもちろん、ガイドラインや実施要領など事前のガイダンスや情報提供、相談体制が十分でないため、父母間で無用な

....

- ●註52　小川冨之・宍戸育世「オーストラリアの離婚後の親権制度」『各国の離婚後の親権制度に関する調査研究業務報告書』（2014年）136～144頁。
- ●註53　小川・宍戸・前掲論文136～137頁参照。See Family Law Legislation Amendment（Family Violence and Other Measures）Act 2011, No. 189, 2011.
- ●註54　二宮周平・渡辺惺之編著『子どもと離婚：合意解決と履行の支援』（信山社，2016年）24～25頁（古賀絢子）参照。

争いや紛争のエスカレートを招きやすい状態にある。

　日本は、協議離婚制度をとり、子どもの親権者さえ決めれば簡単に協議で離婚ができてしまう。欧米諸国のように、子どもの権利や子どもの最善の利益の観点から、離婚後の共同子育て（共同親権）を認め、双方の親との面会交流や接触を緊密にしていくことが望まれる。他方で、モラルハラスメントや心理的虐待・精神的暴力・言葉や態度での暴力の主張も増えており、親の対立に巻き込まれた子どもたちのケアや支援も喫緊の課題と言えよう。

　離婚後の共同親権の可否をめぐっても激しい議論がある。共同親権賛成論は、子どもは父母の離婚後も双方の愛情を受けて育てられるべきであり、その方が子どもも幸せであること、偽装 DV やでっち上げで、子どもとの面会交流の許否や無断での子の連れ去りが横行していること、単独親権制度は子を一方の親から引き離し、いずれかを選ばせることで、かえって父母の争いを助長すること、片親と子どもを会わせないとか関わらせないことは一種の虐待に近いものがあること、子どもから親を奪い喪失させることは、子どもの心を深く傷つけることなどで、欧米諸国と同様に共同親権制を採るべきだと主張している。[※註55]

　他方、共同親権反対論は、DV・暴力・虐待に悩む親は、共同親権や面会交流を通じて無理やり関係を続けさせられ、常に脅えなければならず、さらなる深刻なダメージや危険にさらされること、共同親権になると子どもにとって重要な問題について相手方と話し合いができず、迅速に決められないこと、単独親権のほうが子どものための決定をしやすく、子どもも忠誠葛藤に悩まずにすむこと、高葛藤の父母間では話し合いもできず、共同親権は土台無理であること、共同親権や面会交流の実施より、安全・安心の確保、DV やストーカー対策、経済格差の解消のほうが優先事項であるなどと反論している。[※註56]

　いずれにしても、離婚や別居をめぐり子どもたちが間に挟まれ、子どもの養育や面会交流、養育費などの紛争は増加しており、激しい対立や訴訟になる前に、子どものための親教育やガイダンスを受けさせることにし、共同の子育て

....
●註55　J・A・ロス＋J・コーコラン（青木聡・小田切紀子訳）『離婚後の共同養育と面会交流』（北大路書房，2013 年）211 ～ 215 頁参照。
●註56　梶村太市・長谷川京子・吉田容子編『離婚後の共同親権とは何か』（日本評論社，2019 年）1 頁以下に詳しい。

や面会交流、養育費の支払いの合意を促進するための取組みや法整備を進めるべきであろう。^{●註57}解決が長引いて訴訟や審判が繰り返されれば繰り返されるほど、当事者の感情的亀裂は深まり、子どもそっちのけの争いが子どもの心や成長を余計に害し傷つけることになってしまう。

　2019 年 11 月には、離婚後の単独親権制度は憲法違反で、民法等の改正をしないことは違法であるとして、8 都道府県の男女 12 人が 1,200 万円の国家賠償を求める集団訴訟が東京地裁に提起された。^{●註58}また、法務省も、2019 年 11 月から、研究者、弁護士、裁判官などで家族法制に関する研究会を設けて、離婚後の共同親権、面会交流等をめぐる法改正の議論や論点整理を開始した。^{●註59}また法務省は、共同子育てや面会交流に関する諸外国の法制や実情についての調査研究も併せて進めている。

　欧米諸国や近隣のアジアの諸国でも、「過去の責任追及や非難の応酬」から「新しい親子関係の再構築」へ、「大人の勝ち負け」から「子どもの幸せや子どもの利益のため」へ、「破壊的な敵対」から「建設的な協働」へという大きな理念のもとに、子の権利を実現するための親の共同養育責任へと法整備や支援を広げている。

....
●註57　親子の面会交流を促進しようとする「親子断絶防止法（共同養育支援法）案」の動きもあるが、面会交流だけでなく、養育費や子育ても含めて、子どもの生活をトータルに国や社会が積極的に支援していく「子ども支援基本法（仮称）」のようなものが望ましいであろう（棚村政行「子ども養育支援ネットワークの形成に向けて」戸籍時報 726 号（2015 年）30 頁、棚村政行「子ども養育支援基本法の制定に向けて」法の支配 193 号（2019 年）70 頁以下参照）。

●註58　2019 年 11 月 23 日付毎日新聞東京朝刊 2 頁、2019 年 11 月 23 日付日本経済新聞朝刊 39 頁参照。

●註59　2019 年 9 月 28 日付朝日新聞朝刊（東京本社）37 頁等参照。

第2章 　町田隆司 ［家庭裁判所調査官／臨床心理士・公認心理師］

親権紛争解決と面会交流のポイント
家庭裁判所から見た現状と課題

●──現代の平均的な理想的家族像とその逸脱

　家庭裁判所から見た離婚と子どもの問題を考えるにあたり、まず、現代の家族をかつての家族と比較し、一般にどのような形態を平均的な家族像としてイメージしているのかを検討したい。家族のイメージは識者や立場・時代・考え方によっても異なるが、筆者はまず以下の3点から出発したい。なお本稿で述べる意見部分は筆者個人の私見であることをお断りしておく。

　①愛情に基づいた男女のつながりが基礎にある

　現代の家族は、親や社会が決めた婚姻ではなく、愛情で結びついた男女の婚姻を中心に家族生活が営まれている。その男女の出会いの契機は、1960年代後半までは見合いが主流（1935年は約7割）だったが、その後は逆転し恋愛が主流となった。2010〜2014年では恋愛婚が87.9％を占めるのに対し、見合い婚はわずか5.3％しかなかった（国立社会保障・人口問題研究所，2017）。愛情で結びついた男女の婚姻が現代の家族の基礎であることは、間違いないであろう。しかし、人口減少とともに晩婚化も進み、婚姻数そのものが減少している。2016年の婚姻件数は62万531組で、前年より1万4,625組減少した（「平成30年我が国の人口動態：平成28年までの動向」厚生労働省政策統括官，2018）。最近は、単身者の家族や高齢者夫婦のみの家族も増えているほか、同性同士の同居

生活もありうるので、家族像が多様化しているという傾向もあるが、愛情で結びついた男女が家族の基礎であることに異論はないであろう。

②家族の中心に子どもがいる

次に、現代の家族は、子どもを中心にした生活スタイルを形成している。ただし、近年、子どもの数が減少して、家庭に子どもが二人以上いる夫婦の割合が低下して、子どもひとり家庭が増えている。2015年の夫婦の完結出生児数（結婚持続期間15〜19年夫婦の平均出生子ども数で、夫婦の最終的な平均出生子ども数とみなす）は1.94人で、2人を割っていた（「現代日本の結婚と出産：第15回出生動向基本調査」国立社会保障・人口問題研究所，2017）。その一方、教育費全体は減少傾向であるものの、子どもが減ったことから、子ども一人にかかる教育費は相対的に増え、2015年で年間平均37.1万円となっている。「子どもへの教育費は惜しまない」という意見の親が7割にも及ぶことからもわかるように、家計は教育費の削減に消極的なようだ（鈴木，2018）。子どもがいる夫婦は、子どもにいかに手厚い教育をするかが関心の中心になっている。もちろん、中には子どもを望まない夫婦や、望んでも子に恵まれなかった夫婦もいるが、おおむね家族の中心に子どもがいるのが、現代の家族の特徴であろう。

③家族員はそれぞれ血縁や地域を超えたつながりを持つ

現代の家族は、家族員それぞれが、学校や職場・趣味のサークルなど、血縁親族や近隣社会という枠を越えた、幅広い多様なつながりを持っている。家族以外の人と関係を持っていない人は極めて稀であろう。これを支えているのは、交通機関の発達や携帯電話・SNSなどの情報通信の発達であることは、まず間違いのないところであろう。

上記①②③に基づいた家族像は、現代の平均的な理想的家族像であるかのように、見られてきた。しかし、実際はそのように全てがうまくいくとは限らない。経済生活の破綻や病気、感情の軋轢、その他さまざまな事情から、①夫婦間の愛情が失われ、②子ども中心の生活ができなくなる。③社会生活への偏向が高まると、家族生活への関心が疎かになってしまう。「平均的理想家族像からの逸脱」である。その弊害が弱者に向かうと、DVや児童虐待に、対等な関係であれば家庭内別居、そして離婚をめぐる紛争等に発展する。2016年の離婚件数は21万6,798組であり、そのうち未成年の子がいる離婚は12万5,946

組（全体の 58.1％）で、親の離婚を経験した未成年の子どもの数は 21 万 8,454 人に達した（前出「平成 30 年我が国の人口動態」）。また、離婚後も精神的苦痛や経済的な影響が残ることもある。国際結婚の夫婦であれば、国際離婚や国境を超えた子どもの連れ去り問題にも発展する。家庭裁判所の調停や審判・訴訟には、これらの解決できなかったトラブルが持ち込まれる。この章では、家庭裁判所から見た離婚と子どもの代表的な事件像を、簡単にご紹介していきたい。

●──夫婦間の DV について

　夫婦間で理想的家族像が異なっていたとき、一方の配偶者がもう一方の配偶者に対し、自分の理想的家族像を押し付け、力で従わせようとするのが DV（Domestic Violence）である。その力は、身体に物理的に加えられる暴力もあれば、精神的な暴力や嫌がらせまで、多種多様である。一般的には、身体的虐待のみならず、精神的虐待（モラルハラスメント）、性的虐待、そして経済虐待があるとされている。よく指摘されるのは、加害者に加害の自覚がなく、自身の力の行使を正当と受け止めているため（例えば「教育」や「しつけ」）、被害者は、逃れようのない深刻な苦痛を味わっている点である。加害者は、被害者の反応が悪いと、さらに力の行使を強め、DV の悪循環に陥りやすい。サドマゾ的関係といわれる所以である。被害者側は精神的に衰弱してしまい、外部に助けを求める気力さえ失ってしまうこともある。

　DV 問題の解決にあたっては、現状では配偶者暴力相談支援センターなどの相談機関に被害者が相談するのが、その第一歩となっている。同センターは、配偶者からの暴力の防止および被害者の保護を図るため、相談・相談機関の紹介・カウンセリング・被害者および同伴者の緊急時における安全の確保および一時保護・自立生活促進のための情報提供・保護命令制度の利用のための情報提供・その他の援助等を行う公的機関である。事案により対応はさまざまだが、その典型例は、被害者をシェルターなどに避難させ、落ち着きを取り戻した段階で、今後の夫婦関係をどうするか、相手と話合っていくパターンであろう。2018 年度に全国の配偶者暴力相談支援センターに相談のあった件数は、総計 114,481 件にのぼり、このうち 98.9％にあたる 112,076 件が女性からの相談で

あった。加害者も反省し、双方でやり直しの合意ができれば、病院や専門相談機関でカウンセリングに進むこともありうる。しかし、加害者が感情的にさらにエスカレートし、脅迫やストーカー行為に及んでしまうこともある。そのような可能性がある場合は、地方裁判所に保護命令を申立て、つきまといや付近のはいかい等を禁止する措置を取ることができる。これらはDV防止法（正式名称を「配偶者からの暴力の防止及び被害者の保護等に関する法律」という）に定められている。夫婦としてのやり直しが困難であれば、離婚という方向に、関係を整理するのもやむを得ない。家庭裁判所の夫婦関係調整の調停さらには離婚訴訟を選択することになる。

　ところで、家族内でくり返される日常的な暴力にさらされると、DV被害者は自ら自分の苦痛を封印し、自分が被害者であることすら自覚しなくなることがある。背景には、妻の収入が夫の収入より少ない経済格差や、妻は夫にしたがうべきといった古風な社会通念、夫婦間の紛争を人に知られるのを恥とする感覚などがあるようだ。家庭内の人間関係の問題だけに、外部からは見えにくい。筆者が調停で立ち会ったあるDV事例の被害者である妻は、夫から身体的・精神的虐待を受けていたが、調停では当初、「私の家事がだめだったから。全部私がいけないんです」と語った。夫も「妻にいつかは目覚めてもらいたかったので、あえて暴力を奮いました」と語り、加害の自覚を持っていなかった。夫はある証券会社の営業職で、職業上のストレスを抱えていた。妻は無職で、精神的に衰耗し、実家の親が娘の様子の変化に驚いて、家裁での調停を促したことから、調停係属となった。調停期日をくり返すうちに、妻は自身の被害性に、夫も自身の加害性に気づいていった。最終的には離婚を踏みとどまり、夫婦で専門相談機関のカウンセリングを受け、夫婦を再出発することで合意が成立した。

　以上のように、深刻なDV事案であっても、相談関与することで関係が改善されるケースもある。しかし、残念ながら実際は、当事者双方が気づいたときには、すでに関係修復は困難になっていることが多いようだ。

──児童虐待などによる親権制限

　近年、児童虐待が深刻な社会問題になっている。子ども（児童）を家族の中

心に置きながらも、子どもを愛しむのではなく、自分の理想的家族像のために意識的あるいは無意識的に傷つけ犠牲にしてしまう。これも「平均的理想家族像からの逸脱」であろう。放置すると最悪の結末が起きかねない。家庭裁判所に、親権制限（親権の喪失・停止）や児童の施設入所の承認等の申立てがあると、事実の調査の上、その可否の審判を行っている。

　児童虐待とは、保護者（親権者等）が未成年者に不適切な監護養育をした結果、子（未成年者）の福祉に支障が生じる事態を指している。法的には、身体的虐待や性的虐待・ネグレクト・心理的虐待と定義されている（児童虐待の防止等に関する法律第2条）。児童相談所等が対応し、保護者に指導するなどして虐待が改善されればよいが、改善されず、子の福祉に多大な影響が及ぶような事態が続くと、親族や子自身、児童相談所長等の申立てにより、保護者の親権喪失（民法第834条）や親権停止（民法第834条の2）の審判、児童の施設入所承認（児童福祉法第28条1項）審判が、家庭裁判所に申し立てられる。親権喪失とはまさに親権者から親権を失わせるものであり、親権停止とは一定期間（2年以内）親権行使を止めるものである。児童の施設入所承認とは、児童虐待の事実があり、児童の福祉に著しい問題が生じているため施設入所が望ましいにもかかわらず、親権者等が施設入所に応じないとき、なされるものである。また、児童福祉法第28条第1項で施設入所承認をした児童が施設で2年を経過したのち、さらに入所措置を継続する審判（同条第2項）や、近年加えられた制度に、2か月を超える一時保護を承認する審判（児童福祉法第33条第5項）もある。

　これらの事件が家庭裁判所で扱われるとき、児童虐待はかなり進行した深刻な段階にあることが多い。家庭裁判所では、これらの申立てがあると、できるだけ早く審判を行っている。事実を調べる必要があれば、家庭裁判所調査官（以下単に調査官と表記する）が未成年者や保護者への面接調査、関係機関への調査等を行い、事実関係を明らかにする。なぜ虐待が起きたのか、その事実を保護者と未成年者本人はどのように受け止めているのか、虐待を改善する糸口は何かなどを、明らかにしていく。筆者の経験した事例だが、最後まで虐待を認めず、しつけの範囲内と主張してやまない保護者がいたいっぽう、虐待を受けても親を庇おうとする子どもがいた。また、ある事例では、夫婦の一方が婚姻破綻を怖れるあまり、もう一方の虐待を黙認していたこともあった。このま

ま放置すると、最悪の事態が生じかねない。児童虐待が疑える事案で、夫婦は、外見的に同盟関係を仮装しているが、家族としての内面はまさに破綻に瀕していると見ていいであろう。

最高裁によると、2018（平成30）年に全国の家裁が受理した親権制限事件（喪失と停止）総数は399件（前年373件）、児童の施設入所承認事件は372件（同288件）、2年を超える施設入所係属承認は162件（同133件）、2か月を超える一時保護承認は346件（平成29年から制度化）で、いずれも過去の件数を更新した。これら数字は、2018年に全国の児童相談所が対応した児童虐待相談件数159,850件（平成30年度児童相談所での児童虐待相談対応件数・速報値）と比較すると、少ない数字である。しかし、児童相談所で指導しても指導が及ばないとき、家庭裁判所が親権制限や施設入所の承認等の判断をする、いわば最後の砦なので、これら親権制限事件数の変化は見過ごせない動きといえよう。

離婚紛争と子どもの問題

離婚の種類と特徴

夫婦の一方がもう一方に理想的家族像を強制するのがDV、夫婦が偽りの同盟のもと子どもを犠牲に理想実現を図ろうとするのが児童虐待の代表例なら、子どもを巻き込んで夫婦のいっぽうを排除して理想的家族像を求めようとするのが、子を挟んだ離婚紛争の代表例である。夫と妻それぞれの家族イメージが葛藤を起こすようになると、これもまさに「平均的理想家族像からの逸脱」である。

ここで、まず前提となる離婚の種類をまとめておきたい。離婚には、大まかな分類として、協議離婚・調停離婚・審判離婚そして裁判離婚がある。「協議離婚」は、婚姻が男女両性の合意で成立するのと同様、当事者同士の協議に基づき、証人2人を含む離婚合意を署名押印した書面を、戸籍役場に提出するだけで成立する。比較的簡便であることから、日本では、離婚全体の約9割が協議離婚である。ただし、未成年の子がいても協議のみで離婚できるのは、先進諸国の中では日本だけであり、諸外国の大半は裁判所が関与する離婚になっている。家族形態と未成年の子どもの監護養育は、国家の基礎部分をなすため、離婚後も共同親権として別居親にも親権を残して子の監護責任を持たせるか、

または離婚自体に裁判という形で国が関与し子の福祉に支障がないことを確認する国が多い。

次に、「調停離婚」は、当事者間で協議ができないとき、家庭裁判所が話合いの場を提供し、双方の合意を促しながら解決をはかるものである。2018年（平成30年）の司法統計によると、婚姻中の夫婦間調停の新受総数は44,048件であった。調停成立率は4～5割程度とされているので、離婚全体21万6,798組の約1割がまさに調停による離婚となる。また裁判所ではなく、有資格者が迅速に話合いの仲介をするADR（Alternative Dispute Resolution の略で裁判外紛争解決手続きを指す）もあるが、数は少ない（本書第9章参照）。「審判離婚」は、ほぼ合意ができたものの、成立まで漕ぎ着けなかったとき等に、裁判官が決定するものであり、数としては極めてまれである。最後に「離婚裁判」は、調停で合意が得られず、民法第770条に規定された内容（配偶者の不貞行為、配偶者からの悪意の遺棄、3年以上の生死不明、重度の回復し難い精神病、その他）が認められるとき、裁判官が判決を下して離婚を認めるものである。

離婚において決めなければならないこと

どのような離婚の形をとろうと、離婚にあたり、決めなければならないことは多い。当事者間に未成年者がいれば、その親権者を決めるのは必須である。さらに、養育費・非親権者との面会交流・夫婦で形成した財産を分け合う財産分与・精神的苦痛への損害賠償としての慰謝料等がある。ちなみに親権とは、一般的に考える親の「権利」というより、実際は未成年者に対する監護養育・教育・財産管理・法律行為の代理などの一切にかかる「義務」である。婚姻中は父母共同で親権を行使するが、日本では離婚するとどちらかが親権者となり、どちらかが非親権者となる。戦後から高度成長期にかけて、「子どもに母親の存在は重要」という意識が浸透したことなどから、親権者を母（妻）とする例が多い。2018年に未成年者がいて調停離婚が成立した夫婦の93.3%は、親権者を母とした離婚である（平成30年司法統計）。

しかし、親権をめぐり、深刻な対立から紛争となることも多い。また2011（平成23）年の民法第766条改正により、養育費と面会交流も「協議で定める」とされ、その際には「子の利益を最も優先して考慮しなければならない」と明

記され、協議離婚届に養育費と面会交流協議の有無をチェックする欄が設けられた。親権や養育費・面会交流で意見がまとまらなければ、協議の次の段階として調停となる。

　全国の家庭裁判所における婚姻関係の調停の申立て動機を見ると、夫婦関係紛争の原因がわかる。妻の申立て動機で多いのは、性格の不一致（39.1％）、生活費を渡さない（29.4％）、精神的虐待（25.2％）、暴力（20.8％）などであり、夫の申立て動機は、性格の不一致（60.9％）、精神的虐待（19.7％）などとなっている（複数回答あり。平成30年司法統計）。動機は実際のところさまざまだが、「性格の不一致」「生活費を渡さない」の中に、「子の親権や養育費・面会交流をめぐる意見対立」もかなり含まれていると考えられる。

──離婚紛争の解決のあり方

家庭裁判所における紛争解決

　当事者同士の協議で離婚問題が解決できなかったとき、紛争は家庭裁判所の「調停」に持ち込まれる。家庭裁判所はその解決のための国家機関である。既述したように、調停とは、裁判所が話合いの場を提供し、双方の合意を促し解決をはかるものである。申立て手続きは、収入印紙1,200円を貼付した申立書と事情説明書、所定の郵便切手、戸籍謄本を用意し、相手方の住所地を管轄する家庭裁判所（またはその支部や出張所）に申立てをする。いろいろな裁判手続きがある中で、夫婦関係の調停は、比較的安価に設定されているのが特徴である。必ずしも弁護士を代理人につけることは求められていない（ただし個人的に弁護士を依頼するのは自由であり、その費用は別途当事者負担となる）。申立てを受理した裁判所は、相手方に申立書のコピーとともに、調停期日の連絡書面を送付する。調停は、申し立ててからおよそ1か月後に、第1回の調停期日が開かれることになる。

　調停は、通常、裁判官と二人の調停委員の計三人で調停委員会を組織し、調停委員会が調停を進めていく。第1回調停期日は、通常、DVなどの事情がない限りまずは当事者全員が一堂に会し、調停委員会が調停の注意や説明を行っている。それが終わると、申立人と相手方それぞれ別々に主張や背景事情など

を聴いていく。原則として、申立人と相手方を同席させることはない。当事者の感情や考えに寄り添った解決がなされるのが望ましいが、期日が経過していくと、調停委員会は紛争解決の提案や助言をする。「○○さんは～と考えておられます。あなたもご意見があると思いますが、ここは……と考えてはいかがでしょうか」となる。当事者間に合意ができた時点で、それを調書にまとめ、成立となる。しかし、合意ができないと、調停は不成立として終了せざるを得なくなる。事案にもよるが、調停期日の開催頻度は1～2か月に1回であり、統計的に見ると3～4回で成立または不成立や取り下げで終結している。

家庭裁判所調査官による調査

家庭裁判所では、当事者の説明だけでは事実関係がわからず、いろいろな情報を収集して事実を確認したほうが、進行上、望ましいことがある。そのような必要が生じたとき、調査官が裁判官からの指示を受け、調査や調整にあたる。例えば、親権者の適格性、子の意向や心情、当事者の主張整理などの調査や調整活動等を行っている。調査官は、当事者との面接のみならず、心理検査、関係機関への照会など、あらゆる手段を用い、面接に際しては、心理学や社会学・教育学などの行動科学全般の知識や技法を駆使している。短時間に必要十分な情報を得るには、受容と共感を基本にしつつも、精神分析的心理療法や家族療法などに基づいた各種技法を使うことがある。そのためには自己研鑽を重ねておく必要があり、最近は、認知行動療法や動機づけ面接などの訓練を自主的に行ったり、臨床心理士や公認心理師の資格を取得している調査官も増えている。

調査結果は、通常、報告書にまとめて裁判官に提出する。当事者も希望すれば、裁判官の許可を得て閲覧謄写ができることになっている。調停の場合、調査官が調停に立会う中で、調査結果を当事者に直接説明することもある。

●─離婚時の親権指定、離婚後の親権者変更

親権が争点になるとき

既に述べたように、未成年の子がいるとき、婚姻中は夫婦が共同で親権を行使するが、離婚すると父母いずれかが単独の親権者となる。未成年の子がいる

離婚調停では、親権が争点になることが多い。例えば、母親が「今まで私が中心に監護をしてきたのだから、親権者には私がなる」と主張する一方、父親は「母親の今までの監護は児童虐待にあたるので、私が親権者になって育てる」と反論する場合がある。このようになると、既述したように調査官が、親権者の適格性を検討するための調査を行うことがある。その際のポイントは事案内容にもよるが、主に以下のように整理される。

Ⓐ母性的または父性的養育の必要性

子どもの年齢が幼いとき、発達心理学的に母性的養育を提供する者の存在は重要であり、それに関する研究も非常に多い。ただし、母性的養育を提供する者が、常に実際の母親とは限らない。子が成長するに従い、父性的養育も重要となるので、そのバランスも問題になる。離婚で父母どちらかが親権者になるとしても、子どもが精神発達的に真に求めている養育環境がどのようなもので、どちらがそれをより良く提供できるかという次元で、調査を行う。子の年齢と発達に応じた監護力の比較が中心となる。

Ⓑ監護環境の連続性の重視

子どもが幼ければ幼いほど、子どもに安定した監護環境を連続して提供するのは、親権判断の重要な要件となり、一般に「継続性の原理」とも言われている。しかし、これは必ずしも母親に親権を与えるための便法ではなく、まして先に子を連れ出した者を勝ちとするものでもない。今までの「主たる監護者」の監護に問題がなければ、引き続き「主たる監護者」が監護者となるべきとする考え方である。「子どもと愛着関係が形成されている親を継続して親権者・監護者とする」のは、子の福祉に適った合理的発想といえよう。

Ⓒ子の意思や心情の尊重

子が満15歳以上の場合、子の陳述を聴取するか、調査官の調査その他の方法により、その意思を考慮しなければならない（家事事件手続法第65条，第258条1項）とされている。子どもにとって、自分の親権者が誰になるのかは重要な問題である。実務上は、子の精神発達上の支障等がない限り、15歳未満でも意向を聞くことが多い。小学校低学年や未就学児でも、子どもの心情を、心理テストや遊戯時の観察その他の方法により調査している。ここで要注意なのは、子どもを忠誠葛藤に追い込むことであり、その結果としての真意でない発

言である。すなわち子どもは、親の顔色を見て、自分の真意と異なる発言をすることがある。

Ⓓ不当な連れ去りの問題視

相手方と話合いをせず、いきなり子を連れて別居するのは、本来フェアではない。ただ日本では、結婚後も何かにつけ実家の援助を受けるのが普通であるためか、「夫婦が紛争になったとき妻が子どもを連れて実家に帰る」事態も、ごく普通のことと思われやすい。そのため、別居後の子の監護問題の話合いをせず、まず子連れで別居し、あとで話合いをしようとすることがある。特に、DV被害を受けてきた場合、相手と話合う余裕がないばかりか、一刻も早く避難する必要があることが多い。別居時の状況がどのようであったか、実際に話合いをしたか、それを子どもにどのように説明したか、そして子がどのように受け止めたか等は、留意すべきポイントになる。連れ去られた側の親から見ると、子連れ別居は子どもの拉致以外の何者でもないと感じていることがある。

Ⓔ子の監護状況の実情・その他

子の監護環境が実際にどうかという比較問題である。子ども部屋の有無、きょうだいがいる場合のきょうだい不分離、経済条件、健康状態、監護補助者の存在などが検討材料になる。

以上のように、親権が争点になった際、調査官は、紛争の解決と子の福祉の確保を念頭に、主にⒶ～Ⓔに基づいた調査を行っている。決して1項目のみで評価するようなことはない。例えば、「ⒶⒷⒸでは母親だが、ⒹⒺでは父親」というような悩ましい見解となることも多い。またⒶからⒺのうちのどの項目にどのくらいの比重を置いて評価すべきかは、ケースにより実にさまざまである。例えば、子どもが中学生高校生であれば、Ⓒ子の意思や心情に対する比重が高くなり、Ⓒの内容次第で決まることが多い。逆に、子どもが乳幼児であれば、Ⓐ母性的養育を担えるのは、父母のどちらかという視点（必ずしも母性的養育は母親にしか担えないわけではない）に比重がかかり、同時に、Ⓑどちらが今まで主として監護養育にあたってきたかや、Ⓔの実際の監護環境の比較も、問題になってくる。

子の年齢や発達も考慮したうえで、どの項目にどのような比重をかけて、親権評価につなげるかは、非常に難しい問題である。このような高葛藤事案を調

査する際は、複数の調査官で調査にあたり、より客観性を高める工夫がなされている。また、調査官には客観的な指標に基づいた評価基準を作る試みも、期待されている。

親権紛争と「子の福祉」

親権が争点になったときの着眼ポイントは上記のとおりだが、離婚紛争にともなう親権の相当性を考えることの意味をもう一度考察してみたい。

調停等では、家庭裁判所が総合的に判断しても、既述のように親権を取得するのは9割以上が母親である。家制度が廃止されて核家族化が進み、家に母親に代わる監護養育者が少なくなり、経済の高度成長とともに「父親は就労し母親は家庭を守る」といった性役割分業が広がった。乳幼児精神医学や発達心理学等の分野において幼少時の母子の愛着関係が研究され、戦後、その重要性が一般に浸透してくると、「子には母親が必要」という見方が定着し、性役割分業を補強する役割を担った。専業主婦は少数派になって久しく、子育て環境は変わりつつあるが、それでもいまだに子育ての多くを母親が担っており、総合的に見て母親が親権者となる割合が高くなる。

家庭裁判所が事実に基づき、複数の着眼ポイントを勘案して総合的な評価を行っても、調停当事者双方の納得を得るのは難しい。結論の趨勢から「はじめから母親と決まっていたようなものだ……」と怒りをにじませる当事者もいる。日本の離婚後単独親権の現状を考えると、親権を否定された方は子との面会交流が保証されないことから、紛争が過熱せざるを得ない現状にあるのも事実である。

しかし、親権者の総合評価の最終目標は、「子の福祉（最善の利益）」である。子の福祉は子の年齢や精神発達、置かれた環境その他によっても異なってくる。「子の福祉」は大前提でありながら、明確な定義はなく、民法等の法令にもその定義はない。強いて言えば「子どもの年齢や発達状況に応じた、健全な成長に必要なもの全て」であろうか。そのため「子の福祉」は、立場によって、さまざまな主張を正当化する理由に使われやすい。一般的に、人は紛争下に置かれ相手方と対立すると、第三者的視点を持てなくなる。そのため、第三者である家庭裁判所に解決の申立てが行われるのだが、家庭裁判所の調停が担うのは、当事者のどちらかに軍配を上げる役割ではなく、子どもの将来を見据えながら、

子どもを「主人公」にして考える場を提供する役割である。親権者は本来「脇役」にすぎない。筆者は高葛藤事例の場合、「子どもさんの5年後10年後を想像しながら、どうしたらいいか考えてください」と助言することにしている。それでも、子どもの親権の問題は、一度こじれると、なかなか解決まで時間がかかるのが実情である。

●──離婚後の子の養育費

　次に、養育費を取り上げる。養育費とは「離婚後の子の監護に要する費用の分担」である。厚労省の調査（厚生労働省（2019）「平成31年ひとり親家庭等の支援について」）によると、離婚時に養育費を取り決めているのは、母子家庭で42.9％、父子家庭で20.8％だが、現在も養育費を受け取っていると回答したのは、母子家庭で24.3％、父子家庭で3.2％であったという。養育費を取り決めた割合自体少ないところ、現在も受給を受けている割合は、さらに低くなっている。また、近年、ひとり親家庭の貧困問題、特に子どもの貧困が問題になっている。母子家庭の79.5％、父子家庭の75.6％は、離婚がその原因という。母子世帯の総所得は年間243万円で、全世帯平均所得金額421万円のまさに半分しかない。母子家庭に対する子育て・生活支援、就業支援、経済的支援といった行政的解決も重要だが、非親権者からの養育費の確保も、本来は重要である。

　養育費は、権利者（支払いを求める者）が請求し、義務者（支払う者）がその金額や支払い方法などに合意すれば、それで協議成立となる。しかし、合意できないとき、調停や審判を利用することができる。離婚調停の中で話し合うこともできるほか、離婚後の養育費請求の調停もできる。調停で解決できなかったときは、審判に移行し、裁判官が判断する。現在は、権利者の収入状況と義務者の収入状況から、養育費の算定の参考となる「養育費・婚姻費用算定表」が作られているので、義務者と権利者にとって、バランスの取れた妥協点が迅速に見いだせるようになっている。「養育費・婚姻費用算定表」は裁判所のホームページでも公開されている。また、2019（令和元）年12月23日には、「養育費、婚姻費用の算定に関する実証的研究」が公表された。基礎となる統計資料を更新したこと等により、新しい算定表となった結果、社会的実情や生活感覚

に即した、よりバランスの高い金額が迅速に出されるものと期待されている。

──別居または離婚後の面会交流

面会交流の考え方の変遷

　面会交流とは、別居中または離婚後も、非監護親（非親権者）と未成年者が面会し交流することである。別居または離婚により、親子が離れて生活することになったとしても、定期的な面会を続けていたほうが、長い目で見れば子の福祉に利するという考えに基づいている。

　面会交流が裁判所で取り上げられるようになったのは、そう古いことではない。1981（昭和59）年7月6日、最高裁は、協議離婚をした非親権者が子の監護に関する処分として、面接交渉（当時は面会交流ではなく、このように呼ばれた）を求めた事案に対し、子の福祉に適合しないとして交流を認めない判決をしたことがあった。以後、面会交流可否は、子の福祉に適うか否かが判断基準になった。2009（平成21）年1月16日、大阪高裁判決は「面接交渉が制限されるのは、面接交渉（…）が子の福祉を害する（…）例外的な場合に限られる」と判示した。当初は、面会交流権の法的性質や権利性に議論が集中し、考え方も錯綜していたという（若林，2012）。

　それでも、次第に各庁で面会交流事件が増えてくると、最高裁判所家庭局でも、2006（平成18）年には「子どものある夫婦が離れて暮らすとき考えなければならないこと」という案内DVDを作成し各庁に配布したほか、2010年には「面会交流のしおり」リーフレットを、2012年には前記DVDの改訂版を作成した。2019年7月には「子どもにとって望ましい話し合いとなるために」という動画を作り、ホームページ上に公開した。親の紛争により子どもが傷つきやすいことに、気づいてもらうのがねらいである。

　ところで、2011（平成23）年には、児童の権利擁護の視点から、既述したように民法第766条が改正され、離婚後の子の監護に関する事項として、面会その他の交流を明記し、これを定めるに当たっては「子の利益を最も優先して考慮すべき」とされた。細矢らは、面会交流の議論の状況を概観したうえで、審理の在り方等について考察し、面会交流をできるだけ実施すべきであるという

考え方を展開した（細矢ら，2012）。これを受けて、例えば、2015（平成27）年6月12日、東京高裁判決では「（…）面会交流は（…）子の福祉に反する（…）特段の事情がある場合には、認められるべきではない（…）（特段の事情の有無は）客観的で合理的な判断によって決せられる（…）」と判示している。

面会交流の「原則実施」論再考

　以上の面会交流に対する考え方の流れから、面会交流の「原則実施」論という考え方が生まれた。しかし、この「原則実施」という言葉は、「どんな事案でも、とりあえずやってみる」という試行錯誤的な意味に受け止められ、結果的に子の福祉に適うか否かの検討が、おろそかになりかねない傾向を生じた。現在、調停等で面会交流を検討する際、特に高葛藤事案では、面会交流が子の福祉に適うか否かを慎重に吟味検討したうえで、例えば、試行的な面会交流を行い、第三者機関の監督つき面会交流に引き継ぐ方向にある（残念ながら地域によっては第三者機関がないところもある）。ただし、面会交流自体を消極的に位置付けているわけではなく、長期的な視野に立つと面会交流を確保したほうが子の福祉に適うという観点に変わりはない。

　面会交流の調停や審判事件数は、ここ10年間で倍増している（図1参照）。2018年、全国の家裁が受理した面会交流調停新受事件の総数は13,007件、同審判新受事件は1,936件に達した（司法統計）。このように面会交流事件が増えた背景には、父親の育児参加が増えてきたことや、協議離婚届に面会交流の話合いをしたというチェック欄ができたこと、そして何よりも「子どものためには面会交流をしなければならない」という考えが浸透し、実際に行う件数も増えてきたことがあり、それに伴ってトラブルも増えてきたと考えられる。それでも、最近（2016年）の厚労省調査（厚生労働省子ども家庭局家庭福祉課，2018）によると、面会交流を取り決めているのは、離婚母子家庭で24.1％、離婚父子家庭で27.3％であったという。また、現在も面会交流を行っていると回答したのは、離婚母子家庭で29.8％、離婚父子家庭で45.5％であったという。総合的に評価すると、これはとても多い数字とは言えない。

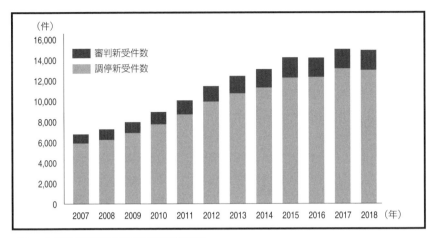

図1　面会交流新受事件数年度別推移状況

面会交流をしたことによる心の傷としなかったことによる傷

　面会交流が問題になるのは、既述したように、通常、同居親と非同居親と子の三者間で、葛藤がある場合である。葛藤が高ければ高いほど、面会交流は難しくなり、子どもにかかるストレスも大きくなる。典型的な例は、同居親による「洗脳」に子どもが「貢献」的に反応して結託し、非同居親の関与を排除する三者関係である。これは、意識的にも無意識的にもごく自然な流れのもとで発生する。詳細は第6章、第7章に譲るが、アメリカの精神科医ガードナー（Gardner, R. A.）が提唱した「片親疎外症候群（Parental Alienation Syndrome）」という概念である。非監護親からすると、同居時は一緒に楽しく遊んだはずの子どもが、いざ面会交流となると、急によそよそしい態度を示し、場合によっては面会を拒否するような事態を指している。

　実際、筆者の経験では、父母の紛争を見てきた子どもは、非同居親に会ってよいか否か、まず同居親の顔色を見てから自分の意見を言うことが多い。同居親の気持ちを察して、「会いたくない」と言うこともある。その言葉を真に受けて、「子が拒否しているから面会交流は控えたほうがよい」とすると、子どもに後で「非同居親の気持ちを踏みにじった」という罪障感を抱かせかねない。面会交流をすることによる心の傷と、しなかったことによる心の傷の両面を考

える必要がある。これは、両者を天秤にかけて比較考量するというより、本来、両方の気持ちがあると考える必要がある。場合によっては、臨床心理士やカウンセラーの支援のもと、長期的な視野に立って解決すべきことであり、この概念に対する同居親と非同居親の理解も必要となる。

面会交流可否の三つのゾーンとその見極めポイント

非同居親と子どもの面会交流を具体的に考えるとき、次の三つの領域に分類して考えることができる。

①面会交流が自由に行える領域 (グリーンゾーン)

子どもはストレスを受けることなく、双方の親元を自由に行き来する。協議離婚等で葛藤や紛争性のない場合であり、本来はこれが最も理想的である。

②面会交流を第三者の監督のもとで行う領域 (イエローゾーン)

父母間の葛藤のために、子の福祉を損なう懸念があるとき、第三者 (面会交流支援機関) の監督のもとで行う領域である。監督者に時間や場所を指定または制限され、さらに費用もかかるのが辛いところだが、安心して面会交流ができるのは意義がある。

③面会交流を当面の間控えるべき領域 (レッドゾーン)

これは直接交流をすることが、子の福祉を損なう危険性が高い場合を指している。さし当たりは、手紙や写真の交換やスカイプなどを利用した間接交流などに止めることになる。

目前の面会交流事案が上記①〜③のいずれに該当するかは、慎重に検討しなければならない。たいていの非監護親は①の自由な交流を希望するが、監護親は紛争や過去の葛藤の再燃を避けたい思いなどから③を希望することが多い。その際、明らかに問題となるのは、非監護親からの虐待などの情報があった場合、子が非監護親との接触を強烈に拒む場合、非監護親に薬物やアルコールへの依存・精神疾患等がある場合、子が乳幼児で監護親の協力が必要な場合などがあげられる。例えば、虐待やDVの内容を詳細に聞き、事実を把握するのは、面会交流可否を検討するためには重要な前提となる。

また、個別事例に上記①〜③の領域をあてはめて終了というものではない。むしろ、父母への教育カウンセリング的関与や治療的関与により、③を②に、

②を①に変えていく作業のほうが重要である。これは司法判断というより、行政的支援や民間支援的要素が強い。先進諸外国では、むしろこれが重要視され、充実している。さらに本来であれば、協議離婚であっても、離婚時に将来の養育に関する計画を当事者間で話し合っておくことが、のちの紛争を避ける意味で望ましい。例えば、法務省や一部の地方自治体は、離婚に際して綿密な養育計画を立てることを提案したリーフレットを用意している。まだ数は少ないが、子ども自身に手続き代理人を付ける制度も完備された（佐々木，2016）。第3章で紹介されるオンライン親教育プログラム（「リコンゴの子育て広場」[https://www.rikongonokosodate.com/]）を受講するのも、ひとつの方法である。家庭裁判所でも庁によっては、「親ガイダンスセミナー」を開催し、調停当事者に教育的な働きかけを行っているところもある。これらが、例えば面会交流における③領域を②に、②領域を①に変えていく成果になれば、まさに「子の福祉」にとって望ましい結果を生み出すことになる。

——子の引渡や養育費不払いに対する強制執行

子の引渡強制執行について

　最後に、調停や審判・裁判で子の親権者や監護者が決められても一方が子どもを囲い込んで手放さないとき、別居親の申立てにより子の引渡の裁判を行うことができる。そして、裁判所から引渡の決定を受け確定しても、子の同居親がそれを無視している場合、別居親の申立てにより、地方裁判所で強制執行をすることができる。最後にこれを簡単に説明する。

　強制執行の前段階として、家裁で調査官等が書面等で義務者に履行を促す履行勧告という制度があるが、これはあくまでも促すのが目的のため、強制力はない。強制執行とは、間接強制（引渡に応じない同居親に金銭の支払いを命じることで心理的圧迫を加え、自発的な引渡しを促すもの）と、直接強制（実際に執行官が、子どものいるところに出かけて行き、直接、子の引渡を受けるもの）がある。かつては、直接強制といっても、同居親（債務者）が子を抱え込んで離さなかったため、執行できなかった（別居親（債権者）に引き渡せなかった）というケースも多かった。第4章でも触れるが、国境を越えて連れ出した子どもの引

渡事件（いわゆるハーグ条約事件）でも同様のことが起きている。しかし、2019年民事執行法とハーグ条約実施法の改正（1年以内に施行）があり、同居親がいない場においても、子の引渡の強制執行ができるようになった。今後、子の引渡強制執行が増えると思われるが、いっそう子どもの身体や精神状態に配慮する必要が生じるであろう。どのような結論になるとしても、最も被害を受けやすいのは、弱者であり、間に挟まれた子どもであることを忘れてはならない。

面会交流の不履行に対する強制執行について

面会交流の不履行に対しても、まずは家庭裁判所で調査官等が履行勧告として、義務者に履行を促す作業をする。しかし、履行勧告で効果がない場合、子の引渡しと異なり、面会交流の直接強制執行は行われない。執行官が立会うような形で子どもと別居親を強制的に交流させるような事態は、想定されておらず、間接強制が限度とされている。また、間接強制といっても、調停調書などに具体的に「面会交流の日時又は頻度、交流時間、引渡し方法」が明記されていなければ、間接強制には適用されないとされている。これは注意を要するところであろう。面会交流が定められたが、面会交流ができないからといって、強制的な手段で子どもと交流するのは無理が多いといえよう。

養育費不払いに対する強制執行について

養育費の不払いについても、不履行には、調査官等が履行勧告手続において支払い義務者に支払いを促す作業をする。しかし、勧告で効果がなかった場合、権利者は、強制執行により、支払い義務者の給料を直接差し押さえたり預貯金口座を差し押さえたりすることができる。既述の民事執行法改正（2019）により、支払い義務者の勤務先や預金口座情報を照会できるようになるため、従来のような逃げ得は許さないシステムとなった。差押えがやり易くなるのはいいことだが、基本は、子どものために、義務者が自主的に調停や審判などで定められたとおりに、養育費の支払いを実行することである。子の引渡にしろ養育費不払いにしろ、社会のバックアップ（福祉的な手当て）はあくまでも補完する機能であって、関係当事者が責任を持って自主的に決められた内容を実行するのが、本来はいちばん重要なことである。

まとめ

　この章の冒頭で、筆者は「現代の家族」が、平均的な理想的家族像として、①愛情に基づいた男女を基礎に構成され、②家族の中心に子どもが存在し、③家族員はそれぞれ血縁や近隣社会を越えた社会的つながりを持つという特徴を挙げた。しかし、皮肉にも、これらから逸脱したとき、家庭内に紛争が発生し、弱者である子どもにしわ寄せが生じる。「離婚してパパ／ママにお金がないから行きたい学校に行けない」「パパ／ママに会いたいのに会えない」などである。行政的な支援の利用もあるが、やはり別居や離婚により非監護親や非親権者となった者が、子どもを長く見守っていく社会であることが望ましい。それこそが最終的には、「子の福祉」につながるはずである。

文　献

Gardner, R. A.（1991）. Legal and psychotherapeutic approaches to the three types of parental alienation syndrome families: When psychiatry and the law join forces. *Court Review, 28,* 14-21.

今津綾子（2019）. 家事事件における執行手続：子の引渡しを中心に. 東北ローレビュー 6, 24-57.

厚生労働省政策統括官（2018）. 平成 30 年我が国の人口動態：平成 28 年までの動向.

厚生労働省子ども家庭局家庭福祉課（2018）. ひとり親家庭等の支援について.

国立社会保障・人口問題研究所（2017）. 2015 年社会保障・人口問題基本調査（結婚と出産に関する全国調査）現代日本の結婚と出産：第 15 回出生動向基本調査（独身者調査ならびに夫婦調査）報告書.

最高裁判所事務総局家庭局（2019）. 親権制限事件及び児童福祉法に規定する事件の概況：平成 30 年 1 月〜 12 月.

裁判所（2017）. 司法統計年報（家事編）.

佐々木健（2016）. 子の利益に即した手続き代理人の活動と家事紛争解決. 立命館法学, 369/370, 211-236.

司法研修所編（2019）. 養育費、婚姻費用の算定に関する実証的研究. 法曹会.

鈴木菜月（2018）. 家計の消費構造の変化：子どもの減少と相反する一人あたり教育費の増加. 経済のプリズム（参議院調査室作成資料）, 170.

内閣府男女共同参画局（2019）. 配偶者からの暴力に関するデータ（令和元年 9 月 25 日更新）.

細矢郁, 進藤千絵, 野田裕子, 宮崎裕子（2012）. 面会交流が争点となる調停事件の実情及び審理の在り方：民法 766 条の改正を踏まえて. 家庭裁判月報, *64*(7), 1-97.

若林昌子（2012）. 面会交流事件裁判例の動向と課題：父母の共同養育責任と面会交流の権利性の視座から. 明治大学法律論叢, *85*(2/3), 387-411.

第3章　小田切紀子　［東京国際大学人間社会学部教授］

離婚と子どもの研究と必要な支援
臨床心理士から見た現状と課題

●—— 親の離婚と子ども

子どもにとっての親の離婚

　子どもにとって、両親の離婚は当事者である親と同様に人生の大きな出来事（ライフイベント）になる。そして愛着対象である両親はかけがえのない存在であり、離婚によってどちらかの親との交流が途絶えることは、悲哀を伴う喪失体験となる。

　さらに、離婚に至るまでの両親間の諍いや緊張に満ちた家庭の雰囲気、離婚手続き中の感情的対立にさらされ、親の離婚後は、慣れ親しんだ家や学校、友人との別れ、新しい生活や学校への適応、友人関係の再構築など、離婚が子どもに与える影響は長期にわたる。子どもは、親との穏やかな情緒的コミュニケーションによって心理的に安定し、毎日の生活や勉強などの活動に意欲的に取り組むことができるようになる。しかし、親は離婚の渦中では、自分たちのことで精一杯で子どもに十分な配慮ができず、子どもは愛着対象である親たちの言い争い、対立、時に夫婦間の暴力に曝されることになる。子どもは大人と異なり、家庭の外で気分転換したりストレスを発散したりができない。本来であれば、子どもの辛い気持ちを慰め、励ます存在である両親の対立がストレスとなり、家族、学校、友人関係への適応を損なうことになる。

親の離婚が子どもに与える影響

　ウォラースタインとブレイクスリー（Wallerstein & Blakeslee, 1989）による離婚と子どもに関する大規模研究のあと、離婚と子どもの研究は、長期間の縦断的研究（Hetherington & Kelly, 2002；Wallerstein & Blakeslee, 1989；Vélez et al., 2011）、多数のサンプルの反復調査（Zill, Morrison & Corio, 1993）、多様な研究の結果を統合し解析するメタ分析（Bauserman, 2002；Amato, 2010）など、さまざまな研究デザインで実施されるようになった。

　離婚家庭の子どもの適応をめぐる研究は、両親がそろっている家庭の子どもと離婚家庭の子どもの比較が大半であり、社会性、精神的健康、感情コントロール、学業成績、自己肯定感などの面で、離婚家庭の子どものほうが低く、離婚家庭の子どもは退学しやすく、早くから性的な行動を示す傾向が認められている（Amato, 2010；Zill et al., 1993；Racusin et al., 1994）。また、子どもは、親の離婚の直後に大きなストレスを抱え、不安、悲しみ、情緒的混乱、怒り、ショック、不信感を体験し、離婚後も両親の紛争が継続すると、子どものストレスが大きくなる（Kelly & Emery, 2003；Hetherington & Kelly, 2002）。さらに、特別な養育の配慮を必要とする子どもは、親の離婚に対してより敏感に反応しやすいことも明らかになっている（Demir Dagdas et al., 2018）。

　また、両親の紛争は、子どもの脳に損傷を与える（友田，2011）。子どもは、親から直接暴力を受けた場合だけでなく、両親間のDVにさらされる「面前DV」によっても、脳の構造と機能に異変を起こすことが脳の画像診断により明らかにされている。激しい生活環境の中で生き延びるために、聞かない、見ないようにするための脳の反応であり、脳の海馬、視覚野、偏桃体、前頭前野が委縮し、認知機能の低下、過敏な神経活動が生じるのである。

　さらに、親が離婚した子どもは、自分自身の恋愛や結婚に対して消極的で、肯定的なイメージが描けず、自分自身も離婚に至るのではないかという不安を持ちやすく（Amato, 2010；小田切，2010）、親が離婚した男女は、そうでない男女よりも離婚しやすいことが明らかになっている（Amato & Cheadle, 2009；Teachman, 2002）。背景に、親が離婚した子どもは、離婚や離婚家庭の子どもを否定的にとらえない傾向が認められており（小田切，2003；Kapinus, 2005）、離婚を受け入れやすく、不幸な結婚生活を継続するよりは離婚を選択しやすいこと

が考えられる。

　他方、親が離婚した子どもの75〜80％が精神的健康や自己肯定感、学業成績などの問題を抱えておらず、親の離婚による長期的影響は受けていないという報告（Kelly & Emery, 2003）もあり、両親がともに子どもに養育に関わり続け、子どもに愛情を注ぎ、温かさと権威をもったしつけをすれば、子どもの離婚による影響を最小限に抑えることができることも明らかになっている（Wallerstein & Blakeslee, 1989；Kamp Dush et al., 2011）。

●──親の離婚とアタッチメント・忠誠葛藤

　「アタッチメント理論」を提唱したのは児童精神科医のボウルビィであるが、アタッチメント（愛着）とは乳幼児と特定の対象との情緒的な結びつきを指し、乳幼児とその対象との相互作用を通して形成される確固たる絆である。そしてその対象との関係を内在化することによって形成される「内的作業モデル」が新たな人間関係形成の礎となり、その後の子どもの適応に影響を及ぼすことを指摘した。アタッチメント理論は母子関係の研究に多大な影響を与え、ウォーシャック（Warshak, 2018）による離婚後の共同養育について報告した110件の研究のレビューによると、1970年頃までの研究は母子関係に偏重し、母親からの分離は子どもに長期的なダメージを与えると考えられていた。しかし、1970年代から1990年代にかけて行われた米国の社会科学研究の結果は、子どもたちが離婚後に父親とより多くの接触を望んでいたことを示していた。

　ウォーシャックのレビューが示すように、1970年代までは良好な母子関係が将来の子どもの適応に必要であるとする考え方が前提にあった。しかし、子どもは母親と父親の両方にアタッチメントを形成することが実証されており、例えば、就学に至るまでの期間は、アタッチメントの対象を親から祖父母、保育園や幼稚園の先生、友達に広げていく重要な時期である（数井ら，2005）。そのため離婚にあたっては、母親との関係さえ保障されればよいわけではなく、特に日本で頻繁に起こる父との関係の断絶は子どもにとって苦痛を伴う喪失体験となり、子どもが今後対人関係を築いていく上で大きな障害となる。そして離婚後に父親が母親と連携して子どもの養育に関わるほうが、母親単独の養育

よりも、子どもの社会適応、情緒・行動的適応、学業達成度の多目的尺度で高得点であった（Bauserman, 2002）。

　また、子どもは、親の離婚へと至る過程において、両親による子どもの取り合いや対立に巻き込まれ、一方の親との分離による喪失体験や生活環境の変化によるストレスだけでなく、どちらの親の味方をするのか選択を迫られる「忠誠葛藤」（loyalty conflict）の状況におかれ、それがさらに大きなストレスとなることが知られている（例えば、Emery, 1999）。

　シャファー（Schaffer, 1998）は、「なによりも子どもたちの幸せにつながる状況は、両親のあからさまな争いが最小限で、育児のしかたに関して最大限一致しており、どちらの両親にもいつでも会うことができ、適切に関わりを持ち続けている状況である」と述べている。離婚にまで至った夫婦にとってこのような環境を整えるのは一般的にハードルが高いが、臨床心理学の視点からは、離婚後も親として子どもに提供すべき必要な環境といえる。

——海外の離婚手続きと面会交流援助の実情

　離婚が子どもに与える影響について、心理的適応と愛着形成の観点から述べてきた。両親の離婚に伴う喪失体験や離婚の過程における両親の対立は子どもの心身に大きな影響を与えるが、多くの心理学的研究は、離婚後も両方の親と関係を維持することが、親の離婚を経験した子どもの社会適応と健全な心身の発達に必要であることを明らかにしている。したがって、離婚後の子どもにこのような環境を整えることが臨床心理学的支援の最優先課題である。

　児童の権利条約は、親子がともにあることが子どもの基本的権利であると規定し、第9条3項では、「締約国は、児童の最善の利益に反する場合を除くほか、父母の一方又は双方から分離されている児童が定期的に父母のいずれとも人的な関係及び直接の接触を維持する権利を尊重する」と、子どもの面会交流権を尊重し、子どもたちを「ひとり親」の環境で養育せず、双方の親と子どもが自由に交流できる状況を保障している。ところで児童の権利条約を締結している日本以外のすべての先進国は、離婚後の共同親権制度を導入し、離婚の成立には裁判所が関与する。離婚後の単独親権制度を導入しているのは、日本、イン

ド、パキスタン（ムスリム法では父親が唯一の「自然後見人」とされている）など
である。そこで、以下、法務省「各国の離婚後の親権の比較調査研究調査業務
報告書」（2014）、二宮と渡辺（2016）と筆者の海外視察を参考に、諸外国の離
婚手続きと面会交流、親教育の位置づけについて概観する。

◉アメリカ

アメリカは裁判離婚制度であり、離婚は裁判所の判決で成立する。州によっ
て離婚の手続きが異なるが、共通するのは、家庭裁判所がメディエーション
（未成年の子どもがいる場合は、面会交流、医療・健康・宗教・教育など子どものた
めの重要な決定をする親の権利と責任の取り決め）と親教育（家族の争いが子ども
に与える影響の教育、子どもへの影響を最小化する方法の教育）を行う。親教育は、
裁判所が外部機関に委託している州が多い。これらをもとに、父母は養育計画
書を作成し、裁判所に提出し、裁判所が合意内容を確認し、離婚が成立する。
メディエーションは当事者が合意に至るまで継続できるが、それでも合意に至
らない時は、裁判所が子どもの最善の利益になるような重要事項と面会交流の
決定を行う。児童虐待やDVの経歴があり、面会交流において子どもの安全が
保障できない事案では、裁判所が民間の監督付き面会交流支援団体と連携して、
面会交流を裁判所命令で実施させ、各支援団体は面会交流の状況を裁判所に報
告する義務を負う。

◉カナダ

カナダも裁判離婚制度であり、離婚には家庭裁判所の承認が必要である。離
婚後も共同親権であり、未成年の子どもがいる場合は、養育費の分担、面会交
流（access）、子どもの主たる養育者について合意し、親教育ガイダンスの受講、
養育計画書の提出の義務がある。合意の形成が不可能な場合は裁判所で手続き
を進める。裁判所は、離婚後の親子の交流を継続するために、監督付き面会交
流を命令する。監督付き面会交流支援機関は多数存在し、例えば、カナダ・オ
ンタリオ州には家庭裁判所と連携して面会交流支援を提供する104の支援セン
ターがある。センターは安全性が確保された場所であり、トレーニングを受け
た専門家による支援が行われている。家庭裁判所からの命令で面会交流を命じ
られた家族は、地域の支援センターに連絡してインテークを受け、面会交流の
ルールについて合意したのち支援が開始される。担当スタッフは交流の実際を

家庭裁判所に報告する義務がある。支援対象となるのは父母の葛藤が非常に高く当事者だけでは面会交流が実施できないケース、子どもが面会交流を強く拒否しているケース、DVや児童虐待、親のメンタルな問題、性犯罪など、子どもの安全が危惧されるケースである。

◉シンガポール

シンガポールも当事者同士の話し合いによる協議離婚は認められておらず、家庭裁判所において離婚手続を行う裁判離婚である。親権（custody）の決定は、子どもにとって利益となるか否かを最優先に、その他の事由を勘案して決定される。シンガポールは共同親権（joint custody）制度を導入しており、離婚する夫婦の99％が共同親権となる。

離婚する夫婦には、子どもの監護や面会交流について、児童問題相談センターで心理・福祉の専門家によるカウンセリングにより合意形成に至ることを義務づけている。子どもと同居する親には実際に子どもの監護を行う権利である監護権（care & control）が与えられる。子どもと居住を共にしない親は面会交流権（access）を有し、かつ子どもが21歳に達するまで養育費（child maintenance）を支払わなければならない。

◉韓国

韓国は、離婚後の共同親権と単独親権のどちらかを選択することができる。日本と同様に協議離婚制度と裁判離婚制度があるが、2008年に協議離婚制度の改革が行われ、夫婦は家庭法院（家庭裁判所）に離婚意思確認書を申請し、未成年の子どもがいる場合は3ヵ月、未成年の子どもがいない場合は1ヵ月、熟慮期間が設けられた。申請後、双方が調査官による離婚案内を受けることが義務付けられている。つまり、協議離婚においても裁判所が関与するようになった。裁判所が関与するのは協議離婚の手続き、離婚相談（法的・心理的相談）の勧告、未成年の子どもがいる場合は親教育（離婚が子どもに与える影響についての親ガイダンス）であり、これに基づき夫婦は、子どもの親権者・養育者、養育費の分担、面会交流についての協議書（子の養育と親権者決定に関する協議書）を提出する。

◉ドイツ

ドイツは、協議離婚制度は存在せず、離婚には家庭裁判所による判決を得な

ければならない。しかし子どもがいる夫婦の場合は、両親による合意が子ども
の福祉に資するという基本的方針から、裁判官、弁護士、児童福祉機関、民間
団体が連携・協力し、両親の親教育と合意形成を促進している。

　ドイツも1997年の親子関係法改正により面会交流および面会交流援助につ
いて明文化されたが、それ以前からドイツ少年局（行政機関）と民間団体によっ
て面会交流援助が行われていた。この改正で面会交流援助における少年局の役
割が明確化され、子どもが面会交流を拒否するか、あるいは児童虐待やDVに
よるトラウマがある場合は、少年局の調査報告をもとに家庭裁判所が子どもの
心理鑑定や家族成員への個別相談を実施する。子どもの面接は、裁判所併設の
児童室で裁判官と児童心理・福祉の専門家によるチームで行われ、裁判官が報
告書を作成する。期間は原則3か月、最大6か月まで延長可能で、家庭裁判所
の結果により監督付きの面会交流を命じたり親への援助を行う。非監護親の暴
力が改善されない場合は、面会交流を中止する命令を出す。面会交流の費用は、
管轄地方自治体が負担する。

　以上のように、アメリカ、カナダ、シンガポール、韓国、ドイツでは、家庭
裁判所が核となり、民間の面会交流支援機関と連携・協力して、親教育や心
理・法律相談を提供している。裁判所命令に基づいて民間の面会交流支援機関
が親子の交流を支えることで面会交流が可能になり、離婚後の親子関係が継続
できている。このような制度を支えているのは、離婚後の共同親責任（共同親
権）と面会交流を子どもの権利とする法律である。

●── 日本の状況　単独親権制度と面会交流の課題

　諸外国では、子どもが親の離婚を乗り越え心身ともに健全に成長していくた
めには、子どもと両方の親との交流を保障することが子どもの最善の福祉であ
るという学術的知見に基づき、共同親権と面会交流が国によって制度化されて
いる。日本の状況はどうであろうか。日本の単独親権制度と面会交流の実情を
概観する。

単独親権と協議離婚

　明治民法の家制度のもとでは、婚姻中も家長である父親が跡継ぎである子の親権者となり、母親は親権者としては認められず監護権が認められる場合が大半だった。戦後、婚姻中の共同親権と離婚後の単独親権が定められ、離婚後は母親が親権者・監護者となる場合が増加し、1960年代半ばに「妻が全児の親権を行う」の比率が夫を逆転し、以後その差は開き続け、2016年には母親が親権者84.3％、父親が親権者12.1％、その他3.6％となっている（厚生労働省、2016）。（2章で述べられているように）家庭裁判所の親権者（監護者）指定における母性優先の原則においては、母性は必ずしも母親を意味するのではなく、父親の養育能力、主たる養育者としての役割が認められ、父親が親権者になる場合もある。

　例えばアメリカでは、植民地時代の父の監護から20世紀半ばまでの母優先の監護の時代を経て、離婚率が上昇し、女性解放運動であるウーマンリブ運動により男女の平等が進展した1960年代から1970年代に監護者における母優先の原則に疑義が呈されはじめ、1973年のWatts v. Watts判決は「単に母であるという事実そのものは、（…）良質の養育を提供する能力や意欲を意味しない」という考えを表明し、1990年代までに多くの州は幼い子には母が必要という判断（テンダー・イヤーズ・ドクトリン）を監護者判断の基礎とすることを廃止している（Fuhrmann & Zibbell, 2012）。これは、子の利益を目的とした離婚への裁判所の関与であり、監護者の検討においてジェンダーに基づく一面的な基準が解除され、それぞれの子の個別具体的な状況から子の最善の利益を導く判断を追及した過程でもある。さらに、監護権が得られない父親の運動とウーマンリブ運動により、離婚後も父母ともに子どもの養育に責務を果たす共同親権制度が導入され始めた。

　しかし日本では、離婚後単独親権と協議離婚の組み合わせのために、多くの離婚において子の利益の具体的な検討の機会がなく、社会通念を反映した母親優先の単独親権者指定は、結果として離婚後の子どもと父親の断絶を一般化し、さらに離婚後のシングルマザーによる子育て負担や、母子家庭の貧困を招いている。

　また、元東京高等裁判所長官・安倍嘉人と元東京家庭裁判所所長・西岡清

一郎は『子どものための法律と実務』（2013）で、父母の離婚等を経験する子の監護等にかかる最善の利益について、「将来へ向けての子をめぐる人間関係の安定こそが、子の利益の判断の際に最も重要というべきである。両親の間で、離婚に関し、あるいは子の監護や面会交流をめぐって対立状態が存在すること自体が、本来的に、子の利益にそぐわないというべきであり、まず、その解消を図ることが子の利益につながるといえるであろう」と述べている。しかし、離婚後の単独親権制度においては、父母双方が親権者であることを望む場合、監護能力の適性を激しく争い、相手を誹謗中傷しあうなど父母の対立をより深める結果となっている。

子どもの連れ去り・引き離し

親権者指定の裁判では、「継続性の原理」が優先される傾向から、監護実績を確保するために、子どもを連れ去り、別居親から子どもを引き離し、子どもに別居親を拒絶するように仕向けるということも生じている。また、現行民法では面会交流の権利が明確に定められていないため、同居親は面会交流を拒否しても、親権者としての適格性を問われたり親権を変更されることはない。そのため元配偶者との関係を断ちたい親の都合によって子どもの連れ去りが横行し、子どもが別居親との交流を遮断されるケースが少なくない。また、子どもの連れ去りのあとは両親間の紛争が激しく高葛藤であることを理由に面会交流は制限、あるいは間接交流（写真や手紙の送付など）に限定され、事実上子どもと別居親との交流は断絶される傾向がある。

両親の離婚や別居によって子どもが一方の親と離された場合、それは子どもにとって喪失体験となり心的外傷（トラウマ）に発展することがある。『臨床心理士のための子ども虐待対応ガイドブック』（2013）では、「安定し、一貫した対象や居場所の喪失は、不安と恐怖心につながるだけでなく、人生の連続性が絶たれた感覚、見捨てられた人生イメージとなり、自己評価の低下につながり、特に思春期以降のアイデンティティ形成時には大きな混乱」をもたらすと警告している。シャファー（Schaffer, 2001）も、さまざまな養育環境における子どもたちを対象とした52本の論文から、親への愛着形成後の親からの分離は子どものトラウマとなる可能性が高いことを報告している。また親が離婚した子ど

もへのインタビュー調査（小田切、2010）では、子どもたちが語る中心的テーマは、いなくなった親への思いであることが報告されている。

　前述のように、子どもは両方の親と自由に交流でき双方から愛情ある養育を受けるなかで、両親の離婚の影響を緩和し、安定して発達することができる。そのための環境を整えるのが離婚後の双方の親の義務と言える。しかし離婚後の単独親権は、父母の紛争を激化させ、別居親との断絶を追認して離婚後にも対立を継続させることになり、結果として子どもの利益を著しく害することになる。父母の対立を避け、過去の監護の実績だけを重視するのではなく、将来の監護の安定性も評価し、子どものために共同で養育の責務を果たせるように、すべての離婚に対して親教育の受講、養育計画（ペアレンティング・プラン）の提出を定める法の制定が必要である。

　また、離婚や別居に至る夫婦間に葛藤がないことは通常考えられないので、父母が高葛藤であっても、子どもが両親の紛争に巻き込まれずに別居親と交流できるように、双方の親への心理教育や面会交流支援団体の整備、支援者の育成が必要である。

児童虐待・夫婦間暴力

　児童虐待や夫婦間暴力（DV）が明確に実証されたときは、面会交流においても子どもの安全と心の安定を最優先しなくてはならないのは言うまでもない。家庭内の暴力のアセスメントは常に困難を伴うが、子どもの安全と安心の確保を最優先に、実施法を検討することになる。他方で、児童虐待防止法の心理的虐待の具体例には、「子どもを傷つけることを言う」「子どもが同居する家庭における配偶者に対する暴力」が明記されている。子どもは一つの人格を持つ個人であり、直接子どもを攻撃する言動はもちろんのこと、子どもが慕うもう一方の親への暴力や悪口も子どもに精神的苦痛を与える行為であり、心理的虐待と考えることができる。

　児童虐待防止法の目的は「児童の権利利益の擁護に資すること」とあり、民法改正において親権者は「子の利益のために」監護教育の権利義務を有することが明示された。したがって、監護者が子どもの福祉を考えて行った行為であると主張しても、その行為が子どもにとって、不利益となっていないか、危険

を及ぼしていないかの観点から、児童虐待の判断をする必要があると思われる。そして、子どもを監護している同居親は、面会交流に対して拒否的態度を示さない、別居親の悪口を言わないだけでなく、面会交流に対して積極的な態度をとり、子どもが両親から愛されていることを日常的に感じられる養育環境を整えることが求められる。

さらに、前述のように子どもの目の前で配偶者に暴力が行われる「面前DV」が子どもへの心理的虐待となることは明らかである。DVに関しては被害者を保護しケアして命を守ること、生活を支援することが援助の第一義であることは間違いないが、日本はDVのアセスメントとDV加害者への矯正教育が大きな課題である。現状では加害親を被害親と子から遠ざける解決方法しか準備されていないが、DV被害者と同じ数だけのDV加害者が存在することを考えれば、加害者へのアプローチ、すなわち暴力の再発予防に向けたプログラムの提供が極めて重要となる（Jenkins, 1990）。

離婚後の共同親責任、共同親権の考え方

本章で述べたように、内外の膨大な研究（Amato, 2010；Kamp Dush et al., 2011；Vélez et al., 2011；小田切, 2017）が、児童虐待やDVが明確に実証される場合を除き、離婚後の共同養育が子どもの良好な適応に資することを指摘している。「児童の権利に関する条約」では、離婚後の共同養育を定めた原則として第9条第3項（親子不分離の原則）、第18条第1項（共同親責任の原則）、第27条第4項（養育費確保の原則）があり、子どもは父母の監護・教育を受ける権利があり、親にはこれに対応して責任を果たす義務があることを規定している。

しかし、日本の離婚後の単独親権制度の下では、親権者が承諾しなければ非親権者は子どもに会えないことが多いため、両者は対等な立場ではなく、父母が連携して養育責任を果たすことが容易ではない。また、父母ともに親権者として適性がある場合、どちらか一方を親権者に決めなくてはならない制度は理不尽であり、これが親権や面会交流をめぐる父母の熾烈な争いを生じさせている。離婚は夫婦関係を終結させ過去を清算することであり、同時に離婚後の子どもの養育という将来について話し合うのは容易ではない。父親と母親が親権者の指定や養育費の分担、面会交流の実施で対立する争いの構図から、両親が

それぞれ子どもの利益のために協力する方向に変換するためには、親は離婚後も共同で親責任を果たす義務があることを定め社会が理解するべきである。

さらに、「親権」という言葉は、「親の権利」と誤解されやすいが、権利ではなく上述のように「親としての責任あるいは義務」である。諸外国のように「親権」から「親責任」と言葉を変えることにより、離婚後も共同で親責任を果たす、という理に適った制度改革になり社会で受け入れやすいと思われる。

他方で、単独親権制においても共同養育は可能であり、親権者になることにこだわりのない親もいると思われる。しかし、単独親権制度においては、DVや虐待の加害者ではないにもかかわらず親権が認められなかった場合、子どもの養育に関与できなくなるという問題が生じる。DVや児童虐待の加害者のように養育に不適切な親に親権を認めない判断は単独親権でも共同親権でも必要であり、この問題は共同親権制度に向けた議論では例外として扱われるべきである。例外と原則を混同していては議論が成立しない。まずは原則の枠組みを確定し、それから例外に焦点をあてて制度を確定するべきである。

──離婚後の支援の基本

これまでの議論をふまえて、子どもの最善の利益の観点から、筆者が面会交流支援で実施している臨床心理士の専門性を生かした支援を紹介する。

臨床心理士の専門性を生かした面会交流支援

裁判所で面会交流について合意、あるいは審判が出されても、当事者同士では面会交流を行うのが難しいほど敵対関係にある父母の場合は、支援を開始する前に、準備セッションを父・母個別に設定し、父母の対立が子どもの福祉を害すること、父母が協力することが子どもの利益に適うこと、夫婦の問題と子どもの問題を切り離して考えることの重要性などを伝えている。さらに、子どもとの事前面談も実施している。これにより、支援者と父・母・子どもとの関係性をそれぞれ構築し、両親間の葛藤の軽減、子どもの面会交流へのストレスの緩和を目指している。その後、多くの場合親権者（監護親）に対して、子どもが別居親に会うことの大切さ、子どもの忠誠葛藤の理解を促すことになる。

子どもは両親が「良い関係である」と感じると、ストレスが低下し、両方の親とつながりを持つ可能性が高くなる。しかし、親同士が対立していると感じると、「どちらかの味方」にならなくてはならないと感じたり、一方の親と楽しい時間を過ごすと、もう一方の親への裏切りのように感じることがある。したがって、子どもの忠誠葛藤を軽減するためにも、両親の対立関係が子どもの精神的負担になることを理解してもらえるように働きかける。また、親権者と非親権者（別居親）に対しても、親の気持ちを丁寧に聴いていく。親は、離婚の法的手続き、経済的負担によるストレス、人間関係の終焉や夫婦関係解消による喪失と悲嘆、子どもに関する不安や心配を共通して持っている。親権者は、一人で子育てをすることへの不安や相手方（別居親）に対する不安や怒りなどの感情があるので、それらを緩和する介入をする。別居親は、子どもとの交流が途絶える恐れや面会交流の支援を受けることを不本意に感じ、屈辱、怒りを持っていることが多いので、親としての強み、良さ、目標を設定する。子どもには、両親の離婚に伴うあらゆる感情を自然なこととして受け止めつつ別居親と会うことへの不安や心配を探るが、子どもが会うのを嫌がるときは、無理強いはしない。子どもが別居親と会うことを安心だと感じるために必要なことを探り、子どもがより負担の少ない交流方法（LINE、短い手紙、電話など）を提案することもある。

　さらに、支援開始後も子どもが別居親との交流を嫌がる態度などが認められた場合は、子どもとの面談を設定し、子どもの気持ちに沿った面会交流ができるように、子どもが別居親とのかかわりを拒否する背景を探っていく。必要があれば、父母との個別の面談も設定し、両親をエンパワーメントしながら子ども中心の安定した面会交流が継続できるように臨床的介入をする。

親教育プログラム、親ガイダンスの義務化

　裁判所が関与しない協議離婚が離婚全体の約90％を占める日本の現状では、各自治体で親教育プログラムの受講を義務づけることが望まれる。協議離婚の場合、当事者が離婚後の子どもの養育について何も決めずに離婚に至るケースが少なくない。具体的には、離婚届けを渡す際に、親教育プログラム（親ガイダンス）についてパンフレットを配布し、受講を促すことが必要と考える。

離婚後の親教育プログラム（親ガイダンス）は、離婚紛争による子どもへの影響の軽減、離婚後の親子の交流、特に別居親となる父親と子どもの交流の重要性などを両親に伝える目的で1960年代後半から開発され、家庭裁判所が中心となり、アメリカ、カナダ、韓国などで導入され、前述のように離婚時に裁判所は親教育プログラムの受講を父親と母親に奨励または義務づけている。

　日本では離婚後は単独親権制度であり、司法が関与しない協議離婚が約90％を占める実情から、親教育プログラムは周知されていない。しかし、単独親権制度が子どもの独占を保証するかのような思い込みをなくし、離婚が子どもに与える影響を知り、離婚後に父親と母親が子どもの養育に継続して関与することの大切さを理解し、そのために必要な知識やスキルを身につけ、離婚後に元パートナーと協力して子育てをすることが、子どもだけでなく親のメンタルヘルスにも良い影響を与えることを学ぶことは有益である。離婚後の共同養育が浸透していない日本では、離婚後の元パートナーとの子育て方法を学ぶことは大切である。日本版のプログラムは、アメリカのプログラムを日本の離婚制度や家族に適応するように改訂して導入されており、参加型のプログラムとオンラインによるプログラムがある（小田切，2017；Odagiri & Onishi, 2019；小田切・青木，2019）。オンラインプログラムは、以下から、当事者だけでなく誰でも匿名で、無料で参加することができる。

　リコンゴの子育て広場 ［https://www.rikongonokosodate.com/］

養育計画書の提出とペアレンティング・コーディネーターの導入

　また離婚届とともに、養育計画書の提出を父母に義務づけることが期待される。父母は、養育費と面会交流について取り決め、それに基づき面会交流の具体的なスケジュールと子どもの受け渡し方法、養育費の金額と支払い方法などについて養育計画を作成し、離婚届けとともに提出するのである。法務省が作成した「子どもの養育に関する合意書作成の手引きとQ & A」には、「子どもの養育に関する合意書」として、養育費と面会交流に関する合意書の作成を提案しているが、これだけでは不十分であり、面会交流と養育費の支払いが滞りなく実施できるように詳細な取り決めを記載し、合意事項が履行されなかった場合の対処方法についても取り決めるべきである。

しかし、父母だけでは話し合いがまとまらず、養育計画書が作成できない場合も多いと想定される。その場合、高葛藤の父母間の問題を調整していく「ペアレンティング・コーディネーター」（メンタルヘルスまたは法律の専門家）の導入を提案したい。ペアレンティング・コーディネーターはアメリカを中心に広く活躍しており、面会交流や子どもの監護で紛争が生じた場合、父母双方からの依頼により紛争を解決し、養育計画が実施できるように親を教育し援助する職種であり、専門性の確立と維持のため研修の受講が義務づけられている。その役割は多面的で、教育者、メンタルヘルス専門家、子どもの代弁者と複数の役割を果たす（Carter, 2011）。教育者としては、子どもの発達上のニーズ、子どもの他方の親とのかかわり方、紛争解決のスキルなどを親に教える。メンタルヘルス専門家としては、離婚に際して父母と子どもそれぞれがどのような内的体験をしているのかを理解する。子どもの代弁者としては、紛争中の父母に子ども中心の視点を促し、「子どもの利益」を最優先して合意に導くのである。

子どもへの支援 ── 子どもの声を聴く

　親の離婚を経験する子どもの養育問題は、親の責任と自覚のみに帰することはできず、個人で解決できることも少ない。子どもたちの心痛を社会が理解し、問題を共有するべきである。

　子どものレジリエンスの研究から、過酷な家族状況において問題の解決に貢献できた経験が子どもの自己効力感を高め、困難を乗り越え成長を促すことが明らかになっている。例えば、グレン・エルダー（Elder, 1974）の古典的なコホート研究は、大恐慌の時代に育った子どもたちの家族の役に立った経験が、その後の良好な成長につながったことを明らかにしている。これらの知見から、父母の離婚においても、子どもも当事者と考え、子どもに関わる問題について子ども自身が意思や気持ちを聴いてもらう機会を与えられ、それを解決の道筋に反映させる必要がある。しかしながら日本では、子どもの権利条約にある「子どもの意思表明の権利」「子どもの意思の尊重」という言葉が、周囲の大人に都合よく解釈されている印象が否めない。子どもの意思を尊重することの重要性はいうまでもないが、子どもの発言や考えや気持ちは、状況や場面、相手との関係性によって変化する。例えば母親と一緒の時は「パパがいなくても平

気」と言い、父親と一緒の時は「ママがいなくても大丈夫」と言う、ということは当然生じる。親はそのような「子どもの意思」を自分中心に解釈して、「私が育てる、この子もそう望んでいる」「子どもにそう言わせているだけだ」と、それぞれの親の気持ちを子どもの発言の解釈に持ち込んでしまう。子どもが父親と母親に言ったことは「どちらも」子どもの気持ちであり、嘘をついているわけではなく、両親の紛争に巻き込まれ、父親と母親をそれぞれ喜ばせようとして、その場を収めようとしていることが多い。子どものおかれている状況や心情を理解せずに「子どもの意思」をめぐって親が争い子どもの発言を利用することは、子どもの心を深く傷つけることになる。「子どもは意見を言う権利がある」だけでなく、「子どもは話を聴いてもらう権利がある」のであり、子どもの揺れ動く気持ちが丁寧に理解されることが肝要である。さらに、子どもが安心して話し、それが傾聴される前提として、子どもに必要な情報が与えられていることが大切である。必要な情報とは、以下の6つである

① 親の離婚は子どものせいではない（罪悪感を取り除く）
② 両親がやり直す可能性はない（期待を持たせない）
③ 親役割を取らなくてよい（親を守らなくてよい、良い子にならなくてよい）
④ 親は離婚しても子どもを愛している（自己肯定感）
⑤ 離れて暮らす親と会うことができる（親子関係の継続）
⑥ 親の離婚を経験する子どもたちは自分だけではない（仲間がいること）
（二宮，2016；小田切，2010）

　一般的に子どもは、同居している親やその親族からの情報しか持っていない。別居している親の子どもへの思い、子どものことをどれほど愛しているか、会いたいと思っているか、親が別居・離婚に至った経緯については知らないことが多い。子どもを取り巻く状況について、子どもの年齢に応じて丁寧に伝え、今どのようなことが起こっていて、これからどうなる可能性があるのか、裁判所や家族の法律の仕組み、子どもが出会う裁判官・調査官・調停委員・弁護士などの役割について伝えることも必要である。
　問題は、誰がこれらの情報を子どもに与えるかである。家庭裁判所の調査官

は、専門的立場から子どもの意向調査を行うが、裁判官からの指示で行うため、必ずしも適切とは言えない。子ども手続き代理人（弁護士）が適切と思われるが、いつも任命されるわけではない。理想的には、臨床心理士が親の離婚問題を抱える子どもたちに早い段階からかかわり、子どもに寄り添った支援を提供できるのが望ましい。

　また両親の離婚問題に巻き込まれている子どもは、周囲の大人が想像するような、例えば元気がなく落ち込むといった反応を見せるとは限らず、むしろ陽気に振る舞ったり、気丈な態度をとることもある。また一般に子どもは、強いストレス状況に曝されると、その子どもの脆弱な面が顕著になりやすい。内向的な子どもはますます周囲とのかかわりを拒み、多動傾向な子どもは一層落ち着きのない行動が目立つようになる。親の離婚を経験した子どもと面談する専門家には、子どもが強いストレス状況にあり、その苦しみの言語化が難しいことを十分に理解するための訓練とスキルが求められる。子どものおかれている過酷な状況に理解を示し、子どもが表現する言動を温かく受け止めるための基盤が求められている。

●—まとめ

　本章では、離婚が子どもに与える影響についての学術的研究を概観し、日本の離婚後の単独親権制度における課題と問題点、臨床心理士の専門性を生かした面会交流支援、および親教育と子どもの声を聴くことの重要性について述べた。女性の経済的な自立と家族の多様化は、離婚後の家族のあり方に変化をもたらしている。制度は時代を反映する。離婚後の共同養育は、海外では離婚後の子育てのスタンダードなスタイルである。海外での取り組みを参考にしながら、子どもの視点に立脚し、子どもの利益を最優先に双方の親が離婚後も親責任を果たせるような支援制度を整えることが急務の課題である。

文　献

Amato, P. R.（2010）．Research on divorce: Continuing trends and new development. *Journal of Marriage and Family, 72*, 650-666.

Amato, P. R., & Cheadle, J.（2009）．The long reach of divorce: Divorce and child well-being across three generations. *Journal of Marriage and Family, 67,* 191-206.

Bauserman, M. R.（2002）．Child adjustment in joint-custody versus sole-custody arrangement: A meta-analysis review. *Journal of Family Psychology, 16,* 91-102.

Carter, D. K.（2011）．*Parenting coordination: A practical guide for family law professionals.* Springer Publishing Company.

Demir-Dgdas, T., Isik-Ercan, Z., Intepe-Tingir, S., Cava-Tadik, Y.（2018）．Parental divorce and children from diverse backgrounds: Multidisciplinary perspectives on mental health, Parent-Child Relationships, and Educational Experiences. *Journal of Divorce and Remarriage, 59,* 469-485.

Elder, G. H.（1974）．*Children of the great depression: Social change in life experience.*（本田時雄，他訳（1997）．［新装版］大恐慌の子どもたち――社会変動と人間発達．明石書店）

Fuhrmann, G., Zibbell, R.（2012）．*Evaluation for child custody.* Oxford University Press.（田高誠・渡部信吾訳（2016）．離婚と子どもの司法心理アセスメント．金剛出版）

Emery, R. E.（1999）．*Marriage, divorce, and children's adjustment.* SAGE Publications.

Hetherington, E. M., & Kelly, J.（2002）．*Far better or far worse: Divorce reconsidered.* W.W. Norton.

Jenkins, A.（1990）．*Invitations to responsibility: The therapeutic engagement of men who are violent and abusive.* Dulwich Centre Publications.（信田さよ子・高野嘉之（訳）（2015）．加害者臨床の可能性――DV・虐待・性暴力被害者に責任をとるために．日本評論社）

Kamp Dush, C. M., Kotila, L. E., Schoppe-Sullivan, S. J.（2011）Predictors of supportive coparenting after relationship dissolution among at-risk parents. *Family psychology, 25*（3）, 356-365.

Kapinus, C. A.（2005）．The effect of parental marital quality of young adults' attitude toward divorce. *Social Perspective, 48,* 319-335.

Kelly, J. B. & Emery, R. E.（2003）．Children's adjustment following divorce: Risks and resilience perspectives. *Family Relations, 52,* 352-362.

Odagiri, N. & Onishi, M.（2019）．Parental education program after divorce. 6th Annual Asian Academy of Family Therapy Conference.

Racusin, R. J., Copans, S. A. & Milis, P.（1994）．Characteristics of families of children who refuse post-divorce visit. *Journal of Clinical Psychology, 50*（5）, 792-801.

Schaffer, R. H.（1998）．Making decision about children.（無藤隆・佐藤恵理子訳（2001）．子どもの養育に心理学がいえること．新曜社）

Teachman, J. D.（2002）．Stability across cohorts in divorce risk factors. *Demography, 39*（2）, 331-351.

Vélez, C. E., Wolchik, S. A., Tein, J-Y., Sandler, I.（2011）．Protecting children from the consequences of divorce: A longitudinal study of the effects of parenting on children's coping processes. *Child Development, 82*（1）, 244-257.

Wallerstain, J. S., & Lewis, J.（2000）．*The long-term of divorce on children: A first report from a 25-years study.*（早野依子訳（2001）．それでも僕らは生きていく――離婚・親の愛を失った25年間の軌跡．PHP研究所）

Wallerstein, J. S. & Blakeslee, S.（1989）．*Second chances.* Ticknor & Field.（高橋早苗訳（1997）．セカンドチャンス：離婚後の人生．草思社）

Warshak, R. A.（2018）．Stemming the tide of misinformation: International consensus on shared parenting and overnighting. *Journal of the American Academy of Matrimonial Lawyers, 30*（1）．

Zil, N., Morrison, D. R., & Corio, M. J.（1993）．Long-term effects of parental divorce on parent-child relationships, adjustment, and achievement in young adulthood. *Journal of family Psychology, 7*, 91-103.

安倍嘉人，西岡清一郎監修（2013）．子どものための法律と実務——裁判・行政・社会の協働と子どもの未来．日本加除出版．

小田切紀子（2003）．離婚に対する否定的意識の形成過程——大学生を中心として．発達心理学研究，*14*(3), 245-256.

小田切紀子（2010）．離婚——前を向いて歩きつづけるために．サイエンス社．

小田切紀子（2017）．離婚後の共同養育の支援体制の構築——家族観の国際比較と親の心理教育プログラム．平成 26-28 年度科学研究費補助金基盤研究（b）研究成果報告書．

小田切紀子・青木聡（2019）．面会交流への予防・支持・治療的介入．第 36 回日本家族療法学会抄録集．

数井みゆき・遠藤利彦（2005）．アタッチメント——生涯にわたる絆．ミネルヴァ書房．

厚生白書（1998）．（平成 10 年度版）厚生労働省．

厚生労働省（2013）．子ども虐待対応の手引き（平成 25 年 8 月改正版）．

厚生労働省（2016）．人口動態統計．

友田明美（2011）．癒されない傷——児童虐待と傷ついていく脳．診断と治療社．

二宮周平・渡辺星之（編）（2016）．子どもと離婚．信山社．

日本臨床心理士会（2013）．臨床心理士のための子ども虐待対応ガイドブック．一般社団法人日本臨床心理士会

法務省（2014）．各国の離婚後の親権制度に関する調査研究業務報告書．一般財団法人比較法研究センター．

第4章　今里恵子 ［麦田法律事務所／弁護士］

国際的な子の奪取・
返還事件と合意による解決
「ハーグ条約事件」の現状と課題

── 日本と他の締約国におけるハーグ条約の実施の状況

ハーグ条約の趣旨

　2014年4月1日、「国際的な子の奪取の民事上の側面に関する1980年10月25日条約」（以下「ハーグ条約」という）が日本において発効し、その実施法として「国際的な子の奪取の民事上の側面に関する条約の実施に関する法律」（以下「実施法」という）が施行された。これまでに（2019年9月1日段階）、44事案において日本から外国に子が返還され、39事案において外国から日本への子の返還が実現し（外務省, 2019）、裁判例（依田, 2017, p. 28）も蓄積されている。

　ハーグ条約は、国境を超えた不法な子の連れ去り（一方の親の監護権を侵害する形で、子を住んでいた国から外国へ連れ出すこと）と留置（期限付の約束で子を連れて外国に行き、約束した期限を過ぎても子を元々住んでいた国に返さないこと）が発生した場合（以下、不法な連れ去りと留置を併せて「奪取」という）、①子の常居所地（habitual residence）への迅速な返還という手段によって原状を回復し、②面会交流の権利が効果的に尊重されることを目的としている。

　この趣旨はわかりにくいが、条約によって、直接に裁判管轄を規定することは大変困難であるため、原則として、連れ去り・留置前の子の常居所の当局によって最終的な監護に関する決定がなされる仕組みを導入することによって、国際的な子の奪取の場合の子の監護の問題に関する国際裁判管轄を間接的に定

めたものであり、それによって子奪取によって生ずる有害な影響から子を国際的に保護することができ、それが条約の目的である子の利益にかなうという考え方をとっている。本案において子の監護権を判断する際に問題にされる個別の「子の利益」を直接に保護しようとするものではない（Pérez-Vera, 1980）。ただし、例外的に子奪取が正当化される場合を認めており、実施法上は、①子の連れ去り留置から1年以上が経過し、子が新たな環境に適応している場合、②連れ去り・留置当時、申立人が子の監護権を行使していなかった場合、③連れ去り・留置当時、それに同意した場合、④子の返還が子の心身に害悪を及ぼし、子を耐え難い状況におく重大な危険がある場合、⑤子の意見を考慮しうるほど成熟した子が返還を拒んでいる場合、⑥子の返還が人権保護に反する場合（実施法28条）と定めている。また接触の権利（面会交流権）については、監護の権利の代償としての性格を有するという見解を明確に採用し、接触の権利を保証すれば、子の連れ去り・留置が予防されるという考え方をとっている（同上）。

ハーグ条約実施上の現在の国内外の問題点

国際裁判管轄を間接的に決めること[註1]自体は、日本国内の裁判所の実務との軋轢が発生するものではない。他方、監護権を得られない親に対して、その代償として権利としての面会交流を保証し（条約成立当時は単独監護権を定める国が主流だった）、面会交流権を親の権利とするハーグ条約の考え方は、あくまでも子の福祉のための措置として面会交流を認める日本国内の実務の主流の考え方とは大きく乖離している。ハーグ条約が面会交流について国内法の変更を求めるものでないにせよ、ハーグ条約加盟は、もとより、国内の面会交流実務と大きな摩擦を孕むものであった。

ジェレミー・モーレイ ニューヨーク州弁護士は、同州から日本への「リロケーション案件」[註2]において、「日本では面会交流が認められないから、リロケーショ

●註1　家事事件手続法3条の8の親権・監護権に関する審判事件等の国際裁判管轄権は、子の住所によって決せられるが、返還申立事件の係属中は裁判をすることができず（実施法152条）、返還が認められた場合の離婚訴訟に附帯する子の監護に関する処分の裁判に係る事件は、却下されることが予想される（内野, 2019）。

●註2　日本への移住や一時帰国について、離婚後も共同親権・共同監護を採用する法制下で、一方の親が反対する場合に、日本への帰国を求める親が他方の親の同意に代わる裁判所の許可を求める案件。

ンを認めるべきではない」という主張によって、日本への帰国が許可されないことも多いと言う。日本から外国へ連れ去られた子の返還事件においても、面会交流が実現されないことが日本への返還拒否の理由として主張されることがある。また、面会交流の実現性がないことが合意解決の障害になることも多い。実施法に基づく執行方法が改正され、後述する返還決定の執行に人身保護手続の利用を認めた平成30年最高裁判決以降は、返還決定の執行の可否よりも、日本国内の面会交流の実情が国際的に注視される状況になっているように見える。

　また、条約は、国際裁判管轄、中央当局の設置と締約国間の協力を定めるが、締約国の行政・裁判制度の適正については単に相互信頼を置くべきとするだけで、それを担保するものはない。実際に日本から海外へ奪取された子を日本に返還しようとすると、外国の中央当局による支援拒否、返還裁判の不起訴（中央当局が返還裁判申立者の場合）、返還のための国内担保制度の不存在、高額の訴訟費用の負担**●註3**など、海外で子の日本への返還命令を得るためにはさまざまな壁に遭遇する。ハーグ条約自体は、日本からのみ国際裁判管轄を奪う不平等条約ではないが、子奪取の日本への「原則返還」が容易に実現されるというには現状は程遠い。

実施法上の返還事件の実務

外国から日本に連れ去り・留置された子の返還の裁判

　ハーグ条約においては、子の返還の手続は、6週間を目安にしているが（条約11条2項）、義務ではない。東京、大阪家庭裁判所では、いわゆる6週間モデルにより、申し立てからおおむね6週間で、調停を行い終局決定する運用になっている。経験上、日本の裁判所は、6週間の間に原則返還の判断を忠実に実施していると感じるが、確定した返還を命ずる終局決定に連れ去り親が任意に従わない場合（それが多数である）は、別居親は自ら新たに執行手続をとらなければならず、この段階では種々の障害がある。欧米の裁判所では返還決定までにより長い時間を要するが執行に至る例は比較的少数であり、判断が下された以上、比較的返還が円滑に実施されることが多いように思われる。

....
●註3　中央当局が事件の帰趨をほぼ全面的に裁判に委ねているため、高額の弁護士報酬を要するディスカバリー（証拠収集手続）等を行わなければならないことが多い。

執行手続の問題

　連れ去り親が返還決定に抵抗して常居所地国に子を返還しないでそのまま日本に子を滞在させても、国際裁判管轄が当面日本にない以上、子の監護の問題について日本で司法判断を得ることができないから、子の地位の安定のためには、結局は子を常居所地に返還して司法判断を得ざるを得ない。常居所地裁判所を通さないと和解が困難な場合もある。

　しかし、実施法上、「強制執行」としてできることは、間接強制による返還促進のほか、私人である別居親の申し立てによる代替執行・解放実施により執行官が連れ去り親の住居訪問をして説得することに限られ、諸外国のような子の引渡し返還に応じない場合の制裁規定（法廷侮辱罪、秩序罰、刑事罰）がない（民事執行法部会参考資料，2018）ため、「抵抗すれば執行は回避できる」という連れ去り親側の期待を生みやすい。すでに調停・ADR等で交渉が行われ、説得ができなかったからこそ返還決定と執行に至っているにもかかわらず、執行場面で、再度、説得と交渉を繰り返すという、別居親にとっても子にとっても極めて過酷な、子の利益に反する手続になっている。そうして司法プロセスを長期化させる間に実施法117条の終局決定の変更決定（判例①）[*註4]に持ち込み、ハーグ条約違反の自力救済を合法化しようとする試みが連れ去り親側の弁護活動の主流になってきていた。

　法廷侮辱罪や秩序罰・刑事罰の定めのある国においては、連れ去り親が返還決定に抵抗することは稀で、結果として、執行に及ぶ事件は相対的に少ない。結局、子にとって迅速な返還となり、相対的には害が少ない。しかし、子の心情を慮って裁判不遵守に対する制裁なしの説得というものを執行の中心に据えた日本においては、返還決定15件（子の人数ではなく事案数による）のうち、9

●註4　以下、関連する判例を列挙し、本文中では番号で示す。
　判例①／最一小決平成29年12月21日家庭の法と裁判15号84頁
　判例②／昭和32年（オ）第227号同33年5月28日大法廷判決民集12巻8号1224頁
　判例③／最一小判昭和43年7月4日民集22巻7号1441頁
　判例④／最三小判昭和44年9月30日集民96号679頁
　判例⑤／最三小判昭和46年2月9日集民102号157頁
　判例⑥／最一小判平成30年3月15日家庭の法と裁判15号65頁
　判例⑦／最二小判昭和61年7月18日民集40巻5号991頁
　判例⑧／最一小判平成2年12月6日民集161号291頁

件が実施法上の執行に及び、8件が不奏功となっている。^{®註5}

人身保護請求による返還決定の執行

◉人身保護請求による救済

人身保護法は、「現に、不当に奪われている人身の自由を、司法裁判により、迅速、かつ容易に回復せしめること」を目的とする（人身保護法1条、以下「人身保護法」を「法」といい、「人身保護規則」を「規則」という）。

この手続では、裁判所が決定で拘束者に対し、人身保護命令により、被拘束者の釈放その他適当な処分を受忍しまたは実行させるために、被拘束者を一定の日時及び場所に出頭させるとともに、審問期日までに答弁書を提出することを命じ（法12条1項、2項）、判決で釈放その他適当であると認める処分（法16条3項、規則37条）をする。裁判所に出頭させた時から、命令により裁判所の監督下にある子を連れ去り親から分離して裁判所施設内に待機させることにより、認容判決の場合に子を別居親に引き渡すことができる。要件として、(1) 身体の自由が拘束されていること（拘束性）、(2) 当該拘束の違法性が顕著であること（顕著な違法性）、(3) 人身保護請求のほかに目的を達するための適切な方法がないこと（補充性）を要する（規則4条）。

◉拘束性

人身保護請求は、被拘束者の自由に表示した意思に反してすることはできない（規則5条）。従来、判例は、意思能力のない幼児に対する監護自体を、当不当、愛情に基づくか否かを問わず、人身保護上の「拘束」であるとしており（判例②③）、同規則は被拘束者が意思能力を有している場合に関する規定であり（判例④⑤）、人身保護請求が幼児の当面の希望に沿わなくとも、幼児に意思能力がないか、当該希望が当該子の自由意思に基づくものといえないときは、規則5条違反にならない。人身保護請求に関する被拘束者の意思能力については、「自己の境遇を認識し、かつ将来を予測して適切な判断をするにつき」十

●註5　2019年11月に初めて1件の執行が奏功したが、当該案件には特殊な事情があったようである。なお、不奏功のうち、筆者の知る限りでは4件は最終的には人身保護請求手続により子が返還され、他にも執行申立の取下、事情変更決定（判例①）があり、完全な不奏功は現時点では少ない。

分な能力とされ（判例⑤）、年齢的には 10 歳程度の水準が目安とされてきた。

　平成 30（2018）年 3 月 15 日最高裁判決（判例⑥、以下「平成 30 年判決」という）は、拘束者（母）により国境を越えて日本への連れ去りをされた被拘束者（子）が現在 13 歳で意思能力を有し、拘束者の下にとどまる意思を表明しているとしても、(1) 子が出生してから来日するまで米国で過ごしており、日本に生活の基盤を有していなかったところ、連れ去りで 11 歳 3 カ月の時に来日、その後、申立人である父との間で意思疎通を行う機会を十分有していたと窺われず、拘束者に大きく依存して生活をせざるを得ない状況、(2) 拘束者が実施法上の返還を命ずる終局決定が確定したにもかかわらず、子を返還しない態度を示し、代替執行に際して、子の面前で激しく抵抗するなどしている、という事情の下においては、子が拘束者の下にとどまるか否かについての意思決定（国籍選択や将来の生活の本拠地の選択の困難さに絡む）をするために必要とされる多面的、客観的な情報を十分に得ることが困難な状況にあるとともに、当該意思決定に際し、拘束者が被拘束者に対して不当な心理的影響を及ぼしているといえるから、被拘束者が自由意思に基づいて監護者の下にとどまっているとはいえない特段の事情があり、拘束者の被拘束者に対する監護は、法と規則にいう拘束に当たるとした。

◉拘束の顕著な違法性

　人身保護制度は簡易・迅速を特色とする非常応急的な特別の救済方法であるから、拘束があっても違法性が顕著でなければ用いることができない（規則 4 条）。そこで、返還決定に違反して監護されている場合、顕著な違法性があるとして、人身保護請求手続により解放することができるか、つまり返還決定により、申立人親に直接子を引渡す義務が発生するわけではないが、返還決定の執行として人身保護手続を用いることができるかが問題となる。

　この点について平成 30 年判決は、実施法に基づいて確定した子の返還を命ずる終局決定に従わないまま子を監護・拘束している場合における当該拘束について、特段の事情がない限り、顕著な違法性があるものとして、返還決定の執行として人身保護請求を用いることを許容した。

　この判決では述べられていないが、特段の事情は、子の返還を命じた終局決定が事情の変更により不当となったとして実施法 117 条 1 項の規定により

変更された場合や、これに該当することが明らかな場合などに限られる（光岡,
2018）。具体的には、①子が重大な疾患を発症したため、日本において治療を
受ける必要性が生じた場合、②申立人が長期にわたって収監されることになり、
他に常居所地国で子を適切に監護することができる者がいない場合、③常居所
地国で内紛が勃発し治安が非常に悪化した場合などが想定され（金子，2015）、
執行手続を断念させるほどの事情が要求される。

　もっとも学説は、平成 30 年判決は従来の人身保護法の解釈の枠組みを超え
ているとして人身保護請求を否定するもの、肯定するものに二分されている。
しかし、ハーグ条約に加盟した以上、「返還決定に基づく義務」を履行しない
違法状態について、日本の司法が人身保護法上の顕著な違法性を否定すること
は困難だったのではないかと思われる。

◉平成 30 年判決の意義

i) この判決は、（1）意思能力のある子の意向表明は原則としては自由意思に基づ
くが、置かれた具体的状況、意思決定の重大性、拘束者の不当な心理的影響
によっては自由な状態で意思表示をしたとはいえない特段の事情があるとした
従来の判例（判例⑦⑧）に、国際的事案における一事例を示したこと、（2）返
還決定の不履行に顕著な違法性を肯定することにより、返還決定の執行手段
としての人身保護請求を許容・確立（法テラス、後述）したことに意義がある。

ii) このような国際的事案の対象となるティーンエージャーは、「サードカル
チャーキッズ」（「TCK」とも呼ばれる）であることも多い。TCK は、両親の
生まれた国の文化を第一文化、現在生活している国の文化を第二文化とし、
この二つの文化の間で、特定の文化に属することなく独自の生活文化を創造
していく子どもたち（ポロック，ヴァン・リーケン，2010）であり、発達段階
のかなりの年数を両親の属する文化圏の外で過ごし、連れ去りの時には日本
に生活の基盤を有していない。その意味で、常居所地がそもそも日本から移
動していない期限付き滞在予定の駐在員の子とは様相が異なる。

　TCK も人間としての基盤は普通の子どもであるが、長期間海外で生活する、
学齢期の大半を海外で過ごす、両親の文化圏の外で育つ、どの文化も完全に
自分のものではない、育った国の文化によりさまざまな影響を受ける、海外生
活を経験した人にだけ帰属意識を感じるという特徴を有しているといわれる。

iii）TCK が異文化間の移動を平穏に行う時、「安定期」「移動への準備期」「移行期（混乱期）」「現地に溶け込む時期」「再安定期」という経過をたどっていくといわれる。ハーグ条約事案における TCK は、平穏な移動においてすら混乱する時期を、奪取という形で準備期を経ないで突然移動させられる。ハーグ条約は速やかな原状回復を目的とするが、これまでの日本の実務のように返還に何年もかかると、適応力の高い子は再安定期に入った頃に執行（人身保護手続）を迎え、「自由な意思」に基づき「帰りたくない」と主張することがありうる。人身保護手続に至る連れ去り親は、「絶対に返還しない」と固く決心して海を越えて帰国していることが通常であるから、当然のことながら、子が「帰る」と言わないよう陰に陽にさまざまな影響力を数年かけて行使し、別居親とのコミュニケーションを遮断すると共に常居所地の言語と文化まで遮断していることも少なくない。子は連れ去り親に依存して生きるしかない状況であるから、連れ去り親の意向は十分に承知しており、連れ去り親の意向に反する発言をしないことが多い。必死の環境適応の結果としての再安定期の TCK の「当面の希望」を、司法手続上どのように理解するかは大変に困難な問題である。

iv）国籍、将来の生活の本拠地の選択という長期的な問題の決定は、TCK にとっては平常時であっても大変に困難な決断である。海外と日本を行ったり来たり、移動しながら悩みながらそれを選択することも多い。また、思春期の子の異文化体験は子の発達・成長に非常に大きな影響力を有し、文字や映像の情報より現地経験が意思決定に重要であることも多い。まして、ハーグ条約事案の場合は情報が一方の親に偏っており、かつ、歪められていることも多い。16 歳より幼いティーンエージャーは、自らパスポートを取得して海を渡り、現地で生活して情報を得ることもままならない。

v）こうした TCK の置かれた具体的状況、当該意思決定の重大性に鑑み、必要な情報が偏っていること、類型的に連れ去り親が不当な影響を行使していることから、自由な意思の表明であることを前提にしつつも、意思表明が自由な状態でされたとは認められない特段の事情があると判断することは、従来の判例⑦⑧と同様の枠組みの中にあると言え、自由を認められない身体の拘束からの解放を目的とする人身保護法の制度趣旨に沿うのではないかと考えられる。

筆者は、平成 30 年判決の子と同じ年齢でも、常居所地における隠微な人種差別等を体験して異文化を重層的に理解し（両親は全く感知していなかった）、連れ去り親から自己に与えられた情報が偏ったものであることを認識しつつも、長期的視野に立った驚くほど成熟した判断ができている TCK に出会ったこともある。このような場合は、特段の事情はなく、自由な意思に基づく子の判断を尊重すべきであろう。平成 30 年判決は、多文化の間で生きる子どもたちの監護について、人身保護法上の拘束としてよいかについて慎重な判断例を示したものであると解される。

◉手続の迅速性

英国でハーグ条約事案を専属的に手がける高等法院家事部デイヴィッド・ウィリアムズ裁判官から筆者が聞いたところでは、高葛藤な返還事案においては、返還命令言渡し時に連れ去り親と子の双方を呼び出し、人身保護手続により子を解放して別居親に引き渡す扱いをすることがあるとのことだった。英国のハーグ条約事案の実務家の第一人者であるアンヌ・マリー・ハッチンソン弁護士は、執行にかかる時間の目安として、決定確定から 2 週間程度が適切であるという。日本の実務で活用される審判前の保全処分も 2 週間以内に執行しなければならない（家事手続 109 条 3 号、民事保全法 43 条 2 項）こと、人身保護手続は迅速を旨とする手続きであること（法 12 条 4 項本文、15 条、20 条、21 条、規則 11 条ないし 13 条、29 条、36 条）から、必要となれば 2 週間程度で返還決定が執行されることが望ましいといえるのではないか。返還決定の執行を人身保護手続で行った初めての事案（名古屋高裁平成 28 年 5 月 16 日）が約 1 カ月で子を解放したことに鑑みると、執行に要する時間は 2 週間程度を目安とし、長くとも 1 か月程度が望ましいと思われる。

◉人身保護手続による執行の現状

実施法に基づく返還決定の執行が不奏功に終わった事案のうち、筆者の把握する限り、3 件が人身保護手続に及び、いずれも結果として子の返還が実現している（2019 年 11 月 1 日現在）。

人身保護手続で子の返還が実現しているのは、裁判所に連れ去り親と子を呼び出して、両者を分離し、認容判決とともに子を解放するという枠組みがあること（永末, 2015）、履行確保に勾引・勾留・刑事罰が課される（法 10 条 2 項、

18条、26条）ことによると考えられる。現実に勾引状が発布され、連れ去り親が子を解放し、子が任意で帰国した例もある。もっとも平成30年判決の事件では、実際に子が帰国するまで返還申立から2年半あまりの時間が経過しており、ハーグ条約の趣旨に大きく反する結果になっている。

　法務省所轄の法テラスは、平成30年判決によって「人身保護請求を返還決定の執行手段とすることが許容・確立された」として、実施法153条の法律扶助が人身保護請求に利用できるとした（令和元年9月5日日弁連宛通知）。返還決定の不履行が最終的に勾引・勾留の対象になることが、その履行を間接的に強制する形になったといえ、今後は迅速な手続が望まれる。

◉「補充性」と人身保護手続

　平成30年判決は、間接強制及び解放実施を経由せずに人身保護請求が可能か否かについては言及していない。また、外国の裁判所による監護権に基づく引渡し命令について人身保護請求を求めた事例がハーグ条約加盟以前にはあったが、ハーグ条約加盟後の現在、子奪取事件における子の返還請求の際に、実施法上の返還決定を経ないで、外国判決の執行としての人身保護請求が直接認められるのかも問題になりうる。

　返還決定の執行にこれまでのような長い時間がかかる上、奏功しないようであれば、補充性の要件を満たすものとして、実施法上の執行手続を経ないで直接人身保護請求が認められる余地があろう。

　さらには、返還決定を回避して外国判決を人身保護請求手続によって直接執行することを求める場合もありうる。このような事案で請求が認容され子が解放されると、事実上最高裁への上訴（法21条）の余地はないから、日本においては一審限りの判断で引渡しと外国への返還を実現することになり、手続保障上の問題があるように思われる。

　平成30年判決は、補充性の問題に言及していないが、個別事案における補充性の判断（顕著な違法性の判断でもある）には困難が伴い裁判所によって判断が異なることも予想される。そもそも、人身保護請求は、通常、子の引渡事案を扱っている家庭裁判所ではなく、地方裁判所・高等裁判所に管轄があり、本来的には子の引渡を想定した制度設計になっておらず、国選代理人の活動が場合により執行を遅延させうるなど、問題点も多い。その意味で、人身保護法に

よる返還決定の執行は、あくまでも実施法上に基づく執行制度が確立するまでの便法であると考えざるを得ず、執行を実現できるような実施法上の制度の整備を急ぐべきである。

実施法改正

◉間接強制前置の例外

2019年5月17日に民事執行法及び国際的な子の奪取の民事上の側面に関する条約の実施に関する法律の一部を改正する法律（以下「新法」という）が成立した（2020年4月1日施行）。

新法においては、実施法136条（民事執行法172条、間接強制の前置に関する規律）が改正された。間接強制前置の原則は変わりないが、①間接強制を実施しても債務者（連れ去り親）が常居所地国に子を返還する見込みがあるとはいえないとき（民事執行法174条2項2号）、②子の急迫の危険を防止するために直ちに強制執行を実施する必要があるとき（同項3号）には、間接強制を経ずに、直接的な強制執行である代替執行の申立てができることになった。

①の場合は、返還決定確定後、別居親が同居親との間で任意による子の引渡しを求める交渉をし、同居親が別居親に対して子を引き渡す機会を有していたにもかかわらず、その引渡しを拒絶したような場合、同居親に資力がない等間接強制金の支払いを命じられることが債務の履行につながるべき事情がない場合がこれに当たるとされる（法制審議会民事執行法部会資料17-2・6頁）。

②については、部会では、民事執行法上の議論として、（ア）債務者によって子の利益、具体的には、子の生命または身体の安全等に反するような態様を伴う不適切な監護がされているような事案（同上）、（イ）親権または監護権を有しない一方の親が、子との面会交流中に子を他方の親に返還せずにそのまま留置したといった場合、違法な態様により子を連れ去るなどした上で事実上の監護を開始した場合など、子の生命又は身体の安全等に悪影響を及ぼす監護状態が推認される事案（同上）、（ウ）事案によっては、債務者が、子の引渡しの直接的な強制執行を免れるため、子の住居所を変更するなどして、その所在を隠匿しようとしているといった事情がある場合（部会資料21-2・13頁）が挙げられている。

したがって、実施法に基づく返還決定が確定したにもかかわらず同居親が任

意の返還に応じない場合は、上記の例に該当し間接強制前置の例外となる場合が多いと思われるから、新法の下では少なくとも執行に必要な時間が数か月程度短縮されることが期待される。

◉ **債務者と子の同時存在の原則の例外**

改正前の実施法上、執行を行うためには、債務者と子が同時に存在することが必要とされていた。新法では、債権者又は出頭代理人が執行場所に出頭することが必要とされた一方、債務者は、不在でもよいとされた。同時存在を要求すると、子が高葛藤の場にさらされ、また、債務者が不在にすることによって執行を妨害されるという弊害があったからだとされ、執行の場で子が不安を覚えないようにするため、債権者が執行場所に出頭すればよいということになった。

また、従来は控えられていた、連れ去り親と子が分離されている学校、幼稚園、保育園等において、一般論としては、管理者の同意があれば執行が可能になった。したがって、実施法上の執行が奏功する余地が若干広がったといえる。もっとも、子の心情に配慮するのであれば、債務者と別れの挨拶もしないまま子が突然外国に渡航することを認めるのは適切なのかという疑問もある。

他方、ハーグ条約事件の場合は、執行を奏功させるために、執行場所から国外に子が安全に渡るまでの動線を設計するという困難な課題がある。特に、出国禁止命令・旅券提出命令（実施法 122 条）を得ていた場合は、実施法上、債権者の手元に旅券が交付されないため（実施法 131 条参照）、債権者代理人としては超法規的措置に近い形の出国方法を模索せざるを得ない場合もあるが、新法では手当てがされていない。

新法の下でも、子が学校等に通っていない年齢の場合で連れ去り親と分離できない場合、執行現場に子と連れ去り親が一緒にいる場合等は、従来どおり連れ去り親と子を説得することになる。この点、従来、返還決定の執行においては、児童心理の専門家である中央当局職員が立ち会っているが、中央当局はあくまでも子の常居所地への安全な返還のために中立的立場での立会いを行うものであって、執行機関ではなく、債務者と子に対する説得を行うことは制度上予定されていない。

◉ **執行補助**

今回の法改正で、子の心身に配慮した執行の規定が新設（執行法 176 条）さ

れた。そこで、債権者及び子の説得を行う執行官の補助をするため、児童心理の専門家が、執行補助者として、助言や協力をすること（近年、臨床心理士等の専門家の執行立会いや執行補助が国内の引渡案件で活用されるようになっていた）が実施法上の執行においても期待される。

　もっとも、海を超えた子の奪取の場合、連れ去り親側の返還拒否の覚悟は非常に固いことが多い。そして、執行に至るまでのさまざまな場面において既に場合によっては心理職も関わった説得もなされ、それにもかかわらず債務者が返還を拒否していることが多いから、改正法によって執行の段階で事件に初めて関わる心理職が執行補助者として関わったとしても、これまでのハーグ条約案件の執行現場の現状に鑑みれば、説得だけを手段とする執行方法に大きな影響があるとはにわかに思われず、現実的には限界があるようにも思われる。

　実際、法改正前も、国内事件においては子の引渡しの執行奏功例は相当数あったが、実施法上の執行は、甚大な努力にもかかわらず、特殊な一事案を除いて全件失敗しており、国境を超えるハーグ事案の特殊性・困難性を反映した結果であるといわざるを得ない。

説得による「執行」（日本）と諸外国における執行

　諸外国においても、子の返還命令の執行は難問であり、特に、フランス、ドイツといった大陸法系の国家においては、条約加盟後、執行が奏功するようになるまで、数十年の歳月が必要だったという。筆者は、フランスから日本への子の返還決定で、任意の履行の期待が薄いと予想された事件を経験したことがある。その事件では、返還決定の確定後、別居親の渡航予定日、離仏予定日を伝えたところ、中央当局が共和国検事に情報提供をし、検事が警察に援助を求め、警察が連れ去り親を事前に訪問することによって、連れ去り親は別居親に対する任意の引渡しに応じ、子は予定日に同居親に引き渡され返還が実現した。その前にも、フランスから日本への返還案件があり、近隣住民が総出で執行を阻止しようとしたが、警察の同居親に対する接触の後、同居親が任意に返還を行ったという報道に接していた。

　また筆者は、米国カリフォルニア州で、連れ去り親（日本人）が子の引渡し命令に反して子を逃亡させ、親族に引き取らせて子を隠蔽しようとした事案を

経験したことがある。この事案においては、計画を察知した州の子の事件担当部署の検察官が、引渡し命令の執行として裁判所から保護命令を取得し、女性ソーシャルワーカーとともに執行現場に急行し、裁判所が指定する緩衝地帯に子を保護した。子の逃亡計画発覚から保護までわずか数時間であった（子の監護に係る管轄及び執行に関する統一法（UCCJEA）311条）。

　新法でも、子に急迫不正の危険がある場合を想定している（執行法174条2項3号）。そのような場合、当事者が家裁に申し立てた上で、動産執行類似の執行官による説得を内容とする代替執行で、上記のカリフォルニアの事例のような緊急事態に対応することができるのだろうか。

　新法により、返還決定の執行には若干の改善が期待できると思われる。しかし、上述の米国、フランスの執行体制と比較すると、子奪取をされた別居親にとっては、日本の裁判によって迅速な返還決定を得たところで、連れ去り親が任意に子を返還しなければ、全てがふりだしに戻り、長く過酷な手続に継ぐ手続を繰り返す日本の執行を、自ら行わなければならない。経済的負担も尋常ではなく、徒らに時間が過ぎることによって、家族の誰もが不幸になっていく。

今後の実施法

　話し合いや説得によって相手が任意に何かを為すことを期待するという人間観に立脚できる社会は、個人的には望ましいと考える。しかし、特殊な一例を除いて、刑事的な制裁がある人身保護請求による執行のみにおいて実施法上の返還が実現されており、説得は功を奏していないのが現実である。ハーグ条約を、日本が、真に、実施しようとするのであれば、残念ながら、国際的な子奪取については、何らかの刑事的制裁または秩序罰による間接的な強制の仕組を導入するか、制裁の警告の上で連れ去り親と子を家庭裁判所に召喚することにより人身保護請求手続類似の解放を行う執行を行わなければ、条約の求める迅速な子の常居所地国への返還は困難だと思われる。

　これは一見酷なようであるが、かえって、子をはじめ両親にとっても、返還決定が確定後、早期解決が実現されることになり、結局は家族の痛手が少なくて済むことになる。

　また、ハーグ条約事案では、裁判手続を進めたことによって、別居親と子と

の間に深刻な葛藤が生じがちである。そこで、執行の後、直ちに別居親に引渡して養育を委ねるよりも、別居親とは距離を置いて緩衝地帯に子を一旦保護し、子の精神面のケアを行った後に、徐々に別居親との再統合をする必要性があることも多い。フランスや米国ではそのような施設を用意していると見聞したが、日本で子を保護する場所として考えられる児童相談所等が、都道府県別の管轄を超えて遠距離移動を伴うハーグ条約事案に柔軟に対応し、子を一時的に保護するためには、法的基盤の整備が必要であると思われる。条約加盟後、過去約6年間で、日本は急速にハーグ条約遵守体制を構築したといえるが、過酷な執行制度をはじめ、まだまだ法律上改善すべき点は多い。

──ハーグ条約事件と合意による解決

合意による解決の重要性

　ハーグ条約上の返還事件は、子の監護の問題に関する国際裁判管轄を定めるに過ぎないから、返還裁判の次に、常居所地国における子の監護に関する裁判、離婚裁判が続くことが多く、両親の高葛藤がさらに亢進し、より子に有害な影響が生じる恐れがある。そこで、返還・不返還を合意で決定するとともに、返還の時期・方法・費用、帰国後の住居や生活環境、監護権・親権、ビザの取得、常居所地における刑事事件の免責、面会交流の条件・方法、婚姻費用・養育費等、家族間紛争の高葛藤化を避け、子の利益を図るため、合意によって迅速に紛争解決をする必要性は高い。

ハーグ条約案件の当事者の特性

　ハーグ条約案件の当事者には、配偶者間暴力、子に対する虐待、配偶者の不貞の事実がある場合はもちろん、そうした事実がない事案であっても、連れ去り親と別居親の双方が、非常に大きな犠牲ないし被害感情とトラウマを有しているという特徴があり、合意成立のためには並々ならぬ支援が必要である。
　例えば、プライマリーケアラー（主たる養育者）が出身国に子奪取をした事案の場合、プライマリーケアラーは、常居所地国において、文化・言語・価値観の相違、言語能力欠如による自立困難、就労の機会がないことからくる経済

的基盤の欠如、婚姻・離婚、子育てに関する価値観の相違、親族や友人の援助の欠如から、異邦人として海外で孤立して子の養育に携わってきたことが多い。そのため、別居親に自分が「犠牲を強いられた」「理解してもらえない」という被害感情を抱え、それがトラウマのレベルになり、思い余って子を連れて海を超えて母国に戻り・留まるという決断に至ったことが多い。また、経済的自立の欠如から、力の不均衡による別居親に対する精神的苦痛を強く感じていることが多く（モラハラの主張に結びつくことも多い）、同席調停を望まないことも多い。

　他方別居親は、突然子と配偶者が「神隠し」のように外国に行ってしまうという経験をし、また自らが認めた里帰り中に、常居所地国への帰国拒否を宣言され、一人で常居所国に取り残され、特に別居親自身がプライマリーケアラーまたはそれに近い形で協働養育[註6]に関わっていた場合は、子の成長に関わる幸福追求の機会が奪われたことへの絶望・怒り・恐怖の感情を抱いており、さらに連れ去り先が日本の場合は、「面会交流が認められない」「日本から子を返還することは不可能である」などの情報に接し、日本という国家に対してまで被害感情と怨恨を抱き、場合によっては「生ける屍」状態に陥っており、別居親の傷つきは大変に深い。

　実務家としては、合意解決を目指すメディエーションや調停の機会およびロイヤーリングにおいて、このような当事者特性に鑑み、当事者に寄り添い、時にコーチとなり、時に厳しく諭すという配慮が必要になる。

日本の合意解決制度 —— 家裁調停と ADR

i)　日本では、実施法施行に際して、家裁調停が司法 ADR として導入され、それとともに、中央当局が、特定の民間 ADR に原則 4 回の費用補助をすることにより合意解決を促進している。

ii)　ハーグ条約返還事件の家庭裁判所での扱いは、裁判所の付調停決定（実施法 144 条）により積極的に調停が行われている。判断をする裁判体の裁判官が調停委員会に入り、後の裁判と連続性を持つ点で、欧米諸国のメディエー

....
●註6　男女共同参画の進んだ欧米諸国には父親の協働養育親が多く、日本国内と紛争当事者の多数派の特性が相当異なっている。また「協働」養育よりも「共同」養育という用語が一般に用いられるが、「共同」養育というのは「共同親権」の用語に対応して権利性を有する概念として用いられているものかは一義的に明確ではない。そこで、本稿においては「協力して養育義務を果たしている」という実態に着目して「協働」養育の用語を用いる。

ション（mediation）とは趣を異にしている。

　諸外国においては、全国を対象にした同一の ADR 制度というものはあまり存在せず、メディエーションは限定的に実施されており、合意成立の割合もそれほど高くないのが現状であると思われる。それに比し、日本の家庭裁判所調停は、中央当局の援助決定の後、自主的に解決された事案以外の、高葛藤事案ばかりを対象にしているにもかかわらず、合意成立の割合が 50%程度と非常に高い。何百件もの調停件数をこなすことによって知見を蓄積している調停委員の中立的関与と裁判官の心証開示が、合意解決の割合の高さに貢献していることは間違いない。

　ただし、調停は日本独自の制度であり、欧米諸国では、ハーグ条約事案の ADR にはメディエーションが用いられ、ハーグ国際会議のグッドプラクティスガイドにおいても、それは日本の裁判所調停の制度（conciliation と呼んでいる）と区別されている（Good practice guide, 2012）。メディエーションは、徹底した二当事者対立構造の弊害への対応として生まれており、裁判所手続と証拠法上遮断され、メディエーションに出された証拠は、メディエーターばかりでなく当事者も裁判所を含む外部に開示できない（コンフィデンシャリティ）。メディエーターは、何百件もの事案を経験し、非常に長時間の研修を受けた専門家であることが多い。シンガポールでは、子のいる家庭の家事事件についてはファミリー・ジャスティス・コートがメディエーションを行なっているが、裁判官がメディエーターになるなど日本の調停制度を参考にしつつ、コンフィデンシャリティを保証し、メディエーションに関与した裁判官は裁判に関わらないなど、後の裁判との遮断を保証している。このように、他国において、話合いによる解決と裁判を手続きとして混合しないのは、徹底した二当事者対立構造こそが正義の実現に資するという信念が根底にあり、それに代わる紛争解決方法においては、話合いの内容が判断権者である裁判官に知られない保証があるからこそ、当事者の自主的な話し合いが可能となるという考え方があるからである。家庭裁判所調停に臨むに際しては、調停委員、代理人の双方において、外国の当事者が通常接する制度と違う制度であることを説明し、後々誤解が発生することを防ぐことが重要である。また日本においても、専門的な研修を受けたメディエーターによるメ

ディエーションの選択肢が用意されることが望ましい。

iii）ハーグ条約事件の日本の民間 ADR の手法は、現在各実施機関においてさまざまであるが、筆者があっせん委員を務める東京弁護士会 ADR センターにおいては、海外留学経験等及び調停実績を有する弁護士と心理専門職が登録しており、英語によるあっせんが可能であり、原則として弁護士と心理専門職、男性と女性の組み合わせによるあっせん委員会が、当事者の合意形成の支援を行う。

　筆者の場合、返還事案が未だ裁判所に係属していないのであれば、欧米で実施されているのと同様、メディエーションを実施するための合意書を取り交わし、メディエーション上の事実や証拠は裁判には使わないという約束をしてもらい、契約でコンフィデンシャリティを確保している。この合意書作成は、返還事案において、裁判を使わない自発的な合意による紛争解決がいかに必要であるかを当事者に心底理解してもらうことであり、メディエーションを成功に導く大きな一歩である。日本の ADR 法には、コンフィデンシャリティが明文化されていないが、これなしにしては、裁判に代替する民間 ADR はなかなか発展しないのではないかと思う。

　双方当事者が精神的に大きな痛手を負っている事案では、共同メディエーションを行う心理専門職の存在は非常に大きい。また、どんなに高葛藤な紛争当事者の親でも、心理職による子の心理面の評価や助言を聞き入れることが多い。その傾聴力、心理的分析力、支援・調整に関する技術は、合意解決の実現のために非常に有益である。弁護士あっせん委員としては、心理専門職と役割分担をしてメディエーション進行にあたることができるという利点もある。

事例研究

　面会交流は、迅速な返還と並ぶハーグ条約上の大きな目的である。ここで、返還事案において、面会交流の約束が家裁と ADR において成立し、子を返還しない合意をした事例を検討したい。事例の特性を害しない限りで筆者が設定を変更している。

◉返還事案の概要

1歳6カ月の子を母がA国から日本に連れ去ったため、父（別居親・A国人）

が弁護士会紛争解決センターにADR、家庭裁判所に子の返還を申し立てた。父は、まだ幼い子を母である同居親から引き離すことは酷だと考え、当初は年12回1日3時間の日帰り面会、その後3年間、年12回1日8時間の面会をすること、父のA国滞在中は、子とのビデオ通話を週1回実施し、最初は15分程度から徐々に増やし30分程度にしていくことを定め、子を返還しない旨の家裁調停が成立した。調停成立まで約1年間、父は子に会っていなかった。

◉面会の推移

①調停成立直後、紛争解決センターにおいて、母方祖父母同席の下、父は1年ぶりに2歳8カ月になった子と約1時間弱の試行的面会をする。同じ週にテーマパークで母立会いの下に面会するが、母は子を父に引き渡さず、子は父を親だと認識できない。帰国後、父がスカイプを試みるが、子が嫌がって逃げ回る。

②調停成立1カ月後、調停合意による2回目の3時間の面会のため父が来日したが、母と細部の調整ができず、時間を短縮して1時間の面会を試みる。「父方祖父母が連絡なく同席したことにより子が動揺した」と母が代理人に訴えて、10分で面会終了。

③翌日、仕切り直して父のみで約60分の面会をすることになるが、母が子を渡さない。ADR期日に話し合いがなされ、次の来日時には3時間3日間の連続面会交流を行い、最終日は、父と子のみの面会にすることを双方合意してADRは4回目で手続終了。帰国後、週1回のスカイプを試みたが、子が嫌がってスカイプに集中せず、父は子の顔を一度だけ一瞬見たのみで、スカイプは毎回切断。

④調停成立3カ月後、「面会のたびに子が体調を崩すから、1時間以上の面会交流は子の負担が大きい」と母が主張し、ADR合意を1時間3日間に変更。3日間の面会は、1日目は子が「家に帰りたい」と言いだして20分で終了、2日目は10分後に子がぐずりだし、弁護士の指示で母が面会を打ち切って帰宅、3日目は、「子の発熱」を理由にキャンセル。帰国後、父が週1回のスカイプを試みるが、「発熱」と子が逃げることを理由に、1秒ないし5秒の接続が3回できたのみ。父が、「ウェブ見守り会議」（中央当局の面会交流支援事業）の利用を提案したが、母は「スカイプが利用できない以上、第三者の見守りも無理」と断る。スカイプは、「子の疲労」を理由に全くできない。

⑤調停成立7カ月後、父が親類宅で子と二人で会いたいと申し入れるが、「子の拒否」と、「母の精神的辛さ」を理由に、動物園で2時間の立会い面会となる。「子の発熱」を理由に当日キャンセル、「子の回復」後、再度動物園で面会、「子が父を嫌がっている」との理由で、開始数分で母が面会を打ち切り帰宅。その後、母の「多忙」を理由に面会は実現しない。父は、面会交流不履行を原因とする損害賠償請求訴訟を提起（後に一部認容）。父母の離婚裁判が確定し、養育費の支払い取り決めがされる。

⑥調停成立12カ月後から行う約束だった8時間の面会交流を履行するため、公的施設で会う約束をする。子が入館を拒否して1時間逃げ回り、母が逃げ回る子に父に会うように「説得」する場面を代理人がビデオ撮影し面会はせず終了。父は、社会福祉法人日本国際事業団（ISSJ）を利用した面会交流（中央当局の面会交流支援事業）を提案するが、「第三者機関の関与は子の不安や恐怖を増大するだけである」として母が拒否し、現在に至る。

◉ **面会の保証のない返還合意の危険性**

　本件のようにプライマリーケアラーが連れ去り親の場合、別居親が連れ去り先での養育の継続を認めて返還を求めない代わりに面会交流を約束するという合意は、仕事で多忙な父の生活と幼い子が母親との生活を継続するという点で、紛争の実態に即した現実的な合意であることも多い。しかし、日本の場合、面会交流の実現確保が困難な現状であるから、こうした合意の実行が担保できない一方、調停合意により返還申立は取り下げとみなされるので、合意成立後は返還を求める道はなくなる。従って、面会交流を認める代わりに返還しないという合意は、別居親としては危険な合意になりうる。本事案は、結果論としては、紛争が高葛藤化することは避けられないが、返還決定を得たのちに、当初からウェブ見守り、ISSJなどの支援機関の支援を得て、10回以上の期日をかけて、面会合意の詳細な実施要領を決めるとともに、小さなステップの実行、確認、次のステップへの移行を繰り返すことが必要だったのではないかと思われる。また、本事案の子の年齢では、ビデオ面会は相当の工夫をしなければ、子どもが嫌がるだろう。ただし、中央当局のADR期日支援回数には限りがあり、それを越えれば自費負担が必要になる。

前述のとおり、6週間モデルの枠内の裁判所調停では、大枠合意をする程度しかできず、ハーグ条約案件に特有の両当事者の犠牲感情とトラウマの手当ては難しい。本事案の連れ去り親が、当初から真剣に面会を行うつもりがなく、返還回避を目的として面会合意をしたのか否かは不明であるが、本当に面会の意義を認識して実行していくためには、子の年齢と別居親が離れていた時間を考えると心理職のコーチングが必要だった。筆者の知る限り、数少ない、成功したハーグ条約面会交流事案では、10回を優に超える期日と年月が費やされ、初期の段階からISSJが全面的支援を行うなどする。非常にコストがかかるが、面会交流を行わなければならないという規範意識が日本では非常に薄いにもかかわらず、ハーグ条約に加盟することを選択した以上、手厚い面会交流支援の必要性は予想されたことであり、やむを得ないと言わざるを得ない。

◉早期の試行的面会の必要性

　現在の家裁実務では、返還申立て事件の中で、調停委員会が面会の重要性や試行を促すことにより、面会が実現することがあり、返還の是非の判断を控えていることが、てこの作用を果たしていると言える。

　筆者のかかわった事件では、米国に奪取された子の日本への返還申立て事件において、弁論前に出されたショー・コーズ・オーダー[註7]によって、出頭した連れ去り親に対して、返還事件第1回期日に日本から出頭した別居親（3か月間子二人に会えなかった）に、2泊の宿泊付きの完全に水入らずの面会許可を与えた。諸外国においても、返還事件を申し立てると、裁判所により速やかに面会交流が命じられることが多いと聞く。子奪取から時間が経過するほど子が新たな状況に適応する状況が固定化し、返還が実現した際の子への影響が大きくなり再統合が困難になるから、子と別居親との早期面会は非常に重要である。また、早期面会交流が実現すれば、別居親が話し合いにより子の不返還に応じる動機にもなる。日本の返還事件においても、試行的面会（場合により監督付き）を速やかに実施する必要性が高い。

◉ハーグ条約に基づく面会交流申立て事件

　さらに、課題が多いのは、ハーグ条約に基づく面会交流事件である。中央当

◉註7　show cause order ／不履行の場合の制裁付きで、裁判所が連れ去り親に対して答弁と子の出頭を命ずる。

局の援助決定を受ければ、子の所在特定や面会交流支援が経済的負担なく受けられるという利点はある。しかし手続は、国内事件と同じである。国内事件における面会交流の実現は、共同親権論、東京家裁が採用していると言われる「面会交流原則的実施論」によって促進されてきている。これらの議論が、果たして日本の家庭裁判所を利用している高葛藤の監護親と非監護親の紛争にそのまま適用されてよいのかは、監護親の代理人を勤めた弁護士であれば、悩みが尽きない。それは別として、他方で、ハーグ条約面会交流事件として、国境を超えて多大な負担をしてでも申立をする海外の非監護親は、事例研究にあげた別居親のタイプも多く、国内事案にままある非監護親とは様相を異にしている。返還決定の執行が、便法とはいえ人身保護手続で実現されるようになったことが諸外国に知れるにつれ、最近では、冒頭で述べたように「面会交流に強制力が働かず、実現されないこと」が、諸外国の法廷で、返還申立を否定する事実として主張されることも増えている。事例研究のように、時間と費用をかけても、子どもと会えない親の慟哭と悲嘆は、限界域に達しているように思われる。

　2019 年に在外研修のために日本に滞在されたドイツのザビーネ・レンツ裁判官は、子の監護の問題の解決はタイムホライゾンがあり、それは子どもの発達を考えた場合、1 か月であると言っておられた。残念ながら現在の手続は、子どものタイムホライゾンにあまりに無頓着であると言わざるを得ない。

ロイヤーリングとコラボラティブ・プラクティス

　この事件の損害賠償請求事件の裁判所は、一定の慰謝料と弁護士費用の損害賠償を命じたが、別居親にとって金銭では償いきれない気の毒な結果になっており、別居親の我が国の家庭裁判所調停と ADR に対する信頼をも揺るがしかねない。

　子にとって、A 国および父との関わりを断つべきだったのか。将来、自分が面会交流を嫌がったビデオを見て「父を断絶したのは実は幼い自分であった」と知ったら、その苦しみはいかほどだろうか。A 国と日本を行き来しながら、サードカルチャーキッズとして、言語、文化の多様性を身につけ、国際社会を生きるさまざまな機会が子にはあったのではないか。また、母は、父を子から断ち切ったことについて、将来子のために後悔することはないのだろうか。別

居親の苦しみ、悲しみは、戦争や災害で我が子を失った親の苦しみ、悲しみと同じであり、それが日本の国家システムによるものだとしたら、ハーグ条約に加盟した以上、条約加盟諸国の信頼を維持するためにも制度上解決すべき問題は多いのではないだろうか。

　面会交流の実施を、返還決定の履行同様に秩序罰・刑事罰などで間接強制することが子の福祉にそうとは容易には思われないが、正当事由がないにもかかわらずハーグ事案の別居親を断絶しようとする連れ去り親に対しては、何らかの法的対応が必要であると思われる。本件では、結局損害賠償請求により面会交流を間接的に履行させようとしているが、かえって、証拠収集目的のビデオ撮影等、司法上の攻撃防御の応酬となって、紛争は高葛藤化しており、別の形の司法的介入を検討すべきであると考えられる。

　そもそも面会交流案件は、紛争解決というより、離婚後の協働養育のために未来志向で面会の詳細な実施要領の策定や実行を行い、成功体験を積み重ねるべき事柄である。少なくともハーグ条約案件の面会交流については、大枠の合意を家裁やADR機関において行うにせよ、実行にあたっての実施要領の策定、実行の監督、フィードバック、それに対応した実施要領の修正を行う誰かが必要であり、法的交渉が関わる以上、現実的なマンパワーとしては弁護士の関与が適切である。他方で、制度不備の中、面会交流事案を子不在の高葛藤な両親の権利闘争にしているのも弁護士である。したがって、弁護士双方が「協働」（協力し子の最善の利益を実現するために業務を行う）して関与すること、さらに、先述したハーグ条約案件の当事者特性を考えると、心理専門職の関与も望ましい。それを実現するためには、ロイヤーリングによるADRであるコラボラティブ・プラクティス（Collaborative Practice／専門職協働手続）が参考になると思われる（Tesler, 2016）。

　コラボラティブ・プラクティスは、離婚訴訟、メディエーションに限界を感じた弁護士・心理職等によって、1990年頃から北米で盛んになってきたロイヤーリングの視点に立脚したADRである。インターナショナル・アカデミー・オヴ・コラボラティブ・プロフェッショナルズ（IACP）が認定した教授陣の研修を受けることにより技法を習得した弁護士が、それぞれの当事者の代理人になる。裁判所の介入に頼らず（コンフィデンシャリティの保証）、同じくコラボラティブ・プラクティスの研修により手法を身につけた臨床心理士、社

会福祉士等の心理の専門家、ファイナンシャル・プランナー等の会計・税務の専門家（中立的な立場として両弁護士の間に入ることが多いが、双方に専門家がつくこともある）と協働して、職域を超えて、子の最善の利益を実現する視点に基づき両親の間の紛争を解決する支援を行う。

　面会交流事案であれば、実施要領を作成し、実行を見守り、必要であれば引渡し・見守りの支援機関を仲介し、実行の結果について報告を受け、次の実施計画・実行・報告を繰り返す。コラボラティブ・ファミリーロイヤー同士であれば、紛争解決の方向性を共有しているので、協働養育計画策定の交渉に伴う紛争の高葛藤化を最小限にくい止めることが可能になる。心理専門職は、当事者と子を心理的な立場から評価・支援し、弁護士と心理職は、役割分担をしながら、当事者間の話し合いと面会交流実行の支援をする。

　筆者は過去に、国境を超えた離婚案件複数件をコラボラティブ・ローで取り扱ったことがある。一方が海外所在で、他方が日本所在の場合、海外のコラボラティブ弁護士と日本の筆者が代理人となり協働をする形になるが、代理人同士は、IACP の研修などで旧知の間柄であり、お互いの手法を理解しているため、ビデオでも交渉がやりやすい。

　コラボラティブ・ファミリーロイヤーは、現在、世界中に存在し、自分のプロフィールにコラボラティブ・ローを実施することができる旨を表示し、IACP に登録している。日本でもすでに、米国から教授陣を迎えて、2018 年 11 月に第一回の研修を実施している。米国では統一法（米国統一コラボラティブ・ロー）も策定され、現在 15 州が採用している。

　コラボラティブ・ローをそのまま日本に持ち込むことが適切かは別として、まずは、ハーグ条約事案において、パイロットプログラム的に、原則として面会を実現する方向でのみ代理人活動をする弁護士が双方の親について交渉を行い、必要があれば心理専門職が支援を行い、面会に際し子の受け渡しや付き添いを行う面会交流機関と家庭裁判所を繋ぐ役割を果たすという、コラボラティブ・ローの枠組みと同様のことをしなければ、法廷侮辱罪・秩序罰・刑事罰による間接強制がない中で、面会交流を実現していくことは困難であると思われる。ハーグ条約に加盟した以上、日本の司法システムにより過酷な状況におかれている別居親を放置することはもはや許されないのではないだろうか。

筆者はオーストラリアで、婚姻関係破綻後に、対等な親の権利を要求する父親が、毎週特定の曜日の深夜零時に赤ん坊の引き渡しを求める事案に接したことがある。また、バリスター（法廷弁護士）のバーバラ・ミルズによると、英国では、乳児に対する9カ月を超える授乳が、「母子の密着により父親を疎外する」として、父母対等な養育権を求めて断乳を求める父親がおり、裁判所がそれを認めることもあるとのことである。同バリスターはメディエーターでもあり、子の意見を聞く形の父親間のメディエーション（チャイルド・インクルーシヴ・メディエーション）を2年半前から実施し、メディエーションの際に数多くの子の意見を聴取しているが、父母対等時間の養育を受けた子は、非常に傷つき不安定になっているが、対等を求める親の心情を慮って自分の辛さを親に伝えることができずに苦しんでいるそうである。共同養育時間50対50を肯定的に捉える子は一人としていないという。権利云々ではなく、子のためには継続的で子が安心できる環境が存在することを前提にした面会交流であるべきである。しかし、子と海外にいる一方の親の関係を断つことが可能な現在の日本の司法の現状に対して、面会交流を権利として認めるハーグ条約が突き付けた課題は真剣に検討すべきであると考える。

●──終わりに

共同体的信仰の喪失、高齢化、社会を分断する教育レベルの向上、女性の地位の向上が、世界中で共通して進行する中で（トッド，2016）、ヒト、モノ、カネの自由な移動を是とするグローバリズムが進展し、日本社会では歴史上ない個人主義化、家族が個人というアトムに分解される現象が進んでいる。教育を受けた女性が働きながら子どもを持つことが困難である一方、シングルマザーが貧困に陥り、少子化と子どもの貧困化が全く改善されない。日本社会の強みであった家族や共同体の繋がりの強さには郷愁を感じるが、すでに家族の分解と多様化が進み、もはや離婚によるスクラップ・ビルド（離婚後は単独親と子を家族とし、単独親の再婚の場合には新しい親と家族をやり直し、新しい親が実親のようになろうとする）を前提としたシステムは機能しない場合が多い。男女共同参画を前提に子のいる家庭全体を支援し、従来型の婚姻に価値をおく家庭

を支援しつつも、離婚後の子と親のネットワーク再構築（離婚しても子と親は繋がりを断たない。本書第5章参照）をも含む包括的な家族政策に向けたパラダイムシフトが必要である。

文　献

Hague Conference on Private International Law（2012）. *Guide to good practice under the Hague Convention of 25 October 1980 on the Civil Aspects of International Child Abduction: Mediation.* The Hague Conference on Private International Law Permanent Bureau.

IACP: International Academy of Collaborative Professionals.〔https://www.collaborativepractice.com/〕

Morley, J. D.（2016）. *The Hague Abduction Convention: Practical issues and procedures for family lawyers 2nd Edition.* American Bar Association.

Mosten, F. S.（2009）. *Collaborative divorce handbook: Effectively helping divorcing families without going to court.* Jossey Bass.

Pérez-Vera, E.（1980）. *Explanatory report on the 1980 Hague Child Abduction Convention.*（Offprint from the Acts and Documents of the Fourteenth Session（1980）, tome III, Child abduction.）.（早川眞一郎（翻訳監修）エリザ・ペレス-ヴェラ氏による解説報告書〔https://www.mofa.go.jp/mofaj/files/000450185.pdf〕）

Tesler, P. H.（2016）. *Collaborative law: Achieving effective resolution in divorce without litigation.* American Bar Association.

内野宗揮（編）（2019）. 一問一答／平成30年人事訴訟法・家事事件手続法等改正――国際裁判管轄法制の整備. 商事法務.

外務省領事局ハーグ条約室（2019）. ハーグ（子奪取条約）の実施状況.（2019年11月1日）

金子修, 他（2015）. 一問一答／国際的な子の連れ去りへの制度的対応――ハーグ条約および関連法規. 商事法務.

木棚照一（2019）. 子の奪取をめぐる国際的問題に関する若干の考察. 家庭の法と裁判, 21, 31-46.

スキャンロン, キャスリーン・M.（東京地方裁判所ADR実務研究会（訳））（2005）. メディエイターズ・デスクブック. 三協法規出版.

田中壮太（1997）. 最高裁判例解説：民事篇〔昭和61年度〕. 法曹会.

トッド, エマニュエル（2016）. グローバリズム以後――アメリカ帝国の失墜と日本の運命〔朝日新書〕. 朝日新聞出版.

永末秀伸, 境博英（2015）. 人身保護請求手続の実務：子の引渡しを求める事例を中心として. 新民事執行実務, 13, 159-178.

法制審議会民事執行法部会（2018）. 第22回会議（平成30年8月9日開催）参考資料4：我が国及び諸外国における子の引渡し等の強制執行制度の概要.〔http://www.moj.go.jp/shingi1/shingi04900370.html〕

ポロック, デビッド・C., ヴァン・リーケン, ルース・E.（嘉納もも, 日部八重子（訳））（2010）. サードカルチャーキッズ――多文化の間で生きる子どもたち. スリーエーネットワーク.

光岡弘志（2018）. 最近の判例から. 法律の広場, *71*(7), 61-69.

依田吉人（2018）. ハーグ条約実施法に基づく子の返還申立事件の終局決定例の傾向について. 家庭の法と裁判, 12, 27-38, 2018.

第II部　面会交流の考え方

第II部は、面会交流を実現し継続していく上での課題と、面会交流をめぐる考え方に関する「各論」である。まず、継親子関係を含むステップファミリーでは、別居親と子どもの関係はどうあるべきなのか。野沢慎司教授（明治学院大学）によると、この問いをめぐり社会に様々な混乱と葛藤が生じているという。大人の視点で作られた従来の家族モデルから、子どもの視点に立った新たなネットワークモデルへの転換の必要性が論じられている。次に、面会交流に臨もうとしたとき、子どもがそれを嫌がることがある。了解可能な拒否もあるが、理由のよくわからない拒否もあり、背景には様々な要因が絡み合っていることが見えてくる。これらを田高誠氏（家裁調査官）が解説し、家裁調査官が関与する場合の留意点を述べた。また、そのようなときは、親同士の関係も悪化し、高葛藤状態になっていることが多い。親の葛藤状況を的確に診断し、夫婦間のコミュニケーションのあり方について検討したうえで、面会交流にどのように臨むのかを、濱野昌彦氏（家裁調査官）が解説した。次に、面会交流をめぐる紛争に際し、弁護士が同居親・別居親の代理人としてどのようにかかわるべきかを、上野晃弁護士と渡邉祥子弁護士にまとめていただいた。代理人弁護士には、依頼者の権利と利益の実現だけではなく「子の最善の利益」の実現にむけた倫理的態度が求められることを示していただいた。そして、裁判外紛争解決手続（ADR）による面会交流の当事者合意による解決と、面会交流第三者支援機関について、小泉道子氏（家族のためのADRセンター代表）より解説と提言をいただいた。ADRはまだ数こそ少ないが、今後期待される紛争解決手段であり、新たな潮流となることを期待したい。最後に補章として、アメリカの監督つき面会交流ネットワーク（SVN）のガイドラインを青木聡教授（大正大学）にご紹介いただき、高度な専門性が求められる面会交流支援のグローバルスタンダードをお示しいただいた。

第5章 　野沢慎司 　［明治学院大学社会学部教授］

日本のステップファミリーにおける面会交流

大人の視点から子どもの視点へ

——ステップファミリーと面会交流をめぐる混乱

　親が新しいパートナーと再婚した子どものいる家族、すなわちステップファ[註1]ミリーでは、別居親と子どもの関係の現実はどのようなものであり、どうあるべきなのか。こうした問いをめぐってさまざまな混乱と葛藤が社会に浮上してきている。例えば、家庭裁判所ではステップファミリーにおける面会交流についてどのような原則に立ち、指針を示すべきかが大きな課題になっている（神戸調停協会, 2018；ローツ, 2018）。

　しかし、日本ではこのテーマに関する研究の蓄積が少ない。そのため冒頭の問いに正確な答えを出すことは容易ではない。研究が進んでいない要因の一つは、長期的・定期的に別居親と子どもが面会交流をしている調査参加者を見つけることの困難にある。図1には、離婚後の家族、中でもその多数派を占める母子世帯（2016年調査では85.5％）について、全国調査の結果を2011年と2016年について比較している（厚生労働省, 2017）。面会交流を行っている母子家庭

●註1　本稿では、「再婚（結婚）」に法律婚だけでなく非法律婚を含める。結婚せずに子どもをもうけた母親が別の男性と非法律婚状態になれば、それもステップファミリーに含める。本稿では、「連鎖・拡張するネットワーク型」のステップファミリー（野沢, 2011）を含む広い定義を採用するので、別居親が新しいパートナーと再婚したが同居親は再婚していない場合もステップファミリーに含める。

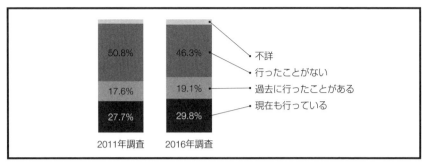

図1　母子世帯の面会交流実施状況（2011 年と 2016 年）
（出典：厚生労働省（2017）より筆者作成）

は、全体の 3 割弱に過ぎない。この 5 年間に微増しているが、親の離婚を経験した子どもたちの大半が別居の父親との交流を失っている現実がある。同居親（多くが母親）あるいは別居親（多くが父親）が再婚すると、それまで面会交流が実施されていてもそれが中断されてしまう事例がこれまでの研究でも散見される（野沢・菊地, 2014）。ステップファミリーにおいて別居親との実質的な面会交流が継続できているケースは、さらに少ないと推測される。

　そのような状況下で、子どもが別居親と同居継親との関係を両立させているステップファミリーのケースを一定数確保して、そうでないケースと比較する分析を行うことはこれまで難しかった。関連学会のこのテーマへの関心も薄かったことから、ステップファミリーにおける面会交流の欠如が子どもの適応や福祉にとってどのようなリスクをもたらしているかという問いが見過ごされてきた。

　一方、希少とは言え、既存の調査研究にも面会交流を実践しているケースが含まれている。本章は、ステップファミリーの既存研究の知見を整理して、冒頭の問いに関するヒントや示唆を導くことを目的としている。

●──離婚後に親子関係はどう変わるのか

　離婚後の親子関係がどのような変化を被るかという点に関して、とくに大きな影響を及ぼしていると見られる制度として、次の二つを挙げることができる。

一つは、離婚後の単独親権制である。日本の現行法制度下では、婚姻中の父母はその子どもに対して共同で親権を行使するが、離婚後には両親の一方は親権の喪失を強制される（民法819条1項）。両親の一方は、離婚以前には保証されていた子どもについて決定する権利や義務が事実上大きく失われ、父母間に子どもとの関わりの格差が急激に生じる。子どもから見れば、親子関係を含む親族関係全体の約半分を喪失することが珍しくない。

　離婚後の親子関係に強い影響を及ぼすもう一つの制度として、協議離婚制度が挙げられる。子どもをもつ両親であっても、離婚および親権者の決定について合意さえあれば、家庭裁判所など第三者機関の関与なしに離婚届の提出のみで即座に簡便に離婚できる。この「協議離婚」という選択肢が用意されていることが、日本の離婚制度の特徴である（民法763条）。「人口動態統計」によれば、2017年の離婚212,262件のうち、圧倒的多数を占める184,996件（87.2%）が協議離婚であった。2011年の民法766条改正によって、離婚する両親は面会交流と養育費の分担について子どもの利益を最も優先して協議することが明記されたものの、自由度の高い協議離婚では父母による面会交流と養育費の取り決めや離婚後の共同養育について学ぶ機会を担保することができない。

　このような現行の協議離婚制度や離婚後の単独親権制度が抱える課題と改善策が法学や社会学の分野で議論されてきた（若林, 2014；犬伏, 2019；菊地, 2017など）。上述のように、別居親との交流が途絶える傾向が強いのは、こうした制度上の不備によるところが大きいと見られる。

　同時に、そのような制度上の問題を、日本の家族研究者が看過してきた事実を指摘しなければならない。社会福祉サービスの世界だけでなく、家族研究および社会福祉研究などの世界でも、「ひとり親家族（家庭）」という用語は制度化された概念として広く浸透している。親の一人と死別した子どものいる家族だけでなく、両親が離別した子どものいる家族を含む概念である。英語の"single parent family"は（離婚後）婚姻関係にない（シングル）状態の親がいる家族という意味でもある。が、日本語の「ひとり親家族」は親が「一人」であることのみが強調される。つまり、親が離婚したら子どもは親の一方を喪失することが長らく自明視されてきた（野沢, 近刊）。

　しかし、両親の離婚後に子どもが親の一人を失うことは自明ではない。アメ

リカの家族研究者・臨床家のアーロンズは、離婚後の父母間の関係は、きわめて協力的な友人のように連携するタイプから、激しい敵対関係を続けるものまで、多様であることを早い時期に指摘している（Ahrons & Rogers, 1989）。そして、「双核家族（binuclear family）」という新しい家族概念を提唱した。離婚後には子どもは必然的に「ひとり親家族」に所属するのではなく、子どもたちが両親の世帯間を行き来しつつ、双方に所属して、一つの家族として存続する可能性と妥当性を主張した（Ahrons & Rogers, 1989）。

　では、両親が協力関係を築き、離婚後も共同養育が実現できる場合と、敵対関係などのために子どもが一方の親との関係を喪失してしまう場合とでは、子どもの福祉にどのような違いがもたらされるのだろうか。日本でもこの点について、主に心理学の分野で研究が展開している。一般的には親の離婚は子どもに否定的な影響を及ぼしやすい。例えば、親の離婚を経験した大学生はメンタルヘルスや自己肯定感などの面で否定的な影響を受ける傾向が指摘されている（野口，2012）。しかし、別居親との面会交流を行った大学生の場合にはそうした否定的な影響が見られないとの知見が得られている（青木，2011；野口・青木・小田切，2016）。また、親の離婚を経験した大学生の語りの分析では、面会交流が実現できている場合、その重要性を感じており、できていない場合、取り決めの必要性などを望んでいることも報告されている（青木，2017）。別居親との面会交流は、同じく両親の離婚を経験した子どもたちの発達に、重要な違いをもたらすことが明らかになりつつある。

●──司法の場における
「再婚家庭の安定性」の意味とその揺らぎ

　では、同居親（別居親）が再婚した場合には、面会交流はどうあるべきなのか。親が新しいパートナーと再婚すると、子どもは新たに継親との関係をもつようになる。この継親とは何ものなのか。そして継親が登場した状況において、別居親とはどのような存在なのか。これらの問いが新たな課題として社会的に浮上してきた。というのも、両親の離婚後に子どもは親の一人を失って「ひとり親家族」に属することを当然とみなすか、「双核家族」概念が想定するよう

に子どもは二人の親を持ち続けると考えるのかによって、これらの問いへの見解が大きく異なってくるからである。

　従来の支配的な考え方は、代わりとなる親が新たに出現したのだから別居親（非親権親）は不要というものである（菊地，2009；野沢，2011；野沢，近刊）。子どもに父親（あるいは母親）が必要だとしても、「新しい父親／母親」ができたのだから、それで十分と考える。したがって、新しい家族の形成にとって面会交流は不都合なものとなる。ここで想定されている「家族」は、アーロンズが述べるような世帯を超えた「双核家族」ではなく、初婚核家族と違わない「通念的家族」である（野沢，近刊）。いわば「ふつう」の家族を再構成するために、継親のみを唯一の父親／母親とみなし、別居親は子どもの生活圏・生活史から退出すべきだと考えるのである。

　このようなステップファミリー観とその変化は、過去のステップファミリーにおける面会交流をめぐる裁判例に顕著に表れている。早野（2009）は、非監護親が再婚した監護親の下で暮らす子どもとの面会交流を求めた1964年から2006年にかけての公表公判例9件（このうち3件は同じ事案の抗告審であるため事案数としては6件）を分析している。公判例9件の内訳は、面会交流を肯定した裁判例が3件、否定した裁判例が4件、複数の子どものうち年長者のみに面会を認めた裁判例が1件、宿泊付の面会を認めないが月1回の面会は認めた例が1件となっている。6件の事案に関して見れば、最終的に面会交流を肯定した事案が1件、否定した事案が3件、一部肯定（否定）・制限の事案が2件であった。ステップファミリーの裁判例が少ないため、その傾向を一般化するのは難しいが、従来の裁判例では監護親（同居親）が再婚していることが面会交流を否定する理由となることが多かったことが示されている。

　早野（2009）は、「新たに形成された再婚家庭における安定性」が考慮事項とされているこれら9件の裁判例において、この「安定性」が面会交流を肯定する理由としても、否定する理由としても使われており、裁判官によって異なる捉え方をされている可能性があると指摘している。肯定される場合は、基本的に再婚家庭がすでに安定していることが面会交流を促進する要素と捉えられ、否定する場合は、再婚家庭が（まだ）不安定であること、あるいは面会交流によって不安定になることで子どもの精神面への悪影響が懸念されている。典型

的には、別居親である実母と同居継母との「葛藤の渦中に子どもを巻き込み平和な家庭生活に波瀾を起こさせ」、子どもの「精神面における健全な成長を阻害する危険」、子どもの「精神状態を半端にしてしまう怖れ」、子どもに「心理的な動揺や混乱を招くおそれ」などが、面会交流を否定する理由として紹介されている。

　ローツ（2018）は、早野（2009）が分析の対象とした9件の裁判例に加えて、2015年から2016年の公表裁判例3件（このうち1件は同じ事案の抗告審であるため、事案数としては2件）を含めた分析を行っている。そして、2000年頃までの公表裁判例では、ステップファミリーの子どもとその別居親との面会交流を排除あるいは制限するものが多かったが、2000年代半ば以降は、面会交流が容認される傾向にあると指摘する。その上でローツ（2018）は、①新しい家庭が（まだ）安定していないこと、②新しい家庭が安定していること、という正反対の状況が、どちらもステップファミリーの面会交流が子どもの利益を害すると判断する理由づけに使われていると指摘する。別居親との面会交流が子どもの利益に与える影響について、司法の場は、多様な見解や解釈が並存する状況にあることが浮き彫りになっている。

　早野（2009）とローツ（2018）の双方ともが、「再婚家庭の安定性」の意味づけおよびそれを根拠とした司法判断が一貫しないことを指摘している。その上で両者ともが、どのような司法判断が妥当なのかを論じる際に、社会学の研究知見を積極的に援用している。ただし、両者の結論はまったく異なる。前者は「再婚家庭の安定性」を重視し、初期段階では写真やビデオの送付、中期段階では手紙・電話の間接接触に限定し、後期段階において初めて面会などが検討されてよいと、面会交流に関してきわめて消極的な結論を提示している（早

・・・・・・・・・・・・・・・・・・・・・・
●註2　これら二つの理由に加えて、③子どもがその出自を知ってしまうこと／突然もう一人の父・母が現れることが挙げられている（ローツ，2018, pp. 431-435）。また、公表されている家裁調停委員の事例研究会の資料（神戸調停協会，2018）を例に取り、その参加者（フロア）からの匿名コメントの中には、実親と子が会い続けることで子どもの気持ちが安定し、新しい家庭の平和にもつながると面会交流にきわめて積極的な意見もあるが、同時に「幼い子どもであっても新しい家庭でうまく仲良く暮らしたいという気持ちをもっている」から、実母（別居親）は「自分が『本当のお母さんよ』という言葉など絶対に言わないよう気をつけてほしいです」のような否定的な意見も並存していると指摘する（ローツ，2018, pp. 456-457）。

野，2009，p. 185）。一方後者は、「子と別居親との交流の制限・排除の理由づけは、社会学上の研究成果に照らすと、多くの場合正当化されない」と結論づける（ローツ，2018，p. 445）。こうした結論の違いは何によって生じたのだろうか。

ひとり親が再建する「世帯」としての ステップファミリー

　早野（2009）が参照・依拠した研究文献は、ステップファミリー研究の初期段階でステップファミリーの成人メンバー（同居する親と継親）を主たる対象とした社会学的調査の結果（菊地，2005；野沢ほか，2006など）およびSAJ編（2002）で紹介されているステップファミリーの発達段階説などである。早野（2009）は、2000年代半ばあたりまでの日本の草創期のステップファミリー研究とSAJが創設期に（モデルとしたSAAを経由して）紹介したステップファミリー発達段階説が根拠となって上記の結論を導いている。しかし、ここには無視できない時代的制約が存在する。

　草創期2000年代のステップファミリー研究は、子どもと同居継親（とくに継母）および同居実親の経験を把握することから始まった。代表性のないサンプルを用いた質問紙調査（ソーシャル・サポートにおけるCMC研究グループ編，2002）とそのサブサンプルを中心とする調査参加者（継親・実親）への半構造化インタビューに基づき、ステップファミリーの形成過程で大人たちがどのような経験をしたかを探索していった（菊地，2005；野沢ほか，2006など）。早野（2009）も紹介しているように、子どもの親と継親という新たな婚姻カップルが「両親」となり、新しい家族が形成される際に、継親子関係に葛藤が生じ、夫婦関係にも溝が生まれ、子どもたちが家族の変化に適応できない状況が大人

....

●註3　早野（2009）が参照したと思われるのは、アメリカのステップファミリー支援団体、Stepfamily Association of America発行の会員向けの冊子 Stepfamilies Stepping Ahead（Fourth edition, 2000）に掲載されたペーパーナウ（Patricia Papernow）著の Stages in becoming a stepfamily と題するエッセイをStepfamily Association of Japan（SAJ）が翻訳（高木貴子・菊地真理・春名ひろこ）・編集（澤田美佐）し、「ステップファミリーの旅の地図：ステップファミリー発達段階　７つのステップ」と題して SAJ編（2002, pp. 27-53）に収録したものである。なお、SAJは2001年に日本で初めて設立されたステップファミリー支援団体である［http://web.saj-stepfamily.org/］。

たちによって語られていた。そうしたケースの分析からは、継親が親役割（し つけなど）を果たすことを当然視せずに、柔軟な家族関係をめざすべきである との提言が導かれていた（野沢ほか，2006）。

　しかし、この時点の社会学的研究におけるステップファミリー概念は、「子 連れ再婚家庭」という語が象徴しているように、家庭（＝世帯）内で形成され る家族という前提に立っている。[註4]したがって、早野（2009）が論じたステップ ファミリーの安定は当然のことだが世帯（＝家庭）内の家族関係（とりわけ継 親子関係）の安定を指している。その上で、別居親との面会交流を家庭内関係 形成の阻害要因とみなし、それを抑止する裁判例を支持したと考えられる。

　一方、早野（2009）が参照したステップファミリー発達段階説は、アメ リカのステップファミリーを専門とする家族療法家、ペーパーナウの学説 （Papernow, 1984）をペーパーナウ自身が一般向けに紹介したものである。そし てその発達段階周期説のアイディアは、1970年代末の継親9人へのインタ ビューから導かれたものであるという（Papernow, 1984, p. 355）。アメリカにおい て離婚後の共同監護や共同養育が制度化される以前の、つまり上述の「双核家 族」モデル（Ahrons & Rogers, 1989）が知られる前のステップファミリー観を前 提としている点で、時代的な制約を強く受けている学説である。この発達段階 説は、①関係が深化・強化する方向へと単線的に発達することを強調している 点、②継親の視点に偏っている点に関して、複数の実証的批判を受けている （野沢・菊地，2010のレビュー参照）。日本でも野沢・菊地（2014）による継子イ ンタビュー調査が、継親子関係は単線的に発達するわけではなく、多様なパ ターンを描くことを明らかにしている。共同監護が一般化した最近のアメリカ （Ganong et al., 2011）やニュージーランド（Kinniburgh-White et al., 2010）の研究か らも、同様に多様な関係発達パターンが発見されている（Nozawa, 2015も参照）。

....
●註4　ステップファミリーについての書籍に挟んだ葉書などを通じてリクルートした113人の 継親・実親（代表制のないサンプル）を対象にした最初期の質問紙調査の結果は、別居親 と子どもとの面会交流の実施率がきわめて低いことを示していた。対象者の大多数（83人、 73.5%）を占める女性回答者についてみると、自身の同居子とその別居父が「まったく交流 がない」ものが、該当する43人のうち29人（67.4%）を占めた。女性回答者の同居継子と 別居母が「まったく交流がない」ものが、該当する40人のうち27人（67.5%）を占めてい た（ソーシャル・サポートにおける CMC 研究グループ編、2002, pp. 103-105）。

要するに、早野（2009）は、ステップファミリー形成初期に継親子間・夫婦間で予想外の対立や緊張を経験したと親や継親が報告した日本の研究知見と、家族関係が安定するのに数年以上かかるという（1980年以前のアメリカの継親研究に基づく）発達段階説に依拠して、直接的な面会交流を数年にわたって抑制すべきと提言するに至った。しかしこの結論は、以下の二つの暗黙の前提に立つ点で重大な問題を孕む。第一に、同居の親や継親の視点に偏った議論に陥っている。親や継親が望む新たな家庭の安定と子どもの適応や福祉にずれが生じる可能性は想定されていない。関連して第二に、ステップファミリーを同居世帯員のみで構成される「家族」であると狭く定義づけている。子どもの生活・人生において別居親（あるいはその親族）との関係がもつ意味は視野（家族）の外に置かれている。しかし、その後の研究知見を視野に含めれば、この結論は大いに修正の余地がある。[註5]

──子どもからみた「ネットワーク」としての家族

　ローツ（2018）が参照した社会学的研究の主要なものに、継子研究の結果に基づく一連の研究がある（野沢・菊地, 2014；野沢, 2015；Nozawa, 2015；菊地, 2018）。調査データは、継子の立場を経験した若年成人19人への半構造化インタビューによって得られた。子どもの視点から語られたその同一データに基づき、同居継親（野沢・菊地, 2014）、同居親（野沢, 2015）、別居親（菊地, 2018）、祖父母（野沢, 2019b）との関係などが分析されている。ローツ（2018）ではこのうち最初の二つだけが取り上げられたが、その後出版されたものも含めて研究知見を要約し、そこから得られる示唆を整理したい。そこには、上述の裁判例評価の逆転現象に結びつくステップファミリー観の重要な転換が含まれている。[註6]

....
- 註5　このような見解に対して、筆者の主宰するステップファミリー研究会でともに学び合った研究仲間であった故・早野俊明教授に同意いただけるかどうかを確かめる術はなく、そう祈るのみである。
- 註6　裏を返せば、従来のステップファミリー観は暗黙の前提に拘束されてきたと言える。野沢（近刊）は5つの暗黙の前提について論じている。

継親は「親」とは違う存在

　第一の知見は、ステップファミリー経験は、子どもの視点からはまったく異なって見えることである。従来、司法の場で「再婚家庭の安定性」と言われてきたのは、子どもの親権をもつ同居親（およびそのパートナーである同居継親）の視点からの目標・願望である。同居親と継親の新カップルは、多くの場合、子どもの「両親」となって初婚核家族世帯に近似した「通念的家族」の形成を目指す。その際、「再婚家庭の安定性」とは、具体的には子どもが継父／継母を唯一の「父親／母親」と認め、受容することを意味している[註7]。同居親と継親カップルの視点からは、それが子どもにとっても望ましいことに違いないと暗黙の内に仮定しやすい。しかし上記の若年成人継子調査の結果に依拠すれば、子どもの視点と親・継親の視点との間にはギャップが存在し、この仮定にこそ家族関係形成・維持におけるリスクが潜んでいると言える。

　確かに、幼少期の両親の離婚以後、長年にわたって別居親との交流が失われていた学童期以前の子どもが、継親の登場を当初嬉しい出来事と捉える場合もある。しかし、同居生活開始後の継親子関係は実に多様な道筋（発達・未発達・衝突など）を辿る（野沢・菊地, 2014）。継親が「新しいお父さん／お母さん」として親役割を担うことを当然視すると、子どもたちは急激な変化への適応に苦しむ。大人側の期待を受け入れ、継親を「新しい親」と認めた（お父さん／お母さんなどと呼ぶ）としても、継親の「しつけ」に心理的抵抗が生じることは珍しくない。「親」の権威を受け入れない継子の態度に継親が傷つき、「親」としてさらに厳しくしつける必要があると感じるような悪循環に陥ると、継子はとりわけ辛い状況に置かれる。

　一方、継親が別居親を代替・排除せず、唯一の父親／母親のように振る舞わない（しつけを担当しない）ことは継親子関係の緊張を避けるために重要である。アメリカのステップファミリー研究者、ギャノンらは、自らの研究成果（Ganong et al., 1999；Ganong et al., 2011）に基づき、継親は継子の親ではなく、「友だち」になることを目標にすべきだと提言する。日本の継子調査（野沢・菊地,

---

●註7　言い換えれば、世帯外に排出された親の一方を継親が代替するかたちで世帯を再構成することを前提とする「スクラップ＆ビルド型／代替モデル」のステップファミリー観に立った結論である（野沢, 近刊；菊地, 2009；野沢, 2011）。

2014）でも、「新しい父／母」を指すような呼称ではなく、ニックネームで呼ぶ関係を数年続けるうちに親しい関係へと発達するケースが複数報告されている。

いずれにしても、当然のように「ふつう」の家族に近づくことを目指し、継親が即座に「親」に成り代わってしまうことは、子どもの利益を損なうリスクが大きい。むしろ、継親は「親」ではない存在として、親以外の位置から関係形成に挑戦することが推奨される（SAJ・野沢編，2018）。

離婚・再婚後の親役割の重要性

第二に、ステップファミリーでは、同居親が子どもたちの適応および長期的利益にとって、さらに重要な存在であることが示唆されている。同居親が新しいパートナーとの関係を発展させる過程でどのような行動を取ったか、親子関係がどのように変化したかについて、調査参加者の語りはやはり多様であった（野沢，2015）。継親子関係や別居親子関係に対する子どもたちの反応を同居親が敏感に捉え、「通念的家族」モデルに囚われずに柔軟に対応できれば、子どもたちの良好な適応が促されるように見える。しかし、例えば、子どもの心情に反して別居親と子どもの関係を絶ち、継親を「親」として受け入れさせようと強いることが子どもを孤立状況に追い込むことさえある。

調査参加者の一人であるQさんの事例が象徴的である（野沢・菊地，2014, pp. 77-78；野沢，2015, pp. 71-72）。彼女の幼児期に両親が離婚した後も「大好きな」父親との面会交流が続いていた。しかし、2年後に再婚した母親は、一方的に父親との面会交流を断絶し、継父を「パパ」と呼ぶように強いた。Qさんは、自分の気持ちを無視し、否定した母親に対して、強い恨みと反発の感情を長年抱くことになってしまった。このケースでは、母親の再婚によって、別居の父親との関係を喪失しただけでなく、母親との関係も悪化し、継父との関係も発達しなかった。面会交流の中断は「再婚家庭の安定」を招くどころか、親（および継親）という重要な関係資源から子どもが疎外される状態をもたらすこ

....
●註8　Qさんの継父は「父親」として振る舞うことがなく、その点ではストレスを感じることが少なかったが、情緒的関係は発達しなかった。しかし、一方で経済的な支援者である継父には「スポンサー」として感謝していた（野沢・菊地，2014, pp. 78）。

とになった。

　子どもたちの中には、厳しいしつけなどをめぐり継親との衝突や葛藤を経験したものも多い。その場合に、同居親がつねに継親側に立ってしまい、自分の理解者・支援者になってくれないことから、同居親に対する失望や疎外感、さらには強い不信感を長期にわたって抱き続けるケースがあった。別居・同居の両親が自分を支えてくれない状況から、精神的健康を害したり、適応上の問題行動を経験したりする例もある（野沢, 2015）。その結果、進学・就職などのキャリア形成において不利を背負うなど、子どもの利益が長期にわたって損なわれる。子どもの監護（同居）親が、子どもの短期的・長期的な利益に無頓着なまま「再婚家庭の安定」を目指してしまうことの危険性に注目する必要がある。

子どもの両親と既存親族に継親を加えるステップファミリー

　「再婚家庭の安定」のために面会交流を抑制するという判断の背後には、子どもにとって父親・母親はそれぞれ一人に限定すべきだという考え方がある。あるいは、同じ世帯（戸籍）に所属する婚姻カップル（同居親と継親）こそが唯一の父母であるべきだという家族観がある（野沢, 近刊）。過去の裁判例においては、父親と継父あるいは母親と継母が並存する状況では、どちらが本当の親かをめぐって競合が生じると想定されていた。それゆえに、子どもが「葛藤の渦中に巻き込まれ」「心理的動揺や混乱」を感じることを危惧して面会交流が否定されていた（早野, 2009）。

　しかし、若年成人継子インタビュー調査からは、そのような危惧を打ち消すような語りが少なくない。例えばすでに登場したQさんは次のように述べる。

　　私は当たり前のように、本当の父とは別のところに新しい父（継父）を並べていたんですけど、こう、母の中ではまったくそうでないというか、多

●註9　親の再婚を経験した子どもたちのキャリア形成が、初婚継続家族の子どもたちと比較して不利な状況をもたらすことを示す研究がいくつか現れてきた。例えば、全国データを分析した稲葉（2011）は、①親の再婚を経験した子どもたちの高校・大学への進学率が格段に低いこと、②親との関係の良好度が低いこと、③そうした格差は近年も縮小されていないことを明らかにしている。

分そう、私がそう思っていると思いつきもしないんだろうということがわかったので。

（野沢・菊地，2014, p. 78）

別居の父親と継父とが子どもの認識の中で問題なく両立し、受け入れられようとしていたことがわかる。一方、Qさんの母親の認識はそれとはまったく異なり、両者の競合と継父による父親の代替を大前提としている。そのことをQさん自身が強く認識したために、母親とのコミュニケーションを諦めるような失望感を抱いた。

一方、母親が継父に「親」役割を期待しなかった子どもの一人であるMさんは、継父を「母の夫やけど私の父ではない」存在として、つまり父親とは別の存在として受容し、肯定的な関係を築いていた（野沢，2015, pp. 79-80）。この点を考慮すれば、大人の側（社会の側）が通念的家族観を脱し、子どもと別居親の関係を維持したり、継親との関係を慎重に形成したりする社会的仕組みを実現しさえすれば、子どもの側に「動揺や混乱」が生じるリスクは十分に小さいと言えるだろう。

アメリカの大規模縦断調査データを分析したキングは、子どもたちが同居継父と別居父の両方と親密な関係を築いている場合に、学業成績や適応の面でよい状態を示し、母親との関係もよい傾向があることを見出した（King, 2006）。この研究知見も別居親と継親と（さらには母親と）の関係の両立戦略の妥当性を支持している。「動揺や混乱」を克服する義務があるのは、むしろ大人（社会）の側であろう。

前出の若年継子19人へのインタビュー調査データを使って別居親子関係を分析した菊地（2018）は、次の三つのパターンを報告している。①別居親との交流もなく、継親との関係も深まらなかった「喪失型」（11ケース）、②別居親を継親が代替（別居親喪失）している「代替型」（4ケース）、③別居親やその親族との何らかの交流が継続している「並行型」（4ケース）である。ただし、「並行型」には親の一方と死別した3ケースが含まれており、別居親と頻繁に継続した面会交流があったケースは希有だった。

最後の1ケースは、生後間もなくの両親の離婚以降、母と同居し、別居の父親と直接的な交流が継続していた女性の事例である。面会の頻度は年1回程度

と低いが、青年期以降はメールなどの間接交流が頻繁になった。母の二度の再婚経験を経て母親への信頼感は失われ、今なお支配的な母との関係に苦しんでいる。その一方で、父親に肯定的な評価をしていることから、彼女のアイデンティティを支える上で別居の父親との継続的な交流がもつ意味は大きい（菊地, 2018, pp. 66-67）。このケースは、少なくとも子どもの視点からは、複数世帯にまたがるネットワークとして家族が成立しうることを示唆している。子どもたちの利益を尊重するためには、世帯単位の固定的・通念的ステップファミリー[*註10]観を脱し、新たな家族観とそれに沿った社会制度の創出を視野に含めるべきだろう。これが、継子研究からの第三の重要な知見である。

●──大人の視点から子どもの視点へ／ 世帯単位家族からネットワーク家族へ

　早野（2009）の結論からローツ（2018）の結論へと、約10年間に生じた大転換の理由を追いかけるかたちで、近年のステップファミリー研究の知見を整理してきた。近年の研究知見の上に立てば、ステップファミリーの形成初期であるからという理由で別居親との交流や支援関係を遮断したり、抑制したりすることは、子どもの福祉や利益を損なうリスクがある。

　過去20年ほどにわたる日本のステップファミリー研究のさまざまな知見に通底しているのは、ステップファミリーの子どもの視点とその親や継親の視点との間に存在する深い溝である。早野（2009）が準拠していたのは、多くの親（および継親）が自明視する世帯単位のステップファミリー観である。一方、ローツ（2018）が依拠したのは、弱者である子どもの視点からその利益や福祉を重視した、子どもを中心とした個人間ネットワークとしての家族像である[*註11]。国連の子どもの権利条約の理念に典型的に示されるように、親権をもつ親が子どもを連れて家族を築く権利よりも、子どもが両方の親との関係から恩恵を受

●註10　このようなタイプのステップファミリーを「連鎖・拡張するネットワーク型／継続モデル」と呼ぶ（野沢, 近刊；菊地, 2009；野沢, 2011）。

●註11　従来の日本社会にも、子どもが両親につながっている離婚・再婚後の家族観に近いものが存在していた。例えば、女性作家の自伝的小説（干刈, 1984）は、当時の社会状況下における新しいタイプの家族形成の試みを巧みに表現している。

ける権利を重視する価値観への転換が進行中である（野沢，近刊；犬伏，2019；菊地，2017；若林，2014）。従来は、離婚後には親の一方が子どもに関する義務と権利を単独で担い、子どもの利益はその親が代表するものと見なされてきた。親と子どもの利益は一致すると、暗黙裏に仮定されてきたのである（野沢，近刊）。しかし、親の離婚・再婚という家族変化の波をくぐり抜ける中で、親の願望・希望と子どもの福祉はときに葛藤し、ときにかけ離れる。親が子どもの福祉や長期的な利益に十分な注意を払えない状況は珍しくない。そこで、子どもを親とは独立した主体とみなし、子どもが両親からケアされる権利を国家が保障する必要があると次第に認識されるようになってきた。*註12

　本章冒頭に示した図 1 の調査結果を「離婚後 2 年未満の母子家庭」に限定して算出し直すと、「現在も面会交流を行っている」比率が 5 年間で約 10％上昇しており、養育費を受けている比率も約 15％増えている（野沢，2019a）。*註13 制度の変革とともに変化は確実に起きている。今後は定期的な面会交流が継続するステップファミリーの事例も徐々に一般化する可能性がある。宿泊を伴う頻繁な別居親子の交流や離婚・再婚後の共同養育が支援される社会的仕組みが整えば、アメリカの研究知見（King, 2006）が示すように、別居親と継親の両方から恩恵を受けるケースが日本でも近い将来に顕在化するかもしれない。ステップファミリーにおいて面会交流や共同養育がどのような条件の下でうまく実現されるのか、それが子どもたちにどのような利益をもたらしているのかを本格的に探る研究は今後の大きな課題となっている。

文　献

Ahrons, C., & Rogers, R.（1989）. *Divorced families: Meeting the challenge of divorce and remarriage.* W. W. Norton.

Ganong, L., Coleman, M. & Jamison, T.（2011）. Patterns of stepchild-stepparent relationship development. *Journal of Marriage and Family, 73*(2), 396-413.

....

●註12　子どもの福祉や権利の観点からステップファミリーにおける面会交流を肯定する見解として、二宮（2007, pp. 94-103）を参照されたい。

●註13　2011 年に民法 766 条の改正が行われて、面会交流と養育費の支払いについて子どもの利益を重視して離婚時に話し合わなければならないと法律に初めて明記されたが、それがこうした変化の一因となった可能性がある（野沢，2019a）。その一方で、2019 年に国連子どもの権利委員会が離婚後の父母の共同親権を認めない日本の現行法制度の改正を勧告しているように、こうした方向への制度改革は不十分である（United Nations, 2019）。

Ganong, L., Coleman, M., Fine, M., & Martin, P.（1999）．Stepparents' affinity-seeking and affinity-maintaining strategies with stepchildren. *Journal of Family Issues, 20*（3）, 299-327.

King, V.（2006）．The antecedents and consequences of adolescents' relationships with stepfathers and nonresident fathers. *Journal of Marriage and Family, 68*（4）, 910-928.

Kinniburgh-White, R., Cartwright, C., & Seymour, F.（2010）．Young adults' narratives of relational development with stepfathers. *Journal of Social and Personal Relationships, 27*（7）, 890-907.

Nozawa, S.（2015）．Remarriage and stepfamilies. In Stella R. Quah（ed.）．*The Routledge Handbook of Families in Asia,* pp. 345-358. Routledge.

Papernow, P.（1984）．The stepfamily cycle: an experiential model of stepfamily development. *Family Relations, 33*（3）, 355-363.

SAJ・野沢慎司編（2012）．日米ステップファミリー会議 2011 報告書．SAJ・明治学院大学社会学部付属研究所．［http://www.saj-stepfamily.org/data/2011conference_17dec.pdf］

SAJ・野沢慎司編（2018）．ステップファミリーのきほんをまなぶ：離婚・再婚と子どもたち．金剛出版.

SAJ 編（2002）．SAJ ハンドブック．SAJ（ステップファミリー・アソシエーション・オブ・ジャパン）.

United Nations Committee on the Rights of the Child（2019）．Concluding observations on the combined fourth and fifth periodic reports of Japan.［https://tbinternet.ohchr.org/_layouts/15/treatybodyexternal/Download.aspx?symbolno=CRC%2fC%2fJPN%2fCO%2f4-5&Lang=en］

青木聡（2011）．面会交流の有無と自己肯定感／親和不全の関連について．大正大学カウンセリング研究所紀要，34, 5-17.

青木聡（2017）．父母の離婚を経験した大学生が語る面会交流（2）：インタビュー内容の質的分析の結果から．大正大學研究紀要，102, 212-230.

稲葉昭英（2011）．親との死別／離婚・再婚と子どもの教育達成.（稲葉昭英・保田時男編）階層・ネットワーク：第 3 回家族についての全国調査（NFRJ08）第 2 次報告書［第 4 巻］，日本家族社会学会全国家族調査委員会，pp. 131-158.

犬伏由子（2019）．離婚紛争における子の利益と実体法：未成年子がいる離婚紛争の実情を通して．（若林昌子・犬伏由子・長谷部由起子編）家事事件リカレント講座：離婚と子の監護紛争の実務，日本加除出版，pp. 75-104.

菊地真理（2005）．継母になるという経験：結婚への期待と現実のギャップ．家族研究年報，30, 49-63.

菊地真理（2009）．再婚後の家族関係.（野々山久也編）論点ハンドブック家族社会学，世界思想社，pp. 277-280.

菊地真理（2017）．ステップファミリーにおける継親子間の養子縁組と別居親子関係：インタビュー事例にみる離婚・再婚後の家族形成と法制度.（松岡悦子編）子どもを産む・家族をつくる人類学：オールターナティブへの誘い，勉誠出版，pp. 128-148.

菊地真理（2018）．ステップファミリー経験と日本の家族制度の課題.（北野雄士編）変化を生きながら変化を創る：新しい社会変動論，法律文化社，pp. 57-70.

厚生労働省（2017）．平成 28 年度全国ひとり親世帯等調査結果報告.［https://www.mhlw.go.jp/stf/seisakunitsuite/bunya/0000188147.html］

神戸調停協会（2018）．監護親の再婚により面会交流が中断した事例：面会交流の調停条項の決め直しをどう考えるか．ケース研究，331, 127-189.

ソーシャル・サポートにおける CMC 研究グループ編（2002）．ステップファミリーに

おけるソーシャル・サポートの研究：オンラインとオフラインのサポート・ネットワーク．明治学院大学社会学部付属研究所．［http://soc.meijigakuin.ac.jp/fuzoku/research/specialproject/2000-2002/survey.html］

二宮周平（2007）．家族と法：個人化と多様化の中で．岩波書店．

野口康彦（2012）．親の離婚を経験した大学生の抑うつに関する一検討．茨城大学人文学部紀要人文コミュニケーション学科論集，12, 171-178.

野口康彦・青木聡・小田切紀子（2016）．離婚後の親子関係および面会交流が子どもの適応に及ぼす影響．家族療法研究，*33*(3), 83-89.

野沢慎司（2011）．ステップファミリーをめぐる葛藤：潜在する二つの家族モデル．家族〈社会と法〉，27, 89-94.

野沢慎司（2015）．ステップファミリーの若年成人子が語る同居親との関係：親の再婚への適応における重要性．社会イノベーション研究（成城大学社会イノベーション学会），*10*(2), 59-83.［http://id.nii.ac.jp/1109/00003555/］

野沢慎司（2019a）．ステップファミリーが直面する困難の社会的源泉：制度と現実の狭間にある家族支援．ケース研究，334, 33-53.

野沢慎司（2019b）．ステップファミリーにおける祖父母の役割：親の再婚を経験した子どもたちの重要な資源．家族療法研究，*36*(2), 150-156.

野沢慎司（近刊）．ステップファミリーにおける親子関係・継親子関係と子どもの福祉：子どもにとって「親」とは誰か．福祉社会学研究．

野沢慎司・菊地真理（2010）．ステップファミリーにおける家族関係の長期的変化．研究所年報（明治学院大学社会学部付属研究所），40, 153-164.［http://repository.meijigakuin.ac.jp/dspace/handle/10723/1840］

野沢慎司・菊地真理（2014）．若年成人継子が語る継親子関係の多様性：ステップファミリーにおける継親の役割と継子の適応．研究所年報（明治学院大学社会学部付属研究所），44, 69-87.［http://repository.meijigakuin.ac.jp/dspace/handle/10723/1910L］

野沢慎司・永井暁子・菊地真理・松田茂樹（2006）．ステップファミリーにおける家族過程と関係形成．（野沢慎司・茨木尚子・早野俊明・SAJ 編）Q&A ステップファミリーの基礎知識：子連れ再婚家族と支援者のために，明石書店，pp. 55-111.

早野俊明（2009）．ステップファミリーにおける面接交渉．岩志和一郎（編）家族と法の地平，尚学社，pp. 160-187.

干刈あがた（1984）．ウホッホ探検隊．福武書店．

ローツ，マイア（2018）．父母の別居・離婚後の親子関係：面会交流における「子の利益」を中心に［3・完］．法学（東北大学法学会），*82*(4), 45-97.

若林昌子（2014）．離婚紛争解決プロセスと「子の最善の利益」との相関性：司法制度及び当事者支援を中心に．家族〈社会と法〉，30, 1-19.

第6章　田高 誠　［家庭裁判所調査官／公認心理師・臨床心理士］

面会交流をめぐる「子どもの拒否」の考え方

●──はじめに

　面会交流の問題、特に父母の協議による解決が困難となっているケースに家裁調査官として関わると、その子どもや同居親、別居親にとって何が望ましいか、現時点で実現可能なものは何か、どのような関与ができるか、常に思い悩まされる。中でも、子どもが別居親との交流を拒否するケースでは、さまざまな課題によって子ども自身がすでに多くのストレスを受けていると感じられることが多いうえ、子どもが交流を拒否するに至った要因や対処の在り方への父母の認識が相違していたり、その相違によって父母の対立が深まっていたりし、改善の糸口が見つからない場合もある。このようなケースを理解するには、どのような視点が必要だろうか。そして、どのような関わりが望まれ、現実の枠組みにおいて可能であろうか。以上が、本章のテーマである。

　なお、本章の内容は、筆者の限られた経験を基に、あくまで個人的な立場からの私見として考察したものである。

家庭裁判所で出会う子ども

実務での経験から

通常、家庭裁判所の手続きは、同居親、別居親それぞれから事情を聴取することから始まる。そして、子どもの問題に関する双方の認識が一致しないなど、手続きの中で詳しい調査が必要だと裁判官／調停委員会が判断した際に、家裁調査官が家庭や裁判所で子どもと面接したり、別居親と子どもの交流場面を設定して観察したりすることになる。

父母の話合いの中で「子どもが別居親との交流を嫌がっている」との話が出ていても、実際に子どもに会うと、両親の別居や離婚をめぐる問題に直面して複雑な思いを抱いている面は見受けられるものの、拒否しているとまでは言い難いのではないか、例えば一定の条件が整備されれば、交流が可能になる余地があるのではないかと感じることもある。また、面接では交流に消極的な発言をしても、裁判所という比較的守られた空間で、かつ家裁調査官が援助する中で交流の場を設定すると、子どもが別居親と比較的円滑に交流するケースを見ることもまれではないし、その経験を通して同居親、別居親が相互に状況を理解し、解決に向けた話し合いが進むこともある。

他方で、別居親に会いたくないという考えが強いうえ、経過からも具体的な理由があると感じられる子どもに出会うこともある。また、父母の了承を得るなどして裁判所内での交流を試みても、交流を始めることを嫌がって交流開始に至らなかったり、交流開始後にうつむいて涙を流し別居親と顔を合わせなかったりする子どもに出会うこともある。

審判例から見た子どもの態度

以上は筆者の経験に基づく印象であるため、公表されており、検討に際して共通の素材となり得る審判例（2018 年までの「家庭裁判月報」および「家庭の法と裁判」に掲載された面会交流に関するもの）55 ケースを基に、面会交流に対す

る子どもの態度を整理した。そこで生成された四つの類型[※註1]につき、代表的な事例とともに以下に記載する。なお、現実には、プロセスの中で態度が変動したり、複数の類型にまたがったりする場合もあり得る。

◉別居親との交流を望む子ども

子どもが交流に応じる姿勢を示し、交流場面で円滑な関わりがなされるケースである。小学校中学年の子どもで、同居親である父からは母に会わないように言われたが、母の良い思い出もあり、会ってもよいと家裁調査官に述べたというケースも見られた。

[事例①] 小学校低学年の長男と幼稚園の長女。協議離婚し、父が親権者となった。離婚から1年ほど、子どもらは母の自宅に月1回、1泊していたが、父が迎えに行ったときに子どもらが「帰らない」と言った際の対応をめぐって父母の意見が衝突し、交流が中断した。父には再婚の予定もあった。その後、父はルール作りができれば交流に応じる姿勢を示し、何度か交流を重ねたところ、プレゼントの金額をめぐる父母の意見の相違などがあったが、子どもの状態に問題はうかがえなかった。また、長男は、母との交流を希望した。(平18.2.3大阪高)

◉別居親との交流時やその前後に不安定な行動を示す子ども

同居親から、交流後に子どもがわがままになった、泣きやすくなったと報告されたり、別居親から、交流中に子どもが「早く家に帰りたいと言う」と報告されたりするケースである。主に、幼児期前半までの子どもの状態がテーマとなるケースで、このような行動面の不安定さが報告されているものが見られた。

[事例②] 長女が2歳の時に母を親権者として協議離婚した。なお、父は他の女性と交際していることを理由に、母に離婚を求めた経緯がある。離婚後に何度か交流を行ったが、帰宅後に子どもがわがままになったり泣きやすくなったりする様子が見られた。「早く帰りたい。ママに電話して」と言って父を困らせることもあった。(平8.3.18岐阜家大垣支)

....

◉註1　整理に当たっては、米国の文献では抵抗（resist）と拒絶（refuse）を分けて記載される傾向があること (Fuhrmann & Zibbell, 2012)、審判例を法的側面から検討した横田ほか（2009）で、子どもの態度を積極的、消極的、拒否的に分類していることも参考とした。

◉別居親との交流に消極的、回避的な姿勢を示す子ども

　交流を拒否、拒絶しているというより、消極的、回避的だと捉えた方が状態をよく言い表しているケースである。同居親からは、子どもは普段の生活で別居親の話をほとんどしないとか、「会いたいかどうかわからない。とりあえずやめておく」と言うといった報告がされることがある。また、裁判所での交流を設定したケースでは、緊張や戸惑いから別居親と距離を置くが、関わりそのものは拒否していないと指摘される。このようなケースは、言語によるコミュニケーション能力が発達する幼稚園年長や小学校低学年から中学生以上の子どもまで、幅広く見られた。

［事例③］中学生の長男と、小学校中学年の長女。親権者である母は再婚し、再婚相手と子どもらは養子縁組した。なお、離婚後、父が母に黙って子どもらと会ったことがあるが、父からは会ったことを母に隠すように言われ、子どもらが心理的な負担を感じたとされる。母は、落ち着いて生活している子どもらを動揺させたくないとして、交流に反対している。子どもらは、父との交流を拒絶しないが、母や養父の意向を汲み、積極的には望んでいない。（平 8.4.30 横浜家）

［事例④］争点となったのは小学校低学年の男子で、父と暮らしている。他方、2 歳の長女は母と暮らしている。もともと家族は父の実家で生活していたが、母が長女を出産して実家で静養していた際に、父が母に離婚を申し入れた。その直後、母が長男を保育園から連れ帰ろうとしたが、父がそれを食い止めた経過がある。親権者の問題が解決されず、離婚は成立していない。父は、母の養育能力が不十分で、長男は母に恐怖心を持っていると主張した。また、父の反対が強く、母と長男の交流は行えていない。長男は、家裁調査官に対して淡々と母に会いたくないと述べ、一方で、家裁調査官をかたくなに無視した。（平 22.10.28 東京高）

◉別居親との交流を拒否する子ども

　子どもが交流を拒否、拒絶する言動を示すケースであり、対象とした中では小学校低学年頃から見られた。家裁調査官との面接時に、別居親に対する恐怖や嫌悪感を示したと報告される、交流を試みても別居親とはほとんど会話をしない、別居親を見かけた際に逃げ出すといったケースが見られた。

［事例⑤］　小学4年生の長男、小学1年生の長女、保育園の二男。別居の直接的なきっかけは、父母間の暴力に関する問題とされる。暴力のエピソードとしては、長男の出生前後に父から母へのひどい暴力があり、母が長男を連れて避難したことも挙げられた。父は就労が不安定である。母は子どもらを連れて別居し、母子支援施設で暮らしたが、父は母子の居所を探し出して母と二男を待ち構え、二男を抱きかかえ、警察官に説諭されるまで離さないことがあった。その後、母は父の追跡を恐れ、子どもらと母子支援施設などを転々としている。家裁調査官が面接した際の子どもらは、生活の平和と安定が乱されたことへの恐れを示し、父への嫌悪感を示すものもいた。（平13.6.5東京家）

［事例⑥］　小学2年生の長女と5歳の二女。父母は3年ほど前に協議離婚し、父が親権者となった。母は男性と同居した後、子どもらを引き取りたいと親権者変更を申し立てた。その後、月1回の頻度で母と子どもらが交流していたが、次の予定が決まらない際に母が子どもらに会いに行き、父母でトラブルとなった。父母の復縁をめぐる意見の相違も生じ、父が抑うつ状態となった。その後も何度か交流が行われたが、父が交流の制限を求めて調停を申し立てたところ、母は小学校や幼稚園に出向いて子どもらに会ったり、交流中に二女に「一緒に暮らそう」と誘ったりすることを繰り返した。他方で、父は再婚した。このような中で、長女、二女は交流を拒否するようになり、長女は小学校で母から声をかけられた際に逃げたこともあった。（平18.3.9横浜家相模原支）

●──子どもが面会交流を拒否する背景

審判例の検討から

　前節で取り上げた審判例からは、子どもが交流を拒否するケースでは、父母の争いに子どもが直接さらされている面が強く、子どもの安定にとって適切とは言えない問題も背後にあることがうかがえた。また、解決の方向にはなかなか進まず、時間の経過とともに事態が悪化する悪循環が生じていた。一方、子どもが交流を望むケースでは、少なくとも、子どもが父母の争いに直接さらさ

れた経過は目立たなかった。交流に消極的、回避的な子どもは、父母の紛争を感じ、同居親の気持ちに気をつかっている面が見受けられた。

以下は、子どもが交流を拒否するケースを理解する上で、特に必要と考えられた点である。子どもが交流を拒否する状況では、親による引き離し（parental alienation: PA）という視点が議論になることもあるが、この点は項を改めて検討する。

◉父母の争いと子ども

父母の争い、特に建設的ではなく破壊的な争いは、子どものこころの健康に破壊的な影響を与えることの一つであり、それは離婚や別居という事態そのものよりも強く（Schaffer, 1998）、親の対立的な話し合いを聞いた子どもに覚せい状態が生じる（Lee et al., 2010）とも指摘されている。また、父母の争いに接する経験が積み重なると、子どもはそれに慣れるのではなく、逆に敏感になり、刺激を強く受け、感情的、行動的に反応するという敏感化仮説が支持されている（Cummings et al., 2000）。

このように、父母の争いにさらされることは、子どもにとってのストレス状況といえる。自己の対処力を超えた状況を回避することは、正常な防衛反応と捉えることもできる。

◉マルトリートメント（不適切な養育）の視点

マルトリートメントとは、親の作為や行動の問題を指すチャイルドアビューズ（child abuse）と不作為による問題を指すネグレクト（neglect）を包括した概念で、子どもにとって現に危害を与えるものだけではなく、危害を与える可能性、危害を与える恐れのある行動も含まれ、親側の加害の意図の有無は関わらない（Leeb et al., 2008）。これは、児童虐待防止法における児童虐待の定義と同義で、虐待の原語であるアビューズ（abuse）も、本来は「正しくない用い方を

....

●註2　alienation には、①周囲の人とつながりがないと感じる状態、②他者がある者を支持したり同意したりすることを止めようとする行動という意味があり［https://dictionary.cambridge.org/us/（accessed2020-01-08）］、ここで言う親は、子どもに拒否されている親なのか、子どもに好まれている親なのか混乱がある (Fidler et al., 2013) とされる。本章では「親による引き離し」と一応は表記するが、文意を明確にするため、文脈に応じて「引き離された親」を併記する。なお、parental alienation の訳語には、ほかに「片親疎外」、「片親引き離し」、「片方の親への嫌悪感情の植え付け」、「子が親を拒絶する現象」などがある。

する」「不適切に扱う」というものである。一方、虐待という言葉には「非日常性の強い残酷な行為」という響きがある。これら語感の相違が、援助者と保護者の間で認識の齟齬が生じる要因の一つとなっているとの指摘もあり、児童虐待の問題を論じる際に「マルトリートメント／不適切な養育」と記述されることも増えている（本章では、法律等に基づくものは虐待、英語文献での abuse はアビューズと記載する）。マルトリートメントの問題と関連が深いものにトラウマがあるが、トラウマ体験がある場合、それを想起させる活動・場所・人物などを回避することも生じる。高葛藤の離婚では、身体的な脅威や危害の恐れが存在していることがあるため、トラウマの問題を十分配慮する必要があるとも指摘されるようになってきた（Drozd et al., 2019）。

　なお、児童虐待防止法では、児童が同居する家庭における配偶者に対する暴力（身体的なものだけでなく、言葉によるもの、生活費を渡さないといった精神的なものも含まれる）は、児童への心理的虐待と捉えられている。父母間の DV を目撃した子どもは、直接の虐待を受けた子どもと同様に脳の萎縮が見られ、身体的暴力より言葉による暴力を目撃した時のダメージの方が大きい（友田, 2016）とさえ指摘されている。面前 DV と呼ばれることもあるため、子どもは暴力を直接見ていないので関係がないと主張されることがあるが、「DV の目撃」とは、子どもが家族の身体的負傷や所有物の破損などの余波に気づくことを含め、家庭内の暴力を聞く、見る、推測した場合とも捉えられている（Child Welfare Information Gateway, 2016）ことは、留意する必要がある。

◉アタッチメントの視点

　アタッチメントとは、ある危機的状況に接したり、そうした危機が予想されて不安や恐れの情動が強く喚起されたりしたときに、特定の他者にくっつくことを通して、主観的な安全の感覚を回復・維持しようとする心理的な傾向である。対人関係が拡大し、状況に応じて複数の対象を「安心の基地」として受け入れることができる児童期においても、養育者が主要なアタッチメント対象となっていることが多い（北川・工藤, 2017）。別居までの間に、同居親、別居親がそれぞれ子どもとどのようなアタッチメント関係を形成してきたのかが、乳幼児期、そして児童期の子どもの行動（同居親を求めるような行動など）を考える上で有用と考えられる。

◉面会交流が抱える課題

以上は、主に心理的な面からの視点だが、子どもの生活基盤やそれを支える社会環境にも課題が見られた。別居や離婚に直面した家族は、面会交流だけではなく、親権や監護権の問題、金銭的な問題などを抱えている。住環境、経済的な環境といった子どもの生活基盤そのものが、別居や離婚前に比べて低下していたり、安定しない状態にあったりするケースも見られる。また、面会交流という課題は長く続くものであり、時間の経過にともなって環境が変化することは避けられない。

他方で、面会交流の問題も含めて援助が受けられる態勢（ソーシャルサポート）を得られているケースはほとんど見られなかった。また、子どもの養育に対する社会状況、文化的意識、それを支える法律や行政のシステムといったことも、視野に入れる必要がある。

親による引き離しという概念について

親による引き離し（parental alienation: PA）という概念は主に米国で議論されてきたが、近年では日本でも紹介され、当事者から主張されることに遭遇することもある。この概念にはさまざまな見解があるが、そこでの議論は、子どもが別居親との交流を拒否する背景やアセスメントの姿勢を考えるうえで参考になろう。

◉初期の議論

法的共同監護が導入され始めた1980年代、ガードナー（Gardner, 1985）は、子どもの監護をめぐる争いが増加する中で、親による引き離し症候群（parental alienation syndrome: PAS）が生じていると論じた。これは、子どもが一方の親を非難したり批判したりすること——不当で誇張された中傷——に取りつかれている障害で、子どもが好む親による洗脳と、それを子どもが受け入れることが組み合わさって生じると主張され、当時の子どもの監護に関する問題の扱いに影響を与えたと言われる。

しかし、時間の経過とともに、実証的な裏付けがない、複雑な家族力動を二分法的な図式に単純化しているとの批判が生じ、ケリーとジョンストン（Kelly & Johnston, 2001）によって異なる捉え方が提唱された。その要点の一つは、子どもが交流を拒否する要因には、幼い子の分離不安など通常の発達で生じるものの

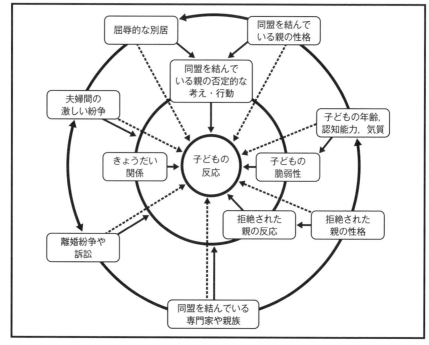

図1　子どもの反応と背景要因、介在変数
(Kelly & Johnston, 2001)

ほか、父母の高紛争に対処することへの恐れ、親の関わり方への反応、同居親に対して子ども自身が感じる感情、再婚による環境変化など多様なものがあるということである。そして、親子関係を、①両親との肯定的関係、②一方の親との親密（affinity）な関係、③一方の親との同盟（alliance）関係（②および③は一般的にも生じる）、④一方の親との疎遠（estranged）な関係（不適切な養育など合理的な理由のあるもの）、⑤一方の親から引き離された（alienated）関係（子どもの経験とは不釣り合いな強い否定的感情や考えを示すもの）の連続体として表した。[※註3]もう一つの要点は、ここでいう引き離された子ども（alienated child: AC）でも、図1のよ

●註3　ジョンストンは近年、背景要因の識別は困難なこと、不適切な養育や親の関わりといった問題の明確な区分けはできないことから、この定義には問題があると述べている（Fidler et al., 2013）。発達に関わる何か一つの要因が、特定の結果に結びつくとは限らない（Cummings et al., 2000）ことからしても、子どもの拒否の程度と背景要因が対応するような図式化は、誤解を招きかねない面があると思われる。

うに複数の要因が存在し、子どもが好む親の洗脳という単一要因には還元できないというものである。

なお、ガードナーはその後、ケリーとジョンストンの言うさまざまな要因によるものは親による引き離し／引き離された親（PA）[註4]で、親による引き離し症候群（PAS）はそのサブタイプだと主張するようになった（Gardner, 2004）。

◉その後の展開

その後は、大きく分けて三つの立場から議論されてきた。

第一の立場は、ガードナーの考えを引き継ぎ、DSM（精神疾患の診断・統計マニュアル）やICD（国際疾病分類）に、親による引き離し障害（parental alienation disorder: PAD）を含めるよう提案したものである。この立場では、親による引き離し障害（PAD）は、子どもが一方の親と強く同盟し、引き離されるのに正当な理由がない親との関係を拒絶しており、キャンペーンのレベルに到達する執拗な拒否や中傷のほか、社会、学業（職業）、その他の領域における機能の臨床的に重要な困難が子どもに見られるものだが、拒絶された親の子どもへのマルトリートメントがある場合は診断されないと提唱された。他方で、一方の親との交流をかたくなに避ける行動は多数の要因があるため「交流の拒否（contact refuse）」、子どもが争いから逃れるために一方の親と同盟を結ぶなど引き離そうとする親がいないものは「親による引き離し／引き離された親（PA）」と呼ぶとされた。しかし、実証的データの乏しさ、診断基準の主観性、他の要因（発達的に予想される反応、離婚特有の反応、親の紛争に対処するための連合）の存在などがアメリカ児童虐待専門家協会などから指摘され（Bernet et al., 2010 ; Faller, 2010）、DSM-5 には採用されなかった。なお、DSM-5 には、臨床的関与の対象となることのある他の状態として、「両親の不和に影響されている児童（child affected by parental relationship distress）」があり、両親の関係の不和（例：著しい衝突、苦痛、侮蔑）が子どもの精神疾患や他の医学的疾患への影響を含めて、その家族内の子どもに悪影響を及ぼしているときに用いられるとされる。また、ICD-11 ブラウザの検索バーに parental alienation あるいは parental

----

◉註4　ここで「親による引き離し」とすると、文意が通らない。同じ言葉を用いても、主客が逆転していることがうかがえる。

◉註5　WHO. ICD-11 Maintenance Platform.［https://icd.who.int/dev11/l-m/en］（accessed 2020-01-08, 03-16）

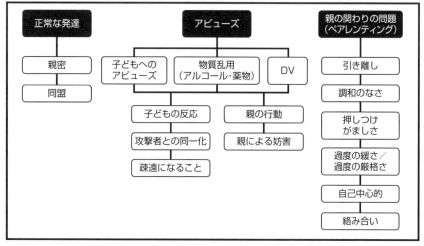

図 2 子どもが一方の親との交流に抵抗／拒絶する理由
(Drozd et al., 2013)

estrangement と入力すると、養育者－子どもの関係の問題（養育者と子どもの関係における実質的で持続的な不満であり、機能の著しい障害に関連したもの）が検索された時期があったが、その後、あくまで司法上の用語・問題であるとして、検索から削除された。いずれにせよ、現在のところ、この立場の当初の提案は受け入れられておらず、父母の争い、親と子どもの関係の問題として幅広く捉えようとされているといえよう。

　第二の立場は、ケリーとジョンストンのように、複数の仮説を考慮することの重要性を論じるもので、ここではその例として、ドロッズら（Drozd et al., 2004, 2013）によるデシジョンツリー（図 2）を取り上げる。ドロッズらは、子どもの身体面、感情面、心理面の安全性を検討した上で、以下のような仮説を検討していくことを提案している。なお。これら背景要因は一つとは限らず、複数の要因が並存する場合もあることが強調されている。

① 正常な発達でも、性格や興味関心から一方の親と情緒的に親密となることがある。また、家族力動の中で一方の親との絆が強くなる同盟が生じ得るし、父母間の高紛争状態の中で子どもが一方の親と同盟を結ぶことは、子ど

もから見れば、心理学的には望ましい防衛と言える。

② アビューズがある場合、加害側の親が子どもを被害側の親と敵対させたり、被害側の親の価値を下げたりする妨害（sabotage）が見られる。また、子どもは、子ども自身の経験から親を拒絶して疎遠（estrangement）となる、あるいは逆に、防衛機制として攻撃者と同一化することがあり得る。

③ 親による関わりで子どもに望ましいものは、必要かつ合理的な方法でしつけをするとともに、支持的、養育的で、コミュニケーションを促進し、適切な独立性を与えるものである。一方、子どもが親と過ごすことを避ける要因となり得るものとして、図2に挙げたような関わりがある。

　なお、子どもに対する同居親の関わりを、ゲートキーパーとして捉えようとする試みも見られる（Saini et al., 2017）。ここでいうゲートキーパーは、他方の親と子どもの関係の質や関わりに影響を与える態度や行動で、関わりを促進するものもあれば制限するものもあるとされる。そして、他方の親との交流が子どもにとって望ましくないと考えられる場合、制限的なものでも、保護的なゲートキーピング行動と考えられる。一方で、その保護が行き過ぎると逆効果となることもあるし、適切なものではないこともあり得る。このように、その行動を、背景要因を含め、多様な角度から理解しようとするものといえる。

　第三の立場は、アビューズやDVの査定を最優先に行うべきであり、これらが存在する場合は、親による引き離しの概念を用いるべきではないとするものである。この立場では、親による引き離しという概念は、アビューズなどの問題がある親への批判を否定するために産み出されたもので、子どもを正当に保護しようとする同居親の行動が、引き離しだと誤って捉えられてきたと論じられる。また、複数の要因を平行して検討するという立場に対しても、アビューズやDVの問題が矮小化されるため好ましくなく、引き離しの問題は、①他方の親に対する子どもの過剰な敵意に関する「自然な」理由がすべて除外され、かつ、②「同盟を結んだ親」による意図的な引き離し行動とみなせるものが存在する場合に限って、独立して評価すべきであると提案している（Meier, 2010）。

　このように、親による引き離し症候群（PAS）、引き離された子ども（AC）、親による引き離し／引き離された親（PA）、親による引き離し障害（PAD）な

ど、さまざまな言葉が、それぞれ別の意味で用いられてきたが、一般にはあまり理解されておらず、実務でこれらの用語に出会うと、いずれも同居親の影響の問題の根拠だと捉えられがちである。近年は、複雑な家族力動を二者択一的で単純な理解をすることによって実態から遠ざかり、紛争を悪化させることを避けるということから、交流の拒否（contact refuse）、交流に抵抗する子ども（children who resist contact）、抵抗／拒否の力動（resist/refuse dynamics）といった中立的な表現が用いられつつある。

家族療法の視点から

ここで取り上げた議論では、以下のような家族療法の視点も参照されている（Fidler et al., 2013）。主に取り上げられるのは、構造的モデルに基づく概念（日本家族研究・家族療法学会, 2013）であるが、これらは、個人に原因があるから問題が生じるといった直線的思考ではなく、家族成員間の関係性や相互作用に着目して家族の動きを理解する円環的思考の視点から発展したものであること、離婚や別居によって家族構造が実際に変動していることにも留意する必要があろう。

◉三角関係化（triangulation）

二者間の葛藤を回避するため、第三者を巻き込むことでシステムを安定させようとするプロセスである。父母の葛藤に子どもが巻き込まれるものとして、①父母が子どもを取り合う三角関係化、②片方の親と子どもが連合して対抗する安定的連合、③父母間の葛藤を潜在化させて一緒に子どもの世話をしたり、逆に子ども攻撃したりする迂回の三つが挙げられる。

◉絡み合い（enmeshment）

家族システムの中には、親同士、子ども同士などのサブシステムがあり、サブシステム同士の関係は、境界が適度に明確で、適度の交流があり、かつ双方の独立性も保たれるような状態が望ましいとされる。他方で、その境界が固く、疎遠で、支え合いが起こらず、家族成員間に強固な壁や不透過性があるものを解離（disengaged）、密着が強くて境界がはっきりせず、それぞれの自立性が失われているものを絡み合い（enmeshment）と呼んでいる。

絡み合いのある家族では、問題解決に当たって、誰がどのような役割を果たすかがはっきりしておらず、互いに他のメンバーを巻き込み、相手に振り回さ

表 1 検討のための視点 (Drozd et al., 2013 を基に作成)

安全性に関する情報 　　　・DV 　　　・マルトリートメント（子どもへのアビューズ／ネグレクト） 　　　・物質の乱用（アルコールなど） 　　　・精神面の健康
子どもに関する情報 　　　・子どもの適応状態 　　　・子どもの希望
親に関する情報 　　　・子どもへの親としての関わり 　　　・養育のために親同士が協力する力
環境（サポート）に関する情報

れることが起こりやすくなる。また、ある一人のメンバーの不安や葛藤や問題が他のメンバーや家族全体に飛び火したり、個々の自律性や主体性の発達が阻害されたりしてしまうと考えられている。

まとめ

　争いのある状況では、どちらが正しいか、どの要因が問題であるかという二者択一的な捉え方がされがちだが、さまざまな要因が関係しあうものであると捉え、ここで取り上げた点を参考に、丁寧に事態を把握していくことが必要と考えられる。また、子どもの心理的な面も含めた安全性、マルトリートメントに関する視点は欠かせない。表 1 は、ドロッズら（Drozd et al., 2013）の提案を基に作成したものだが、検討の視点として参考となるのではないかと考える。

―関わりについて

面会交流事件への家裁調査官の関与

◉家裁調査官の関与の特質

家裁調査官は、裁判官／調停委員会の命令に基づいて進行に必要な情報を収

集し意見を述べること、調停や審判の期日に立ち会って進行を支援することなどが主な職務である。事実の調査の結果をまとめた調査報告書は、手続きの透明性の観点から、一定の事由を除いて、当事者による閲覧、謄写が許可されるが、言い換えれば、父、母、あるいは子どもが話したことは、その家族の中では相互に伝わる可能性があるという前提で面接が行われるということでもある。このように、司法領域ならではの特徴があり、一般に治療的と考えられる面接構造とは異なる。

　もっとも、面会交流の問題は、父母双方が状況を理解し、相互に現実的で妥当な対応が可能となることが望まれる。例えば、ある一定の調査活動を行って調査報告書を提出し、それに対する父、母の受け止めを踏まえて、次の調査活動を行うというように段階を踏むことで、①課題の共有と焦点化、②課題を踏まえた情報の収集、③得られた情報の文書・口頭での共有、④相互理解の探索と新たな課題の設定を繰り返す協働的なプロセスとなれば、援助的な意味を持ち得る可能性はある。ただし、あくまで司法手続きの中での機能であり、治療や援助を目的に定期的に面接などを行って関わるものではない。

◉面会交流事件における関与

　前節で検討したように、面会交流はさまざまな要因を踏まえ、総合的に検討する必要があるため、裁判官の命令の趣旨に応じ、①父・母から提出された書面等の検討、②父・母との面接、③子どもとの面接、④家庭訪問、⑤関係者（保育園・幼稚園・学校等の関係機関、監護に関わる親族など）との面接、⑥父・母と子どもの交流場面の設定と観察、⑦心理検査等を、組み合わせて行うことになる。これらの要素を、どの段階で、どの範囲で行うかは、裁判官／調停委員会のニーズ、子どもの発達段階や置かれている状況、父母の考えなどを踏まえて個別に検討し、裁判官／調停委員会や父母と可能な限り共有する。

　なお、リーフレット、説明用動画などを用い、離婚の際に父母が考えなければならないことや紛争下の子どもの心理などに関する一般的な知識を提供（ガイダンス）することも行われている。

試行的面会交流について

　面会交流など子どもの監護に関するケースに特有の関与として、裁判所の児

童室を用いて別居親と子どもの交流の場を設定し、観察する、試行的面会交流
がある。家裁調査官が関与する中では、面会交流の実際に近いものであること
から、ここで取り上げたい。

◉概要

裁判官／調停委員会が、問題解決のために実施することが相当と判断した場
合に行われる。目的としては、①面会交流の可否や方法の検討のための査定、
②別居親と子どもの面会交流への導入支援がある。査定が主となるものを親子
交流場面観察と呼ぶこともあるが、現実にはこれらを明確に区別することは困
難で、導入支援をしながら、それに父、母、子どもがどう反応するか査定する
など、ケースに応じて両面のバランスを考慮している。

なお、このような関与が求められるのは、実感としては、乳幼児期から小学
校までの子どもが中心となっている。

◉関与について

筆者の場合は、おおむね以下のような流れとなる。このようなプロセスが、
親教育や援助的な機能、子どもへの情報提供などともなるよう心掛けている。
ただし、面会交流の可否や具体的方法が定まっていない段階であり、働き掛け
にはおのずと限度がある。

[①実施することや方法に対する合意の形成] 実施には父母の理解と協力が不
　　可欠なため、調停や審判の期日において、目的や必要性、枠組みなどを説
　　明し、理解を得る。家裁調査官から見て妥当と考える方法をまずは説明す
　　るが、父母の不安や意見などをできるだけ聴取し、可能なものは取り入れ
　　るよう配慮している。また、実施場所は、事前に見学してもらったり、写
　　真を示したりし、当日のイメージを形成してもらうようにしている。

　　　なお、父母の認識がなかなか一致しないケースでは、試行的面会交流を
　　行うことの妥当性を検討するため、子どもとの面接を含めた、必要な情報
　　収集を行っていることが多い。また、父母の了解のもと、別居親が子ども
　　あてに手紙を送ることになったケースでは、その内容や方法等について助
　　言することもある。

[②当日の実施枠組みや留意点の父母への説明] 得られた合意を基に作成した
　　当日のスケジュールや留意点は、その内容を明確にするため、書面にして

事前に交付している。交付の方法は、別途に父母との面接日を設ける、郵送するなど、父母の理解度やケースの内容に応じて適宜選択している。また、当日も、交流を開始する前に改めて確認している。

[③子どもへの説明] 同居親から説明してもらう、家裁調査官が子どもあての手紙を送付する、事前に家庭訪問して説明するなどの方法がある。説明内容を明確にしたり、子どもの年齢に応じて分かりやすくしたりするために、子ども向けの専用書面を用いることもある。

[④当日の状況] 予定したスケジュールに沿って進めるが、子どもの状態によって、中止したり、予定を変更したり、中断したりすることもある。状況によって変更等があることは父母に説明しているが、一方で、開始時に子どもが回避的、消極的な姿勢を示したり、嫌がったりしても、時間の経過に伴って交流できる場合もあるため、一定時間は様子を見ることがあるとも伝えている。最終的には当事者で面会交流を行えるようになることが望ましいことを考えれば、父母が同席する場を設定し、そこで和やかな場を作る試みをすることが有用なこともある。他方で、別居の経緯等からそのようなことが困難となっていたり、同席場面を設定することでかえって子どもの緊張が高まってしまったりする場合もあり、ケースごとにその可否を検討している。

[⑤実施後の感想の聴取] 別居親との交流後に、家裁調査官と子どもだけが児童室に残る時間を作り、感想等を聴取することがある。また、父母からも個別に（当日に時間がない場合は電話で）感想を聴取している。父母、子どもが感じたことを踏まえて、当日の状況などを改めて検討することも重要と考えている。

関わりにおける課題

上記のようにさまざまに配慮しながら関与しているが、「はじめに」で触れたように、子どもが嫌がって交流を開始できない、涙を流してうつむいたままの状態が続き中断せざるを得ない状況を経験することもある。以下、このような経験を念頭に置き、必要と考えられる援助、現実の課題を整理したい。

◉子どもへの心理的支援

本章で取り上げたように、子どもが面会交流を拒否するケースでは、父母の争いに子どもが巻き込まれたり、マルトリートメントの問題がうかがえたりする。実際、筆者から見て、子ども自身の拒否によって試行的面会交流が開始できなかった、中断せざるを得なかったケースでは、父母の激しい紛争、別居親の行動面の問題（大声を出す、物を壊すなど）に子どもがさらされた経緯があると捉えられることがある。

このような子どもが抱える心理的な負荷の高さは無視できず、経済的な支えも含めた安心感、安全感を得られる環境を提供すること、子ども自身の適応力や自立性の向上に向けた支援が望まれよう。子どもの状態によっては、子どもが課題を乗り越えるための医学的、心理学的な専門的支援（トラウマに対する手当など）が必要な場合もあると考えられる。

◉同居親、別居親への専門的な支援

面会交流の問題の話し合いにおいては、面会交流の可否や方法といった諸条件が話題の中心となることが多い。しかし、子どもの抱える課題を考えれば、父母においてまずは、子どもの視点を中心にこれまでのことを顧み、問題とされていることなどは認め、それぞれの課題に応じたコミュニケーションスキル、葛藤を建設的に解決するスキル、養育スキルなどを取り入れ、子どもが安心できる環境を整備することに向けて取り組むことが必要なのではないかと感じることがある。

それと同時に、父母自身も課題や葛藤、悩みを抱えていることも多く、夫婦関係と親子関係を切り離して考えられる気持ちの余裕を持てるような支援も必要となろう。

◉現実の難しさ

難しさの一つは、認識共有の困難さである。児童虐待への関与でも指摘されるように、親からは問題が否認される傾向があるし、家庭内の出来事のため事実確認が難しい。出来事自体やその評価が司法的な文脈で争われている場合、子どもの状態の背景要因や経過について共通認識を持つに至りにくい。対立的な争いが続く中で相互批判が行われると、父母の関係がいっそう悪化することもある。

二つ目は、専門的支援の得られにくさである。上記で述べたように、医療機関、福祉機関などによる専門的な支援が必要と考えられることがあるが、このようなことを扱う場は乏しい。また、あくまで個人の治療や支援が中心とされることが多く、子どもの状態に関する医師の診断書が同居親から提出されても、別居親は、一方的な情報に基づくと反発することもある。面会交流支援団体も、現状においては、取り決め内容の履行を支援するものが多く、同居親、別居親、子どもの全体を見据えた専門的な支援が行われる場は見つけにくい。また、父母が自らサポート資源を見つけ、費用を負担していく必要もある。

そして最後に、関与する者の役割の問題、いわゆる二重の役割について述べたい。一般に、困難なケースであるほど、面会交流の可否や方法の問題に関する判断に資する情報を収集する立場の者が、面会交流に向けた心理的支援や環境整備に取り組むことは、中立性が阻害され、ケースの進展を損なう可能性があるとされる（Fidler et al., 2013）。今後は、援助者間の立場の違いに即した、協働の形が形成されていく必要があるのではないかと考える。

●—おわりに

面会交流の問題は、法、社会規範、価値観などが関わる問題であり、本章の内容もあくまで一つの考え方にすぎない。本章では子どもの拒否がテーマであったためその難しさに焦点が当たったが、そういった中でも、父、母、子どもそれぞれの状況や思いを丁寧に把握しつつ、その家族に即したあり様を、子どもの視点を中心に、その家族とともに考えていこうとすることが必要なのではないかと考える。

なお、関わりに関する部分は十分な整理ができていないが、子どもや父母の置かれた状況の困難さ、問題解決の難しさ、さまざまな領域の専門家が連携、協働することの必要性を述べたつもりである。

文　献

Bernet, W. et al.（2010）. Parental alienation, DSM-V, and ICD-11. *American Journal of Family Therapy, 38,* 76-187.

Child Welfare Information Gateway（2016）．Child witnesses to domestic violence.［https://www. childwelfare.gov/pubPDFs/witnessdv.pdf］（accessed 2020-01-08）

Cummings, E. et al.（2000）．*Developmental psychopathology and family process: Theory, research, and clinical implications.* Guilford Press.（菅原ますみ監訳（2006）．発達精神病理学．ミネルヴァ書房）

Drozd, L. et al.（2019）．Trauma and child custody disputes: Screening, assessment, and interventions. Greenberg, L. et al.（eds.）．*Evidence-informed interventions for court-involved families.* Oxford University Press, pp. 260-281.

Drozd, L. et al.（2013）．*Parenting plan and child custody evaluations.* Professional Resource Press.

Drozd, L., Olesen, N.（2004）．Is it abuse, alienation, and/or estrangement? : A decision tree. *Journal of Child Custody, 1*（3）, 65-106.

Faller, K.（2010）．APSAC responds to inclusion of PAS/PAD information in diagnostic and statistical manual of mental disorders. *APSAC Advisor, 22*（2&3）, 20-23.

Fidler, B. et al.（2013）．*Children who resist postseparation parental contact.* Oxford University Press.

Fuhrmann, G., Zibbell, R.（2012）．*Evaluation for child custody.* Oxford University Press.（田高誠・渡部信吾訳（2016）．離婚と子どもの司法心理アセスメント．金剛出版）

Gardner, R.（1985）．Recent trends in divorce and custody litigation. *Academy Forum, 29*（2）, 3-7.

Gardner, R.（2004）．Commentary on Kelly and Johnston's "The alienated child: A reformulation of parental alienation syndrome". *Family Court Review, 42*（4）, 611-621.

Kelly, J., Johnston, J.（2001）．The alienated child: A reformulation of parental alienation syndrome. *Family Court Review, 39*（3）, 249-266.

Lee, W. et al.（2010）．Capturing children's response to parental conflict and making use of it. *Family Process, 49*（1）, 43-58.

Leeb, R. et al.（2008）．Child maltreatment surveillance, version 1.0. Centers for Disease Control and Prevention.

Meier, J.（2010）．Getting Real About Abuse and Alienation. *Journal of Child Custody, 7,* 219-252.

Saini, M. et al.（2017）．Adaptive and maladaptive gatekeeping behaviors and attitudes. *Family Court Review, 55*（2）, 260-272.

Schaffer, H.（1998）．*Making decisions about children, 2nd ed.* Blackwell.（無藤隆・佐藤恵理子訳（2001）．子どもの養育に心理学がいえること．新曜社）

Walters, M., Friedlander, S.（2016）．When a child rejects a parent: Working with the intractable resist/refuse dynamic. *Family Court Review, 54*（3）, 424-445.

北川恵・工藤晋平（編著）（2017）．アタッチメントに基づく評価と支援．誠信書房．

友田明美（2016）．被虐待者の脳科学研究．児童青年精神医学とその近接領域，*57*（5），719-729.

日本家族研究・家族療法学会（編）（2013）．家族療法テキストブック．金剛出版．

横田昌紀ほか（2009）．面会交流審判例の実証的研究．判例タイムズ，*60*（12），5-35.

面会交流をめぐる「両親間の葛藤」の考え方

●──はじめに

　家庭裁判所の面会交流事件は、年を追うごとに高葛藤で困難なケースが増えている印象がある。ところで、面会交流の問題を考えるとき、父母の関係性の問題、父母と子どもの親子関係の問題、子どもの内面の問題など、いくつもの要因を多面的に検討する必要がある。子どもの問題は別の章で論じるので、この章では主に父母側の問題、特に両親間の暴力や高葛藤が問題となる面会交流について考えていく。

　高葛藤な離婚について、カナダの研究者フィドラーは、「より慎重な見積もりでは、（…）約10％の家族が「高葛藤」状態にある」と記している（Fidler et al., 2013）。ところで、日本における離婚は約87％が協議離婚と言われており、残り約13％は調停離婚（審判離婚、訴訟離婚も含む）である。調停離婚の数は、アメリカの高葛藤の離婚とほぼ同じ割合となる。つまり家庭裁判所で扱う離婚事件は、ほぼ高葛藤ケースと呼んで差し支えないだろう。

　一口に高葛藤ケースと言っても一様ではない。この章では、アメリカのセラピスト、監護評価者、調停者であるバリスらによる「面会交流における父母の

....
◉註1　2016年度厚生労働省の人口動態統計による。

紛争アセスメントスケール」(Baris et al., 2001) を取り上げる。これは、父母の葛藤を5段階に分け、それぞれに対応する面会交流の方法を示したものである。バリスらは、離婚後2年以内は多くの親にとってまだ葛藤を抱えている段階であり、3年目にようやく多くの紛争が落ち着くと述べている。一方、日本の家庭裁判所に係属する面会交流事件は、離婚前のものも含めいくつかのライフステージにまたがっている。さらに、面会交流の援助方法についても、アメリカと日本では大きな違いがある。

　そこで、まず父母のライフステージにおける面会交流の問題を取り上げる。次いで、主題である面会交流の性質を整理した上で、バリスらによる「面会交流における父母の葛藤アセスメントスケール」を概観する。その上でアセスメントスケールの主要な要素として、①父母間のコミュニケーションの質、②怒りのコントロールの程度、③子育てについての考えの一致度、④父母の関係と親子関係を峻別して考えられる力の四つを抽出し、それぞれについて詳しく考えていくという構成とした。

　なお、筆者は家庭裁判所で家裁調査官として働いてきた者であり、どのように加工してもケースを用いれば過去に担当したケースの関係者の方々に不快な思いをさせないとは限らない。そこで、他のテキストに描かれた家族関係を用いて考察していく。

――父母のライフスステージから見た面会交流

離婚前の面会交流

　家庭裁判所で困難な面会交流事件として真っ先に思い浮かぶのは、離婚前の父母間の事件である。共同親権状態で片方の親が子どもを連れて別居し、もう一方の親が面会交流を求めてくるのが一つ目のパターンである。両親が話し合って子どもの監護を決めている場合もあるが、多くは、監護の取り決めはなされておらず、同居親が別居親の同意なく子どもを連れて別居している場合が多い。このようなケースでは、まさに現在進行形で紛争が起こっており、同居親である母が父からのDVを主張し、地方裁判所に配偶者等に関する保護命令の申立てをして接見禁止命令などが出てシェルターなどに避難し、母と子ども

が居所を秘匿しているケースもある。

そのようなケースであっても、調停委員会の調整や、何より父母あるいはそれぞれの手続代理人らの努力で面会交流が行えることも多い。離婚前のケースでは、父母が互いに相手に対して一定の尊重ができること、将来の離婚が子どもに与える影響について互いに理解することが重要な課題となってくる。

離婚後の面会交流

二つ目のパターンは、離婚が成立し、親権者が決まり、非親権親が面会交流を求めているケースである。家庭裁判所に係属するのがバリスらの目安である離婚後3年経ってから、葛藤が落ち着いてからという場合は少なく、むしろ離婚直後の高葛藤状態での係属が多い。調停離婚をしており、その調停では面会交流が決まらなかったケースや、決めた後に紛争のある難しいケースも多い。このようなケースでは、父母はそれぞれが離婚に伴う葛藤を整理すること、離婚が子どもに及ぼした影響について理解すること、そして、父母それぞれが離婚後の新たな親子関係を築いていこうとする意欲を持つことが重要な課題となってくる。

父母どちらかが再婚した後の面会交流

三つ目のパターンは、離婚し面会交流について取り決めができていたが、同居親（別居親）が再婚するタイミングで、再度、面会交流について話合いが求められるケースである。ここでは、再婚に伴う葛藤の再燃とその整理、再婚後の新たな親子関係を再構築すること、そして再婚が子どもに及ぼす影響を理解することが重要な課題となってくる（再婚後の家族と面会交流の考え方については本書5章を参照）。

●──面会交流のプロセス

面会交流の実施機能と連絡調整機能

面会交流には、子どもが別居親の家庭を訪問する場合や、どこかに遊びに行く場合などがあり、日本では後者が多いように思われる。ところで、面会交流は別居親と子どもが会うことであるが、そのための連絡調整も重要で、むしろ

高葛藤のケースではそこでトラブルが生じることが多い。1回の面会交流は……

①面会交流の時間と場所、プレゼントの有無やその際の同行者などのルールの確認→
②面会交流の日程を決めるための父母間での連絡調整→
③日程変更があった場合の調整→
④当日の同居親から別居親への子どもの受け渡し→
⑤面会交流の実施→
⑥別居親から同居親への子どもの受け渡し→
⑦事後の父母間の連絡→
⑧自宅での同居親の子どもへの対応→

……と、いくつものパーツに分かれる。面会交流はこのようなパーツから構成される一連のプロセスとして捉える必要がある。ここでは整理のために、⑤を面会交流の実施機能、他を面会交流の連絡調整機能と呼ぶことにする。また⑤実施機能はさらに、Ⓐ子どもと再会した際の導入部の対応、Ⓑ子どもと打ち解けて遊ぶ展開部の対応、Ⓒ時間となり子どもと自然に別れる終結部の対応に分かれる。

　実施機能では、子どもとの関係性、子どもとのコミュニケーション能力、子どもの気持ちをつかむ能力や楽しく遊ぶ能力などが必要であるのに対して、連絡調整機能では、時間を守る誠実さや、相手とビジネスライクに交渉する能力などが求められる。実施機能と連絡調整機能には異なった能力が要求される。子どもと楽しく交流できるからといって、同居親と適切に連絡調整ができるとは限らない。

面会交流が中断したケースと全くできていないケース

　面会交流を援助する専門家にとって、面会交流ができていたが事情があって中断したのか、別居後、面会交流が全く行われていないのかを見定めることも重要である。行われていた面会交流が中断したケースでは、どこで問題が生じたのか、その原因は何か、どうすれば回避できるかなどを検討することが一つ

の解決方法となる。

　別居後、面会が全く行われていないケースでは、それまでの経験からどこに問題があるかを探ることはできない。単に別居親が面会交流を求めなかっただけで、同居親としては面会交流を拒むつもりはなかったケースも多い。そのような場合は、面会交流が中断したケースと同様に、具体的な面会交流の方法を検討することになる。父母が面会交流を行うことに合意していても、実際に面会交流を行うことに不安がある場合、家庭裁判所で調停をしていれば、調停と調停の期日間に父母間で任意に面会交流を行い、それを調停委員会に報告する形で面会交流の方法を検討することもある。

　また、調停と調停の期日間に、家庭裁判所の児童室などを活用して、家裁調査官がその場に立ち会って面会交流の試行を行い、そこで得られた情報を加えて面会交流の具体的な方法を検討することも行っている。家裁調査官による面会交流の試行では実施機能をターゲットにすることが多いが、連絡調整機能の調整まで含めることが考えられる。また、子どもが別居親に会うことに不安を持っている場合は、系統的脱感作の考えを応用し、徐々に交流することも考えられよう。

　一方、同居親が面会交流を行うこと自体に強く抵抗するケースは、ほとんどが高葛藤ケースと考えられる。このようなケースに関わる専門家は、なぜ同居親が面会交流に抵抗するのか、これまでの父母関係や親子関係などを詳しく検討し、どこに問題があるのかを探索する必要がある。次項以降でその点を考えていきたい。

●──「面会交流における父母の葛藤アセスメントスケール」

葛藤の程度と面会交流

　バリスらは、面会交流における父母の葛藤程度を「最軽度（Minimal）」「軽度（Mild）」「中程度（Moderate）」「重度（Moderately Severe）」「最重度（Severe）」の5

●註2　古典的条件付けを理論的基礎に起き、不安・恐怖を中心とした症状に対し、不安等の対象を階層化し、患者に弛緩訓練を行い、低い階層の不安から軽減させていく行動療法の技法の一つである。

表1　父母の葛藤アセスメントスケール

最軽度 (Minimal)	共同監護。子どもと親のニーズを区別できている。子どもと他方の親の関係性を理解している。他方の親の能力を認めている。まれに怒りを表現しても、大人どうしで紛争を解決できる。否定的感情もすぐにコントロールできる。
軽度 (Mild)	ときどき子どもの前で他方の親に文句を言う。ときどき子どもの前で口論をする。他方の親の個人的な事柄について子どもに尋ねる。ときどき他方の親に対抗して子どもと同盟的な関係を作る。
中程度 (Moderate)	言葉による暴力はあるが身体的暴力はない。大声で口論する。他方の親を中傷する。他方の親と子どもとの接触を制限すると脅す。訴えると脅す。特定の事項について継続的に子どもとの同盟的な関係を作る。
重度 (Moderately Severe)	子どもにまでは被害はないが両親が傷つけ合っている。暴力の危険がある。ドアを勢いよく閉めたり物を投げつけたりする。危害を加える、子どもを誘拐するなどと言って脅す。際限ない訴訟が続く。子どもが一方の親と強い同盟関係を作り他方の親を拒絶する。子どもが情緒的にひどく不安になる。
最重度 (Severe)	身体的・性的虐待。薬物・アルコール依存。重い精神障害。

段階に分けて、表1のように説明している（Baris et al., 2001）。

　葛藤程度に応じた適切な面会交流の形態について、バリスらは、「最軽度」と「軽度」は「継続的な面会交流が適切」、「中程度」は「両親間の意見交換を最小限として、中立的な子どもの受け渡し場所を確保した上で、面会交流を認める」、「重度」は「子どもの気持ちを考え、感情をコントロールするなどして子どもの安全が確保されない限り、面会交流には監督が必要である」、「最重度」は「監督付きの面会交流が適切」としている。

　この点について、監護評価用の心理テストASPECT[註3]の考案者アッカーマンも、面会交流について、葛藤状態が重くなるほど細かい取り決めを行う必要があるとしている（Ackerman, 2001）。先に述べたように、高葛藤な関係になるほど面会交流の連絡調整機能が損なわれる可能性が高くなるので、父母の裁量部分をできるだけ少なくする意図がある。ただし、日本は欧米のような契約社会とは

....

◉註3　Ackerman-Schoendorf Scales for Parent Evaluation of Custody、アメリカで広く使用されている監護評価用の心理テストである。

表2　葛藤マネージメント技法

①解決よりもプロセスに焦点を当てる
②問題の再定義
③立場を超えて利益や必要性に注目する
④共感を築く
⑤親の状況認識を変える
⑥親が行動を変えることへの援助
⑦限界設定

異なる点もあり、最初から細かい取り決めを作るかどうかはケースによって検討する必要がある。

葛藤への対処方法

バリスらは、専門家の葛藤マネージメント技法として表2の七つの技法をあげている（Baris et al., 2001）。

①解決よりも過程に焦点を当てる

専門家はその家族を援助するために、問題の解決に焦点を当てるのではなく、解決のプロセスに焦点を当てて援助する。例えば、父母間では面会交流の方法が決まらないケースで、すぐに方法に焦点を当てるのではなく、これまでのコミュニケーションの良かった点と悪かった点に焦点を当てるような方法である。

②問題の再定義

家族療法などでよく知られた技法であり、ある問題を父母が変化可能な別の言葉で再定義する。簡単な例で言うと、父が母の子どもに対する口うるささを問題としている時に、「お母さんはそれだけお子さんのことを心配されているのですね」というように、問題を少しずらして再定義する技法である。

③立場を超えて利益や必要性に注目する

主張の奥にあるその人の利益や必要性に焦点を当て、そこでの一致を図る。例えば、面会交流で一方の親が遅刻が多く、もう一方がそのことでひどく感情的になっているような場合に、遅刻そのものではなく、どうしてそうなったのか、そしてもう一方の親が感情的になるのはどのような背景があるのかに焦点

を当てるような方法である。

④共感を築く

高葛藤のケースでは父母間に共感を築くことはなかなかできないので、まずは専門家が父母それぞれと共感を築くことが重要となる。その上で、⑤親が状況認識を変え、さらに、⑥親が行動を変えることへの援助を行うことになる。

行動変容のためには、特に④「共感を築く」ことが重要である。元家裁調査官の佐竹洋人は、家庭裁判所の紛争事件を当事者の「意地」から説明し、「(…)その（意地の）強さに応じてではあるが、こちらがヘトヘトになるまでつきあわなければならない」と述べている（佐竹・中井，1987）。高葛藤であればあるほど、当事者の状況認識を変え行動を変容させることには困難が伴う。「共感を築く」というと簡単に聞こえるが、専門家は、当事者の抱える問題と対峙し、相当な労力と時間を支出する覚悟が求められている。さらに、子どもの心身に重大なダメージを与えるような場合では、調整的に関わるのではなく、適切な関係機関を紹介するなど、⑦限界設定をしておく必要もある。

また、個別にケースに対応するのではなく、チームで対応することも重要である。家庭裁判所では、裁判官、調停委員、書記官、調査官が一つのチームとして事案に対応しており、必要に応じて複数の調査官が担当することもしている。ケースに関係する専門家同士が必要に応じて情報を共有し、それぞれの専門性に応じて可能な範囲で協力をすることが重要になってくる。

ところで、「父母の葛藤アセスメントスケール」には、父母の紛争解決スタイルと協力能力の二側面が記述されているが、それらを構成する要素は必ずしも明示されていない。父母の紛争解決スタイルは、父母の間のコミュニケーションがどのようなものか、そして、それに伴うマイナスの感情、特に怒りの処理が重要だと考えられる。また父母の協力態勢は、特に面会交流については、子育てに関する価値観がどの程度共有されているか、父母の関係と親子の関係をどの程度分けて考えられるかの2点がポイントとなると考えられる。以上をまとめると、父母の葛藤の質を考える要因としては、①父母間のコミュニケーションの質、②怒りのコントロールの程度、③子育てについての考えの一致度、④父母の関係と親子関係を峻別して考えられる力、の4点となる。以下それぞれについて見ていく。

●──父母間のコミュニケーションの質

　コミュニケーションの問題は、父母それぞれのパーソナリティに根ざしたものであるが、それぞれの原家族のコミュニケーションパターンを多かれ少なかれ引きずっている。また、結婚というものは他人が生活を共にするのだから、常に力学的な関係でもある。面会交流が問題となるとき、父母間のコミュニケーションは部分的に、あるいは完全に破綻している。そして、同居時に失敗したコミュニケーションを、面会交流で踏襲してもうまくいくはずがない。一方で、同居時のコミュニケーションがすべて失敗とは限らない。問題が起きてしまうと悪いイメージが全体を支配しがちであるが、実は良好なコミュニケーションパターンもあったはずであり、それを生かすのが面会交流をうまく行うコツである。裏を返せば、父母の話の中から良いコミュニケーションパターンを見つけ出し、さらにそれを父母と共有することが専門家の重要な仕事となる。

夫婦のコミュニケーションのズレ

　最初に夫婦のコミュニケーションのズレを考えるため、落語「三夫婦」を見てみる。「三夫婦」では、通いの番頭佐兵衛とその家の家事を預かるお竹の夫婦がおり、お竹が旦那の部屋を片付けていると、佐兵衛が手伝い始める。すると、お竹が「そのお膳は向きが違うよ。邪魔だから余計なことはしないでおくれよ」と言うと、佐兵衛は「邪魔とは何だ。折角早く一緒に帰ろうと思って手伝ってやったのに！」と言い返す。お竹は「あんたが手伝うともっと遅くなっちまうよ！」と言い、佐兵衛が「なんだ、その言い草は！」と返して、夫婦喧嘩が始まるのである。この後、同じようなパターンで、仲裁に入った主人夫婦、さらにご隠居夫婦まで喧嘩が広がっていくことになる。

　もともと佐兵衛はお竹の手伝いをしようというプラスの動機から始まったのであるが、佐兵衛がお膳の置き方を間違えたため、お竹が文句を言い、それに佐兵衛が反応し、売り言葉に買い言葉となり喧嘩に発展していった。このような売り言葉に買い言葉の喧嘩は、おそらく多くの夫婦で日常茶飯事であると思う。もちろんこのようなコミュニケーションのズレを起こさないにこしたことはないが、それはほぼ不可能であり、むしろ大事なのは、このようなズレが生

じた後のフォローやズレの修正だと考える。

　佐兵衛お竹夫婦の場合、その後同じような場面になった時にどうするかが問題となる。佐兵衛が「この間は膳の置き方を間違えちまってすまなかったな」と言うか、それとも「うるさく言われないように、おいらは先に帰るよ」と言うか。お竹が「この間は私も言い過ぎちまったね」と言うか、あるいは「面倒かけないでおくれよ！」と言うか。前者のようなコミュニケーションを取れば、当人同士の努力でズレを調整できる可能性が高い。しかし、後者のようなコミュニケーションを繰り返していると、ズレは次第に大きくなり、簡単には修復できなくなる。やはり早い段階で専門家（この場合は大家か）が介入するのが望ましい。佐兵衛お竹レベルのズレならば、大家は佐兵衛の元々のプラスの動機に焦点を当てながら、両者のコミュニケーションの調整を試みることになる。

面会交流におけるコミュニケーションのズレ

　面会交流における父母のコミュニケーションでも、面会交流の連絡調整機能のなかでこのようなズレが生じやすい。典型的なのは、前述したような子どもを別居親から同居親に引き渡す際であるが、それ以外でも、父母互いの思惑から円滑なコミュニケーションができなくなる例は枚挙にいとまがない。その点については、最高裁がホームページに配信している動画「離婚をめぐる争いから子どもを守るために」でも、良い例と悪い例を説明しているのでぜひ参考にしていただきたい。

　時折見かける例では、面会交流で別居親が子どもと楽しく遊べたのだが、うまく遊びを切り上げられずに時間を超過し、同居親に「子どもが望んでいたのだから仕方ないだろう」あるいは、「子どもの気持ちがわからないのか」と対応してしまう場合がある。あるいは、同居親が別居親を、勝手に時間を延長するのは身勝手だと非難することもある。別居親が遅刻を正当化して居直ったり、同居親が面会交流のすべてが問題だと見なして対応したりすれば、父母間のコミュニケーションは次第に損なわれ、面会交流の連絡調整は不可能となる。しかし、この問題を分析すると、別居親は、⑤面会交流の実施機能では子どもと

●註4　江戸時代には、大家は裁判の補助なども行っていたという。

の関係もよく良好だったのだが、⑤実施機能の©終結部の対応と、連絡調整機能の⑥「別居親から同居親への子の受け渡し」の二か所に問題があったと考えられる。高葛藤ケースになるほど、父母間だけでこのようなコミュニケーションのズレを調整することは難しくなる。面会交流を扱う専門家は、そのあたりを十分に頭に入れ、そのケースではどこにトラブルが生じる可能性があるかを事前に検討し、トラブルの芽を摘み取っておくとともに、問題が起きたときは、父母が冷静に問題を振り返り行動を修正できるよう援助する必要がある。その場合、高葛藤になるほど一つがだめならすべてだめという白黒的な論理に陥りやすい傾向があるので、このような問題に関わる専門家は丁寧に問題を分析し、望ましい言動と改善した方が良い言動を分け、父母が望ましい言動を増やしていけるように援助していく必要がある。

面会交流における重篤なコミュニケーションのズレ

　次に、より重篤なコミュニケーションのズレを見ていく。ケースとしてジョンストンらによる童話集『子どもの目を通して（*Through the Eyes of Children*)』(Johnston et al., 1997) を取り上げる。ジョンストンは後に述べる「疎外」の研究で有名なアメリカの社会学者で、『子どもの目を通して』は離婚で苦しむ子どもの治療を念頭に、「普通の離婚」「高葛藤の離婚」「深刻な離婚問題」に分けて書かれた童話集であり、その中の「高葛藤離婚」の子どもに処方する物語の一つ「第7話／話せないキリン」を見ていく。キリンの子ゲリには、ライオンの女の子リリーとトラの男の子テディという二人の大切な友達がいた。ゲリはリリーとは太陽の下で話すのが好きで、テディとは冒険をするのが好きだった。しかし、リリーとテディは大変仲が悪く、ゲリの食べ物や服の好みなどでどちらも譲らず、顔を合わせればゲリの前でも口論となり、次第にゲリは間に挟まれて話をしなくなり、最後には話し方がわからなくなってしまう。これは、もちろん父母に対する子どもの忠誠葛藤とその影響を象徴的に表した寓話で、最後には恐竜博士が処方箋を出すことになる。

　ライオンとトラの口論であり、その激しさは想像に難くない。ライオンとトラの関係を調整するのは困難であり、その点でこれは「重度」の葛藤状態であると言える。恐竜博士の処方箋は、①朝にテディと遊び、コップ1杯の水を飲

み、②夕方、コップ1杯の水を飲みリリーと遊ぶ、③残りの時間は学校に行き、他のすべての友達と遊ぶ、である。タイムシェアリングを基本とするこの処方箋は、アッカーマンが示したような「取り決めを細かくし、父母の裁量を少なくする」方法である。この方法を取る場合、取り決めを細かくすることがどちらか一方の利益となるのではなく、父母双方の利益と結びつくように設定することが重要である。

原家族のコミュニケーションパターン

　父母は異なる文化を持つ原家族の中で育っており、コミュニケーションのあり方は、結婚した段階では多かれ少なかれギャップがある。結婚生活とは、仲良く暮らすことではなく、上手な喧嘩の仕方や仲直りの方法を作り出すプロセスであると言える。結婚当初は夫婦どちらも生まれ育った家族のコミュニケーションパターンを引きずっており、それが原因で夫婦喧嘩になることは比較的多いのではないか。本来、結婚当初の原家族のコミュニケーションパターンのズレは、早い段階で互いに調整し、新たなコミュニケーションパターンに換えてゆくのが望ましいし、結婚生活を継続している夫婦では多くの場合そのようになっていると思う。父母の間でそのあたりのズレがきちんと自覚されなかったりすると、離婚に発展することもある。あるいはその問題が温存されて、子どもが生まれた後に再燃する。例えば、父の原家族では、何か問題が起きれば喧々諤々と家族が思っていることを出し合い、解決するコミュニケーションパターンかもしれない。その様子は他者から見れば激しい喧嘩に見えるが、当人たちはわだかまりを残さず意見を出し合っているに過ぎない。一方、母の原家族は表だった意見の交換などは行わず、お互いに相手の気持ちを察して解決するコミュニケーションパターンかもしれない。当人たちには穏やかなコミュニケーションであるが、他者からは冷たい関係と見られるかもしれない。

　このようなコミュニケーションパターンの中で成長した男女が結婚し、互いの家族のコミュニケーションパターンの違いを十分に調整できなかった場合、父母間のコミュニケーションは破綻し、場合によっては互いの原家族を非難する紛争に発展することもある。一方は相手の原家族を「いつも喧嘩している怖い人たち」と怖れ、他方は相手の原家族を「本音を言わない冷たい人たち」と

非難し、互いに相手を異常とさえ考えるようになる。

結婚の意味

　なぜ、このようなことが起きるのだろうか。それは、結婚の意味に関わっているかもしれない。ユング派のアドルフ・グッゲンビュール＝クレイグは、著書『結婚の深層』で、結婚の意味を「幸福」と「救済」に分けて論じている。彼は「もしも結婚が幸福のための制度とのみ解されるならば、『死が二人を分かつまで』続く結婚などわずかしかあり得ないだろう」と述べ、結婚は「幸福」ではなく、各人が「救済」を追求する場だとしている（グッゲンビュール＝クレイグ，1981）。そして、夫婦のコミュニケーションについて、「結婚がそんなにうまくいっているように見えるのは、少なくとも夫婦の一方が完全に自分を犠牲にし、自分自身の成長を顧みないからに過ぎない。つまり、妻が夫の職業と楽しみのために、彼女の個人的、文化的欲求をすべて犠牲にするか、あるいは夫が妻に奉仕し、彼女のいるところではめったに自分の意見を表明できないか、なのである」という。グッゲンビュール＝クレイグの表現はシニカルに過ぎるが、父母関係が悪化すると、父母いずれかあるいはどちらもが、自分は一方的な犠牲者であり、相手は一方的な加害者であるという認知に陥りやすい。面会交流に関しては、このように加害者である相手が恐ろしいので行えないという主張になる。それらは一面では真実かもしれないが、その主張から一歩も出ないと、面会交流を含めた離婚後の新たな関係を作ることは難しい。調停で話し合うということは、子どものために、同居時とは別のある種の協力関係——日本の調停では「譲歩」という言葉を使うことが多いが、ポジティブな面に光を当てる「協力」の方がより良いと考えている——を構築することであるのだから、それに応じた認知の修正あるいは追加が必要になってくる。そのためには、まず小さなところから協力関係を作り、それを広げていくことが[註5]必要であり、関わる専門家は、父母が少しでも協力関係を築いていけるように、父母を支え援助していくことが重要である。

....
●註5　家族療法家の鈴木浩二は、かつて家族システム論に関係して、池に小石を投げ入れると次第に輪が広がりやがて大きくなるとの喩えで、小さな変化の重要さを指摘した。

──怒りのコントロールの程度

　自分の怒りをどのようにコントロールするか、あるいは相手の怒りにどのように対応するのかは、家族として生活する上で重要なポイントになる。

怒りの表出パターン

　精神科医の島崎敏樹は、怒りは欲望の阻止がかかった場合に起きる感情であり、自己主張欲の濃淡が怒りの表出に大きく関わっていると述べている（島崎, 1952）。自己主張欲の濃淡は、その人の持って生まれた気性と、その人が育った原家族など文化的な影響との相互作用と考えてよいと思われる。もっとも、精神医学的な問題が加わったり、アルコールや薬物の常用などにより、それがさらに変質することもある。

　再びジョンストンらによる童話集『子どもの目を通して』の「第12話／良い時間のレシピ」を見てみたい。これは、パパヤマアラシとママビーバーの世にも珍しい夫婦が主人公である。パパヤマアラシはゆっくりとした孤独な時間を好み、ママビーバーは働き者でせっかちであった。ある日、二人の住んでいる牧草地に大きな重機が入り、二人が隠れているうちに他の動物は皆逃げ牧草地は一変してしまった。二人だけとなって毎日一緒に暮らすうち少しだけ仲良くなり、二人は子どもを三人もうけた。子どもが赤ちゃんのうちは生活は静かで穏やかだったが、成長するにつれ、子どもたちはうるさく騒ぎ回り、安寧を妨げられたヤマアラシは怒りが頂点となり、背中の針を飛ばし[註6]、危うく子どもに当たりそうになり、危険を感じたビーバーは子らを連れて別居した。その後、ビーバーは子どもたちを連れてヤマアラシの元を訪れ、子どもたちがヤマアラシの家に面会交流にいく取り決めができた。最初はうまくいっていたが、やがて子どもたちは寝てばかりいるヤマアラシとの面会交流がつまらないから行きたくないと言い出した。そこで、ビーバーが面会交流を良い時間とするレシピ[註7]

....
- ◉註6　プリニウス『博物誌』にはヤマアラシは遠ざかった敵に針を矢のように射ると書かれているというが、残念ながら実物にはそのような芸当はできない。
- ◉註7　ビーバーのレシピは、①ヤマアラシは寝るとき針を横に折り畳む、②ヤマアラシは食べ物探しが嫌いなので、父子で散歩に行き途中で食べ物を探し、着いたらピクニックをする、③思考ゲームなど静かに過ごすのも良い、④会うのは短時間にする、である。

を作るというものである。レシピは、ヤマアラシの性格を考え、短時間の訪問などからなっており、やがて子どもたちは成長し、自分たちで新たなレシピを作ることになる。

　ヤマアラシは、孤独を好み自己主張欲は弱いが、子どもたちがうるさく騒ぎ回り、静かに寝ていたいという欲求が妨げられて、背中の針を飛ばすという極めて危険な怒りの表出に至ってしまった。しかし、ヤマアラシはもともと攻撃的な性格ではなく、追い詰めなければ危険性は低い。その点で、ビーバーの行った別居と短時間の面会交流というレシピは的を射ている。自己主張欲の弱いパーソナリティの場合は、追い詰められて暴発するような怒りの出し方をすることがある。一方、自己主張欲が強い人は、思い通りにならなければ、もっと積極的に怒りを露わにして、周囲をコントロールしようとするかもしれない。これが酷くなると夫婦間 DV あるいは児童虐待へと発展する危険性がある。

虐待との関係

　児童虐待は、身体的虐待、性的虐待、ネグレクト、心理的虐待の四つに分類される。面会交流の関係で最も多いのは、子どもの面前で家族に対して暴力を振るったり、激しい夫婦喧嘩をしたりする、いわゆる面前 DV による心理的虐待である。前出の「話せないキリン」のゲリの前で、ライオンのリリーとトラのテディが激しい喧嘩をし、その間に入ったゲリが言葉を話せなくなってしまうという状況は、激しい面前 DV が繰り返され、それが子どもに深刻な影響（虐待）をもたらしたことを意味する。

　実際に、父母が子どもの前で激しく喧嘩をし、双方が子どもの監護権を譲らず、警察が介入し、警察が子どもを保護し、児童相談所に面前 DV による心理的虐待として通告することもある。父母が監護権を譲らないため子どもを引き渡すことができず、児童相談所が子どもを一時保護するケースも希ではない。その後、家庭裁判所には児童相談所から児童福祉法 28 条（親権者の同意が得られないため子どもの施設入所の許可を求める審判事件）が申し立てられ、父母どちらか（あるいは両方から）子の監護者の指定事件が申し立てられることもある。このような場合は面会交流の問題はひとまず置き、子どもの監護者の指定等の調査を行うことになる。

童話のヤマアラシの場合は、パーソナリティに由来する怒りのコントロールに問題があったと考えられるが、他にも、さまざまな理由で怒りのコントロールが問題となるケースがある。飲酒や薬物の使用が常習化し、パーソナリティの問題が基底にあり自分の思い通りに家族をコントロールしたいがためにDVが繰り返されているケースもある。このようなケースは、バリスらの定義する「重度」または「最重度」の葛藤状態と言える。バリスらは監督付き面会交流を推奨しているが、残念ながら、厳密にいうとまだ日本にこの制度はない。

　身体的虐待や性的虐待に児童相談所や警察が関与し、虐待の事実が認定された場合は、虐待した親と子どもとの面会交流は当面行えないか、あるいは間接的な面会交流から始めることを検討することになる。一方で、そのような親は適切な治療を受けることが必要である。アルコールや薬物の依存症治療は多くの医療機関で行われており、DVの加害者に対するDV加害者更生プログラムを行う機関も増えてきている。しかし、それらの治療を、面会交流を行うための免罪符としてではなく、自分自身と家族を「救済」するために進めることが必要である。そして、関与する専門家は、同居親、別居親、子どものどの立場に対しても過剰な思い入れをするのではなく、それぞれの立場でできることを応援することになる。

──子育てについての考えの一致度

　子どもの誕生は父母にとって大きな喜びだが、新たな課題でもある。子どもを巡る問題は、それぞれの時期に応じた問題を父母に突きつけ、ときには、以前に未解決だった夫婦間の問題や、父母の原家族との関係が再燃することもある。子育てについての父母の考えの不一致は、父母の葛藤の要因になるだけでなく、成長した子どもを加えた父母と子どもの三角形の関係にも影響を及ぼし、面会交流にも影を落とすことになる。ここでは、まず子どもの成長に沿ってどのような子育ての不一致が起きるかを概観し、その不一致が面会交流に及ぼす

●註8　グッゲンビュール＝クレイグは、ダンテが地獄を通らずには天国に行けなかったとし、「救済」は「苦しみと苦難だけでなく、極めて深い実存的満足をも与えるものである」と言う。

影響について考える。最後に、面会交流にとって大きな問題の一つとなる、子どもに障害がある場合について検討する。

子どもの成長と子育てについての考えの不一致

妊娠中は、母に対する父の対応がポイントとなる。例えば、父が妊娠中の母の体調不良に対して十分な気遣いができず、母が悪阻のひどい時に、「俺は外で一生懸命家族のために働いているのに、家で寝ているなんて！」などと母を非難することが典型である。このように極端でなくとも、特に初産の場合、母自身はさまざまな不安を抱えており、外からの刺激に敏感になっていることもあり、父の些細な言動が母を傷つけることもある。

乳幼児期は、子育ての方法などが問題となるが、幼児期になると、さまざまなことが父母間の意見の不一致となる危険性がある。幼児教育の選択、母の就労や復職、家事の分担、習い事、その際の送迎、小学校受験なども浮上して来る。この段階で、それまでの父母の役割について再度見直す必要が出てくることもある。父母の役割を見直すことについての切実感は一般的には母の方が高く、そのこと自体でもすでに、父母の意識にズレが生じる危険性がある。

子どもは小学校に入学すると、新しい環境下で勉強や友人関係などさまざまなことに挑戦する。一方で、人間関係のトラブルも起きるようになる。中〜高学年になると、子どもの学校への適応や進学をめぐって、父母間の意見の不一致が起きやすい。友人関係と習い事や塾などのバランス、中学受験、その費用負担などさまざまな問題が山積する。

思春期になると、子どもは固有の社会を持ち、考え方もしっかりとしてくる。この時期は親への反発が強まるか、反対に親に関心を持つ時期でもある。

子どもの成長と面会交流

「良い時間のレシピ」のパパヤマアラシは孤独を好む性質であり、子育てに向いているとは言えない。ママビーバーが妊娠したときから、夫婦の間には子育てについての考え方の違いが潜在的にあったと言える。子どもが幼児期に入った頃から、パパヤマアラシは子どもとの関わりを十分に持てず、母親との協力関係も築けなかった。その点で、子育ての不一致は、父母関係の破綻の一

因となっている。そして、父母の間の子育ての不一致は、とりもなおさず父子関係の問題でもある。ママビーバーの計らいで面会交流を行うようになったが、パパヤマアラシは子どもたちの成長に合わせた面会交流が行えなかった（面会交流の「実施機能」に欠陥があった）。このように、パパヤマアラシのように別居親にパーソナリティの問題がなくとも、子どもの成長に伴い、親も対応を変えていく必要がある。特に児童期の子どもは、次第に家族よりも友人関係に比重が移る時期であり、塾や習い事、友人との交遊などで忙しくなり、面会交流のスケジュール調整などで困難が生じてくる。同居親と別居親との間で、面会交流の日時の設定をめぐって諍いが増えてくるのもこの時期である。同居親は「別居親が自分の都合ばかり押しつけてきて、子どもの気持ちを全くわかってくれない」と不満を言い、別居親は「同居親が子どもに塾や習い事をたくさんやらせ、自分と子どもを会わせることを妨害している」と攻撃する。これはまさに子育てについての考えの不一致が面会交流に波及しているのだが、このようなやりとりが続くと、同居親は「子どもが、自分の気持ちをわかってくれない別居親には会いたくないと言っている」と、紛争に子どもを巻き込むこともある。もっとも、子どもを巻き込んでいるのか、子どもの声を代弁しているのか、あるいはその両方なのかは、ケースによってさまざまである。

　児童期後半はいわゆる「10歳の壁」と言われ、具体的思考から抽象的思考にシフトする時期であり、比較的安定していた児童期前期からさまざまなことが変化する。フィドラーらは、この時期を「長期的影響を理解する知的能力を有しているが、同時に、とても大きな外的影響を受ける」という（Fidler et al., 2013）。そして、児童期後半から前思春期にあたるこの時期に、後述する「疎外」の問題が最も起きやすいと指摘している。

　思春期になると、子どもは自己同一性の模索の過程で、離れている親に関心を持つことも多い。生後すぐに両親が離婚し父と没交渉だったある女性は、「ずっと父とは会っていなかったが、思春期になって、生別していた父と会いたくなって、母に頼んで再会した。思春期にはそのような気持ちになる」と語った。一方、子育てについての考えの不一致から派生した親子関係の問題は、この時期になると固着してしまう可能性もあり、子どもの社会性の広がりとも相まって、面会交流の枠組みでは捉えきれなくなるのかもしれない。

子どもの障害を巡る問題

　特に問題となるのは、子どもに発達障害がある場合である。2歳前後に検診などで疑いを指摘されたり、父母が子どもの様子に不安を感じて療育センターなどを受診したりして、発達障害がわかるケースもあるが、幼少時には正確な診断が困難だったり、グレーゾーンの子どもたちもいるため経過観察となることも多い。子どもの障害について、まず問題となることの一つは、親による子どもの障害の受容である。わが子に障害があることを受け入れるのは誰でも難しいことだが、それでも乗り越えて受け入れなければならないこともある。適切なアセスメントを行い発達障害などがあった場合には、適切な療育につなげることが必要となる。父母の歩調が一緒ならばよいが、父と母で認識に違いが生じることもある。これは、父母間の子育てに関する一致度を考える上で非常に大きな問題となり、その認識の差が父母間の紛争に発展し、離婚問題となることもある。

　子どもに発達障害がある場合、面会交流の重要なポイントは、面会交流が子どもの療育に資するかどうかである。例えば、ADHD（注意欠如多動症）の症状があり、スーパーですぐに迷子になったり、車への興味から走っている車に触ろうとしたりする幼児と、障害に全く理解がない別居親とが不用意に面会交流を行えば、子どもの生命への危険すらある。面会交流を行う前提として、まずは、親が子どもの障害を理解することが第一歩である。子どもの障害について父母間の認識に相違がある場合は、専門家は子どもの障害の程度を把握し、父母の認識の相違を子どもの障害の程度に一致させる対応が必要である。別居親が子どもの障害の理解を拒み、あまりにも不適切な対応をする場合には、面会交流を行えないこともある。

●──父母の関係と親子関係を峻別して考える能力

　「良い時間のレシピ」のママビーバーは、父母関係と親子関係を峻別して考える能力が高かった。しかし、父母の関係と親子関係を峻別できずに悩む父母もいる。ここでは、父母関係と親子関係の峻別ができなくなる二つのパターンを見てみたい。

父母間の争いと親子関係の峻別が問題となる場合

　父母いずれかあるいは双方が、父母関係の争いに気持ちが占領されてしまい、親子関係に目が向きにくくなるのが一つのパターンである。同居期間中、父母が争いに心を奪われ、子どもに八つ当たりのような対応をしてしまうことがある。そうでなくとも、日常的に子どもが父母の激しい言い争いを目にしていて、別居後に面会交流が問題となる場合、子どもは父母の争いやそれが自分に及ぼした影響の印象が強くなり、別居親との面会交流に消極的になることがある。同居期間中は争いがあっても、別居・離婚後は双方の親が子どものことを中心に考え、同居親は少しでも別居親と子どもの関係を取り持てるように努力し、別居親もそれに呼応する対応ができれば面会交流を滞りなく実施できる可能性が高い。しかし父母間の争いが継続して優先されてしまうと、同居親は子どもが別居親を怖がっているのだから面会交流はさせられないと主張し、別居親は同居親が子どもをコントロールして拒絶させていると非難し、主張は平行線となってしまうことがある。

　このような争いの解決は大変難しいが、まずは父母が、父母間の争いが子どもに与える影響について情報提供を受けることが前提となる。父母の葛藤がそれほど高くなければ、例えば最高裁がホームページに配信している動画「子どもにとって望ましい話し合いとなるために」などを用いたガイダンスが紛争の解決に結びつくかもしれない。しかし、葛藤が高い父母に対して、専門家によるガイダンスやアドバイスだけでは事態を変えることは難しい。前述したように専門家は父母それぞれに共感関係を築き、父母が状況認識を変え、行動を変えることができるように援助していくのが基本となる。

　援助のポイントの一つとしては、父母関係と親子関係をできるだけ切り分けながら子どもと別居親との接触を行うことである。子どもの年齢によっては、専門家が子どもに直接会って心証をつかむことも考えられる。あるいは、別居親から子どもに手紙を出すなどの間接的な交流を活用する方法により、子どもに最もストレスの少ないところから始める方法なども考えられる。その場合、別居親と接触した時の子どもの反応が重要であり、そこをしっかりと把握しながら進めることが必須である。あるいは、フィドラーらはアメリカでの実践例として、子どもが別居親を怖がっている場合などに、ワンウェイミラー等を使

用し、子どもからは別居親が見えるが、別居親からは子どもが見えない状況を作り、子どもがその気持ちになるなら別居親とマイクを通じて会話できるという認知行動療法や系統的脱感作法を応用した技法などを紹介している（Fidler et al., 2013）。このような方法も参考にしながら、家裁調査官による面会交流の試行などで調整方法を洗練させることが今後の課題である。

親子関係の混乱

◉疎外・親密さ・同盟

　面会交流において最も困難なケースの一つは、親との交流に抵抗したり拒絶する子どもの問題である。これについては、1980年代にガードナーが親による洗脳と子どもによる片方の親に対する中傷からなる「片親疎外症候群（parental alienation syndrome: PAS）」を発表した（Gardner, 1992）。さらに、2001年にジョンストンとケリーが、特定の子どもたちが一方の親との接触を拒絶し、他方の親と強く結びつく理由を説明するための多因子モデルによる改良案を示した（Kelly & Johnston, 2001）。そのプロセスは、「両方の親との良好な関係」→「片方の親との親密な関係」→「片方の親との同盟関係」→「もう片方の親に対する疎遠な関係」→「もう片方の親に対する疎外な関係」と示される。さらに何人もの専門家がそれを修正する案を出している。そこで最も問題とされているのは「疎外（Alienation）」であり、親密な関係にある親から子どもへの疎外的な働きかけと、子ども側のそれまでの関係とは不釣り合いなほどにもう一方の親との接触に抵抗や拒否をすることからなる。親からの疎外的な働きかけがあっても、すべての子どもが「疎外」となるわけではない。「疎外」を巡っては複雑な論点が複数あり、フィドラーらは「疎外をどのように定義するのが一番よいかについて、今まだ明確な定義はない」(Fidler et al., 2013)と述べている。

　ところで、親子関係の混乱については、疎外までは行かない「親密さ（Affinity）」および「同盟（Alignment）」を巡る問題を詳しく見る必要がある。フィドラーらは「親密さ」について、「両親と接触を持っている場合でも、子どもは、気質、性別、年齢、親しさ、一緒にいる時間の質や長さ、あるいは趣味の共有といったことを理由に、一方の親に親密さやより近しい感情を抱いているものである。（…）親密さとは、特定の状況において特定の親と時間を過

ごすことをより好ましく思うことであり、もう一方の親の拒絶やネガティブな感情を含まない。親密さは固定したものでもない。一方の親がよくなったり、他方の親がよくなったりすることは、概して時間によって変動し、その変動は、状況因、子どもの気分、子どもの年齢や性別や親の性別といった発達的要素による」（Fidler et al., 2013）としている。

一方、「同盟」については、「もう一方の親の不在・邪魔、あるいは少ない関与、未熟さや乏しいペアレンティングなどに基づいて、別居の前後を問わずどの段階でも起こりうるものだが、こういった欠点は、虐待やネグレクトのレベルまでは達しないものである。親密さと同様に同盟は片親の拒絶を含まないが、結果的に片親と接触を持つことに抵抗したり接触を嫌ったりするようになる」（Fidler et al., 2013）としている。

父母間に不和が生じると、家族の構造が変化し、片方の親と子どもとの結びつきが強まるのは、ある意味自然な成り行きである。別居親が家を出て行き、悲嘆に暮れる同居親に対して、子どもが同情し強い結びつきを持ち、同居親を守ろうとする気持ちになることは当然である。同居している親の気持ちを思いやることができるということは、子どもに共感性が備わっている証拠であり、発達的な視点からも好ましいことであると言える。

問題となるのは、同居親自身の世代間境界が曖昧で、同居親が通常の親子関係とは不釣り合いなほどに子どもに近づこうとするような場合である。例えば、離婚訴訟などで別居親側の書面を子どもに見せて意見を聞いたり、別居親とのやりとりのメールについて事細かに子どもに相談したりするような行為を繰り返すことがある。あるいは、同居親に脆弱なところがあり、しばしば子どもたちの前で精神的に不安定になったり、寝込んでしまったりすることもある。このような場合、子どもの性質によっては、同居親の気持ちを代弁し、いわゆるアダルトチルドレンのように、子どもと同居親の役割が逆転して子どもが親役割を担うことさえある。

子どもの発達にとってこのような状態が望ましくないのは当然であり、専門家はできるだけ早期に介入する必要がある。介入方法の一つは、それぞれの親の良いところに焦点を当てて、それを拡大する努力を行うことであるが、限界設定も重要である。子どもに障害が出ているか出る危険性が高い場合には、ま

表2　性的虐待について真実の主張と偽りの主張を見分ける基準

	真実の主張	偽りの主張
証言	トラウマを心配して子どもに証言させることを望まない。	自分の立場をサポートするために、子どもに証言させることを望む。
実証	専門家が虐待を実証できないとき、親は安心する。	専門家が主張を実証できない時、自分の意見をサポートしてくれる専門家を捜し回る。
面接	自分がいない状態で子どもが面接を受けることを喜んで許可する。	面接に自分が立ち会うことを主張するか、許可されない場合はかなりの不快感を示す。
開示	子どもを守れなかった恥ずかしさや罪悪感を感じ、絶対に必要な場合を除いて、何が起こったかを他の人に開示するのを嫌がる。	全世界に話したがる。
代替案	代替案の可能性を検討する意思がある。	虐待が実際に発生したことを人々に納得させる必要があるために、代替案の可能性を検討する意思がない。
感情	子どもを守れなかったことを後悔する。	後悔、恥、罪悪感を示さない。

ずは子どもの状態の把握が必要である。児童精神医学関係の専門家への相談も選択肢の一つである。

◉虐待の主張を巡って

　同居親が「別居親に子どもが虐待された」と主張し、別居親が「同居親の主張は虚偽であり同居親が疎外している」と主張するのが面会交流をめぐる最も難しいケースの一つである。とりわけ難しい子どもが性的虐待を受けたとの親の主張について、アッカーマンは、ブレスら（Bresee et al., 1986）の研究に基づいて、真実の主張と偽りの主張を親の言動から見分ける基準を表2のように整理している（Ackerman, 2001）。

　一方の親が他方の子どもへの虐待を強く主張する場合、その程度によっては、虐待を主張する親は児童相談所や警察への相談を考える必要があるだろう。児童相談所や警察が関与し、虐待の事実が認定されれば、それを踏まえて進行することになる。

子どもへの虐待を主張している親が児童相談所や警察に相談したが、虐待が認定されなかった場合、あるいは、そもそも児童相談所や警察への相談まで至らなかった場合は、事実関係が明らかにならないので、子どもへの虐待ケースとしての進行には困難が伴う。まずは、一方の親が他方の親の子どもへの虐待を心配しているという事実を、父母と専門家の間で共有することから始めるしかないであろう。

　その後の進行は、父母の精神的な健康度、父母の関係性、子どもの状態や心情、さらに親子関係などによって左右されると考える。関与する専門家はそれらについて、慎重なアセスメントが求められる。父母の精神的な健康に問題があったり、父母間の協力関係が全く取れなかったりした場合、調整的な関与は難しい。

　そこで何より大切にしなければならないのは、主人公である子どもの心情や状態、そして安全である。子どもを傷つけないのが原則である。しかし、一方では「疎外」の問題もあるので、何が起きているのか慎重にアセスメントすることが重要である。これは限界設定のなかでも非常に繊細で複雑な問題であり、今後、ケースの集積と研究を積み重ねながら、慎重に議論すべきである。

―おわりに

　現時点で、私たちは父母が高葛藤の場合の面会交流ケースに対する有効な対応方法を確立してはおらず、手探りの状態にある。それでも、高葛藤の父母のケースを扱う専門家は、まずは父母双方との共感を築くことが重要である。そこでは、専門家は相当の時間と労力を支出する覚悟を持つことが求められている。一方で、限界設定も非常に重要であり、今後、実務と研究を積み重ねて考えていく必要がある。

　結婚に救済を追求する側面があるのなら、面会交流という新たな形の家族関係を作る際にも、父母は自らの救済そして再生を追求することを考えてもよい。その結果は子どもたちにも影響があるのだから、追求するだけの意味はあるのではないだろうか。その際に専門家は、自分に与えられた期間の中で、父母の同伴者となることが求められることになる。

文　献

Ackerman, M. J.（2001）. *Clinician's guide to child custody evaluations（2nd ed.）*. John Wiley & Sons.

Baris, M. A., Coates, C. A., Duvall, B. B., Garrity, C. B., Johnson, E. T. & LaCrosse, E. R.（2001）. *Working with high-conflict families of divorce: A guide for professionals*. Aronson.

Bresee, P., Stearns, G. B., Bess, B. H., & Packer, L. S.（1986）. Allegations of child sexual abuse in child custody disputes: A therapeutic assessment model. *American Journal of Orthopsychiatry, 56*(4), 560-569.

Fidler, B. J., Bala, N. & Saini, M. A.（2013）. *Chidren Who Resist Postseparation Parental Contact*. Oxford University Press.

Gardner, R. A.（1992）. *Parental alienation syndrome*. Creative Therapeutics.

Johnston, J. R., Breunig, K., Garrity, C. & Baris, M.（1997）. *Through the eyes of children*. The Free Press.

Kelly, J.B. & Johnston, J. R.（2001）. The alienated child: A reformulation of parental alienation syndrome. *Family Court Review, 39*(3), 249-266.

グッゲンビュール＝クレイグ, アドルフ（樋口和彦・武田憲道訳）（1982）. 結婚の深層. 創元社.

佐竹洋人・中井久夫（編）（1987）.「意地」の心理. 創元社.

島崎敏樹（1952）. 感情の世界. 岩波新書.

第8章　上野 晃・渡邉祥子　［日本橋さくら法律事務所／弁護士］

面会交流をめぐる紛争の特徴と弁護士の対応について

——はじめに

　本稿は、面会交流をめぐる紛争において父母の代理人弁護士が、どのように「子どもに寄り添う」ことができるかに焦点を当てている。そのため、手続全般や子どもの手続代理人については言及していない。紛争状況から「子の最善の利益」実現に向かうためにはどうすればよいのか、検討の一助となれば幸いである。

——面会交流をめぐる紛争の現状

紛争化の端緒

　現在の実務においては、原則的に面会交流が肯定されるようになっているとされるが（窪田, 2018；片山・村岡, 2019）、代理人として現場で仕事をしていると、その深刻さと難しさに日々悩むことが多い。

　面会交流調停が申し立てられるような案件は夫婦間の対立の程度が高いが、[註1]その理由はさまざまである。一方配偶者による DV や不貞、あるいは単純な性格の不一致により合意なき別居が開始されるケースもあれば、別居合意はある

●註1　司法統計平成 30 年度によれば、同年の新受件数は 13,007 件となっている。

ものの子の監護については合意できないまま、というケースもある。

　こうしたさまざまな事情による別居開始後、面会交流が実施されないと、結果として別居親は子どもと引き離され、その期間が長引けば長引くほど憔悴し、あるいは同居親に対する怒りを増幅させることになる。別居親の心情に触れると、同居親は別居親と向き合う心理的負担から面会交流への意欲を削がれる悪循環に陥りやすく、対立が激化しやすい。

国際結婚夫婦別居に見出だされる他国の状況との乖離

　日本国内で居住していたいわゆる国際結婚夫婦のうち、一方が子どもを連れ日本国内で別居を開始した場合、面会交流に関する協議が整わなければ、日本の家庭裁判所に調停を申し立てることになる。こうしたケースは、日本の面会交流実務の特異さを際立たせる。

　多くの先進諸国は、夫婦が別居・離婚したとしても、両親それぞれとの関係維持こそが子どもにとって一番重要であるとされ、共同親権制を採用している。^{註2}それゆえ、例えば平日は母親の家、週末は父親の家といったように、子どもは両親それぞれと頻繁な接触の機会を持つ。しかしながら、日本は大きく異なる。^{註3}面会交流調停・審判の結果、月1～2回、1回当たり数時間というケースが少なくない。^{註4}筆者らの依頼者だったある米国人男性は、こうした日本の家庭裁判所について、「あまりにも人間的ではない」と呟いた。

　このような面会交流の実情に関する他国との乖離は、インターネット等により広く共有されるようになり、日本の家事司法が面会交流に制限的であると感じさせる大きな要因となっていることは間違いない。

社会状況・夫婦関係の変化

　日本人同士の夫婦であっても、少子高齢化を背景とした女性の社会進出・働

- 註2　各国の面会交流の在り方については、棚村（2017）を参照。
- 註3　ただし2019年9月27日、法務大臣閣議後記者会見にて、共同養育等研究会を発足させ、共同親権制度の導入を検討することが発表された。
- 註4　司法統計平成30年度「離婚の調停成立又は調停に代わる審判事件のうち面会交流の取決め有りの件数／面会交流の回数等別」によれば、最も多いのが月1回以上（5,700件）、次に多いのが別途協議（3,856件）となっており、対して週1回以上は281件となっている。

き方改革等に伴い、共働き世帯が多数派となり、男性の家事育児参加も進んでいる。その結果、月1〜2回、1回当たり数時間が「当たり前」だった面会交流における裁判所の「相場観」は揺らぎ始めている。

特に若い世代は、男性が稼働し、女性が家事育児を担うという旧来的価値観が全く当てはまらないケースも多く、家庭裁判所、とりわけ年配者が調停委員として関わるケースでは、こうした変化への対応に難儀しておられるとの印象を拭えない。

面会交流の転換点

近時、日本における面会交流制度の乏しさについては、国連子どもの権利委員会から勧告を受けるなど、グローバル化対応が迫られている。法務省において共同親権導入の検討が始まるなど、日本の面会交流の在り方は大きな転換期を迎えているのではないだろうか。

──面会交流紛争における代理人と「子の最善の利益」

「子の最善の利益」と「大人の問題」

面会交流をめぐる紛争の特徴は、「子の最善の利益」という本来的に夫婦が対立すべきではないテーマが主題であるという点にある。

離婚は夫婦の問題である。子どもはその結果を受け入れるしかない。子どもの視点から見れば、離婚はいわば「親のわがまま」であって、財産をどう分けるかとか、慰謝料が発生するかということは「大人の問題」である。だとすれば、大人は養育費と面会交流は「大人の問題」とは別の、「子の最善の利益」のための話し合いであるという共通認識を持たねばならない。そこで代理人弁護士は、依頼者である大人の要望を踏まえつつも、「子の最善の利益」のための話し合いを実りあるものとするため、相手方と時には協同し、新たな家族関係構築に向けた交通整理の役割を担うこととなる。

・・・・・・・・・・・・・・・・・・・・・・・
- 註5 厚生労働省（2019）平成30年版厚生労働白書，pp. 228-229。
- 註6 国連子どもの権利委員会（2019）総括所見第27条（b）。
- 註7 養育費と面会交流の関係については、原（2018）を参照。
- 註8 山本ら（2016）による座談会での大森啓子弁護士の指摘（pp. 48-49）に同旨。

当事者が「子の最善の利益」と対峙することの困難

　しかしながら、理想と現実は異なる。実際には夫婦間の対立がそのまま面会交流にも投影され、肝心の子どもが置き去りにされることは珍しくない（木下・三崎，2018, p. 12）。結果、子どもは否応なく大人の対立に巻き込まれていく。私たち弁護士は、こうした面会交流をめぐる「理想と現実」をきちんと理解して対応していく必要がある。「理想」とは「子の最善の利益の実現」であり、「現実」とは夫婦それぞれが抱いている利己的な感情とそれを根底とする対立である。

　このような夫婦間対立において、弁護士は共通の悩みに直面する。それは、弁護士は依頼者の意思を尊重しながら、「依頼者の権利及び正当な利益」を実現することが職務とされていることに起因する（弁護士職務基本規程第21条及び第22条）。

　同居親が主張する「子の最善の利益」の内容と、別居親が主張する「子の最善の利益」の内容は、しばしば異なる[註9]。悩ましいのは、そうした見解の相違があるときに、代理人弁護士が、「こちらが正しく、相手方が間違っている」との主張を、依頼者の強い要望に圧され、あるいはその職務に熱心なあまりに、先鋭化させてしまうことである。

面会交流紛争における代理人弁護士の職務とは

　この点については、近時、弁護士倫理の観点から、相手方への配慮義務が論じられるようになっており、とりわけ離婚事件においてはその必要性が指摘されるに至っている（石田・他，2019）。そのような議論において示されるのは、公益的・社会的観点から、弁護士には相手方や第三者の利益への配慮が必要であるということ、それこそが本来的依頼者の「正当な利益」の実現に資するということである。

　この観点は、「子の最善の利益」について検討する際に非常に有用であるが、では、代理人たる弁護士は、「子の最善の利益」をどのようものとして捉えるのが適切だろうか。

　参考に先進諸国を見ても、面会交流が所与のものであったわけではないことがわかる。さまざまな意見の対立を経て、あるいは多くの科学的検証を経て辿

●註9　池田ら（2016）による議論での池田清貴弁護士の指摘（p. 37）に同旨。

り着いた一つの到達点である。そこでも、各々の事案における面会交流の在り方が、子どもの両親や司法関係者によって細部まで完全に一致するわけでもなければ、一義的に定められるわけでもない（Fuhrmann & Zibbell（日高・渡部訳）2016，pp. 12-17）。しかしながら、子どもと両親双方との関係維持が子にとっての利益になることが大前提とされている。

　一方かつての日本でも、面会交流が「面接交渉」として論じられ始めた当初、それは、親子関係の本質から導き出されるものとして捉えられていた（二宮，2019a）。ところが、東京高裁の昭和40（1965）年12月8日判決において、「我が子に会いたいという相手方の一途な気持も十分理解し得るし同情も禁じ得ないのではあるが、二年前の離婚の際抗告人に事件本人の監護を託した限りは、抗告人の親権および監護権を尊重し、事件本人が成人して自ら条理を弁えるようになるまでそれとの面接を避け、蔭から事件本人の健全な成育を祈っていることが、事件本人を幸せにすることになるものと判断される」との判断が出て以来、「子どもの福祉」はより消極的に捉えられることとなった。別居親はいわば「家」に対するアウトサイダーであって、重視すべきは同居親の事情であり、同居親の事情に十分に配慮しながら面接交渉することが「子どもの福祉」と考えられたのである。

　しかしながらこのような「子どもの福祉」は、過去のものとなった。

　日本が1994年に批准した「児童の権利に関する条約」（全文および9条等）は、「子の最善の利益」理解の指針となっている。子どもは、「その人格の完全なかつ調和のとれた発達のため、家庭環境の下で幸福、愛情及び理解のある雰囲気の中で成長すべき」であり、「定期的に父母のいずれとも人的な関係及び直接の接触を維持する権利」を有する主体である。[註10]ここから、両親双方から愛情を受ける機会の確保は、面会交流に携わる弁護士が配慮すべき「子の最善の利益」たることが導かれる。そしてそれは、弁護士の職務たる依頼者の「正当な利益」の実現、すなわち子どもの成長を手助けし、親子間の相互理解を深めながら、子どもが一人の大人になって行く過程を共にする、両親それぞれの親としてのアイデンティティを支えることにも、大いに資するのである（二宮，2019b）。

....
●註10　主体としての子どもについては、小田切（2009）、菅原（2016）、村本（2018）を参照。

各事案における「子の最善の利益」が具体的に何を意味するのか、枝葉の部分での見解の相違はやむを得ない。しかし、根幹に両者が共に目指すのは「親子関係の維持」であることを据えて活動することが、面会交流に取り組む弁護士の職務と言えよう（片山・村岡編，2019, pp. 13-21）。

暫定的（試行的）面会交流の実施

　面会交流事件には、民事事件等の他事件と対比し特異な点がある。他事件が過去の事実関係に法適用し紛争を解決するのに対し、面会交流事件は、過去の事実関係を踏まえつつも、長期的視座に立ち、「今後の親子関係をどのように維持していくか」を探る、いわば将来に向け当事者間で擦り合わせを行うプロセスを伴う点である。

　近時、面会交流調停では、調停成立を目指し期日を重ねつつも、期日間に暫定的（試行的）面会交流を実施するケースが多い。これは一方からの申し出のケースもあるが、裁判所から提案されることもある。

　暫定的面会交流実施に伴う困難については割愛するが、調停にまで至らない任意協議レベルであっても、最終的な合意に至る前に暫定的な面会交流を実施することは有意義であり、依頼者の希望を踏まえ、阻害事由なき限り代理人から提案するのが望ましい（木下・三崎，2018, p.13）。

　例えば、面会交流に強い不安感を持っている同居親は、暫定的面会交流を経験することによって、「このような形だったらできる」「もっとこうしたい」といった、具体的なイメージを持つことができ、あるいは面会交流を終えた子どもの笑顔を目にし、面会交流を肯定的・積極的に捉える契機となる。反対に、別居親は子どもの様子を目にし、会話し、触れ合うことで、安心感を得ることができ、傷ついた親としてのアイデンティティが少しずつ癒え、穏やかになっていく。

　もちろん、全てが上記の通りとは行かず、子ども自身が面会交流を拒否するようなケースもありうる（この場合、心理学的専門性を持たない弁護士はこれが子の意思である等と拙速な判断はせず、精神科医・臨床心理士等の専門家や、家庭裁判所調査官の協力を得ながらの実施可能性を探るべきだろう）。しかし、筆者らが代理人を務めた面会交流事件には、暫定的面会交流を通して子どもが両親双方

との生活を強く望んでいることがわかり、非難合戦だった両親の状況が劇的に変化したケースは少なくない。その意味で、同居親・別居親どちらの代理人であっても、暫定的面会交流によって、子どもの心情・依頼者の思いの変化を観察しながら、依頼者と共に「子の最善の利益」に資する面会交流の在り方を見出すことは、有意義な作業なのである。

面会交流における代理人の「立ち会い」

ところで、合意に至らず双方の葛藤が低減していない段階で暫定的面会交流を実施する際、「代理人立ち会い」を要請されることが多い。

この点でも、筆者らは、同居親・別居親どちらの代理人の立場であっても、交渉・調停初期段階での立ち会いを、前向きに検討すべきと考えている。なぜならば、それまでは自分の依頼者の言い分が主たる情報源であったところ、実際の面会交流・受渡し場面での親子関係を直に目にすることによって、より客観的な視点から当該事案における「子の最善の利益」及び「子の意向」を検討することが可能となるからである。

調停・審判等の手続き中、例えば同居親の前で「会いたくない」と述べていた子どもが、久々に会った別居親に笑顔で抱き着いたことを双方当事者および裁判所と共有することで、面会交流の在り方を擦り合わせていく過程に、大きな利益をもたらす。[註11]

別居親からは監視と捉えられ、立ち合い自体が争点化することもあるが、「子の最善の利益」を根幹に据えた依頼者の正当な利益実現に資する有益な機会として、同居親・別居親双方の同意を得た上で立ち会うことには、一考の価値がある。

——面会交流紛争における
同居親側の代理人弁護士の役割

面会交流事件における同居親の立場

日本の家事司法の運用において、同居親は、あえて言うなれば、強い立場に

●註11　家庭裁判所調査官による調査にも同様の意義を見出しうる（小澤，2017）。

ある。面会交流を強制的に実施させる法的手段がない中、家庭裁判所は、面会交流を実施するためには「同居親の協力が不可欠」であるがゆえに、やむを得ず同居親の心情をより斟酌する傾向にあることは否めない。

しかしながら、同居親の代理人が、「子の最善の利益」を踏まえてその業務を遂行することは、決して容易ではない。[※註12]

同居親からのヒアリング・情報収集

同居親の依頼を受けた代理人は、まず同居親の面会交流に関する意向を聞き出すこととなる。

受任初期段階においては、依頼者の言い分にのみ接するのが通常であるが、ここで客観的事実関係の確認を怠り、依頼者の主観のみに引きずられながら着手すると、結果として「子の最善の利益」を実現できず、ひいては依頼者の真意から外れて行くこともありうる。

DVが原因で別居し、別居親との面会交流に恐怖心を抱く同居親も存在する一方、別居原因が自身の不貞行為にもかかわらず、頑なに面会交流を拒絶する同居親もまた存在する。こういった拒絶理由を十分にヒアリングせず、「子を別居親に会わせたくない」との依頼者の言い分をそのまま別居親に投げるような代理人活動は、子にとってはもちろん、依頼者の利益をも大きく損ねることになりかねない。

同居親の代理人は、同居親の意向と共に、別居の経緯や子どもと別居親の関係、子ども自身は別居親をどう捉えていると思うか、といったさまざまな角度からヒアリングを行いつつ、事実関係の裏付けとなる資料提示を求め、当該事案で重点的に考慮すべきポイントを見出していく必要がある。

同居親の意向に応じた同居親代理人としての活動

①同居親が面会交流に積極的な場合

同居親が面会交流に積極的であり、当事者間で連絡を取りながら面会交流を実施できている場合、あるいは面会交流支援機関が関与して実施できている場

●註12　山本ら（2016）の座談会で、片山登志子弁護士はこれに関して、同居親に対する専門家からのガイダンスの必要性を指摘している（p. 54）。

合、弁護士として面会交流に一切関知しないという考え方もありうる。しかし、そのようなケースにおいても、小さなトラブルが全く生じないわけではない。小さなトラブルが突如係属中の離婚訴訟において主張され、それをきっかけに、うまくいっていたはずの面会交流が中断することもある。

面会交流の実施状況について定期的にヒアリングし、いわば影の見守り役として、同居親代理人が紛争予防的観点から緩やかに関わっておくことは、決して無意味ではない。

②同居親が面会交流に消極的な場合

同居親が面会交流に消極的である場合、代理人は、まずはその心情に寄り添う必要がある。同居親が面会交流を拒否する理由はさまざまである。同居親の代理人弁護士は、それぞれのケースにおいて、事実関係と同居親の性質も十分に理解した上で、面会交流を制限すべき正当な事由がなければ、同居親に面会交流を促していくこととなる。

同居親の中には、別居親に問題もなく、子どもとの関係が極めて良好であることを理解しつつも、頑なに面会交流を拒否する者もいる。そのような同居親は、連れ去りが不安である、別居親と顔を会わせたくない、子どもが別居親に懐くのが不快だ、といったことを理由として挙げる。

しかし、連れ去り不安や別居親との接触を拒否する感情は、子どもの受渡し場面のルール化や、代理人立ち会い・面会交流支援団体の利用等によって軽減が可能である。そこで、代理人は同居親の心情に配慮して面会交流を実現するための具体的な工夫を提案し、同居親をエンパワーメントすることが求められる。

また、自己本位な理由での面会交流拒否は、同居親の親権者・監護者としての資質に疑義を持たせるリスクともなりうること、そして何よりも子の最善の利益に適わないことを、代理人は丁寧に説明すべきだろう。特に子どもの意思に反して別居親との面会交流を阻むことは、幼い子どもには理解できなくとも、成長するにつれ、同居親に対する強い不信感を生み出す。その結果、成長した子どもと同居親との信頼関係が崩壊し、大きな不利益を被るのは同居親である。

さらに、同居親が面会交流を拒否するに留まらず、別居親の悪情報を子ども

●註13　福岡家庭裁判所 平成 26（2014）年 12 月 4 日決定判時 2260, 92。

に吹き込むようなことを、代理人弁護士は許してはならない。別居親の悪情報を吹き込まれ続けた子どもは、健全な人格形成が困難となる。同居親が子どもの前で別居親を激しく非難するようなことがあれば、同居親の心情に理解を示しつつも非難を控えるよう促し、親子が面会交流を肯定的に捉えられるよう、サポートすることになろう。

③同居親が DV・児童虐待を理由に面会交流を拒否する場合

同居親が面会交流に消極的・拒否的な場合において、最も問題となるのが、DV もしくは児童虐待が疑われるケースである。

同居親が DV もしくは児童虐待を主張する場合、同居親側の代理人は、とにかく面会交流を拒否するのが正解である、との見解も存在する。別居親が DV 加害者である場合や児童虐待者であると思しき場合、同居親は子どもを守るために家を出たのに、面会交流を強要された結果、子どもを守りきれないあるいは自分自身を守りきれないのではないか、という理由である。

こうした見解に一理あるにせよ、同居親が DV や児童虐待を主張しているのであれば、代理人弁護士は、まずは同居親の話によく耳を傾けると共に、DV あるいは児童虐待と評価されるだけの事実関係の有無を、できる限り慎重に検討することが求められる。というのも、DV あるいは児童虐待の文言は、昨今かなり広範に用いられる傾向にあり、中には極めて安易に用いられるケースも存在するからである。

もっとも、ここで指摘したいのは、DV や児童虐待の主張がされれば、その主張の真偽が判断されるまで面会交流が実施されないことが正当化されている現状がある、という点である。こうした現状は、監護の継続性の原則（事実上の監護者として継続して子どもを監護している者に親権者監護者としての地位を与えるという原則）と相俟って、「誇張でも DV を主張した方が得策」という誤った認識を流布させる大きな原因ともなっている。

代理人が安易に同居親の言い分のみに基づいて活動を開始した後に、実際にはそれが夫婦喧嘩の一部を極端に誇張していたことが客観資料から裏付けられた場合、依頼者にとってリスクとなることはもちろんだが、それ以上に子どもに大きな損失を与えることになる。面会交流を実施できないまま過ぎ去った時間を取り戻すことはできないからである。

同居親の代理人弁護士は、依頼者の述べることに耳を傾けつつ、同居親の説明する事実関係に齟齬はないか、裏付けが認められるかを冷静に検討し、同居親の主張内容と DV・児童虐待といった評価が結びつかないと考えられる場合には、同居親である依頼者にそのことを説明し理解を得ながら、面会交流の実施を促すことになろう。

　逆に検討の結果、DV あるいは児童虐待の可能性があると思われたとしても、直ちに面会交流の一切を拒絶すべきと判断することは、拙速であると思われる。別居親側の主張を聞く前に、同居親側の主張や資料のみで別居親を DV 加害者、あるいは児童虐待者と断じて糾弾することは、夫婦間の紛争を一層激しいものにしてしまい、子どもの利益に決してならないからである。

　もちろん、DV 加害・児童虐待という指摘がある以上、別居後ただちに何らの制約もない面会交流を実施させるわけにはいかない。その場合、同居親の代理人は、裁判所の手続きを利用し、仮に面会交流を実施するにしても面会交流支援機関等の第三者を関与させる必要性を主張しつつ、並行して、裁判所において別居親による DV あるいは児童虐待の有無を客観的に検証していく道を選択すべきである。

　では証拠による審査の結果、DV あるいは児童虐待があった場合、面会交流はどうすべきだろうか。ここは非常に難しい問題である。ただ、指摘しておきたいのは、子どもにとって両親の存在は自己の人格形成において極めて重要であるということである。

　もちろん、DV 加害者あるいは児童虐待者を子どもと面会させることには慎重であるべきであって、児童虐待者でも面会交流の権利があるから実施せよ、などというのは粗雑な要望に過ぎない。ここで述べたいのは、DV 加害者あるいは児童虐待者に対して、親として失格の烙印を押して子どもと切り離し、子どもの前から完全に葬り去ることが、真に子どもの利益となるのだろうかという問題提起である。

　このようなケースにおいては、家庭裁判所調査官はじめ、児童心理の専門家の助力が不可欠である。子どもの状況や意思によっては、面会交流を実施しないこともあり得る。しかし、それでも全てのケースにおいて別居親と完全に断絶することが適切とも限らない。夫婦間において DV があっても、子どもは夫

婦間DVの影響を受けておらず、別居親との面会交流を積極的に望むケースも
ある。あるいは、児童虐待を受けていても、別居親のことは知っておきたいと
思う子どもも存在するからである。

　このような場合、代理人弁護士は家庭裁判所調査官あるいは専門家の協力を
得ながら、同居親の心情に十分に配慮しつつ、別居親と子どもを繋ぐ最適な方
法を検討することになる。直接交流が適切でない場合には、例えば別居親から
の手紙の送付、同居親からの子どもの近況報告や写真の送付といった、いわゆ
る間接交流と称されるものがその方法となるものと思われるが、同居親は、そ
れですら大きな負担感を持つこともある。代理人弁護士がやり取りの窓口にな
るなど、同居親の心理的負担を軽減する工夫が求められる。

●——面会交流紛争における
別居親側の代理人弁護士の役割

面会交流事件における別居親の立場

　面会交流事件における別居親は、苦しい立場に置かれることが多い。

　特に、同居親が面会交流になかなか応じようとしない場合、別居親は強い孤
独感と、親として自己否定された屈辱感を押さえきれず、その怒りや悲しみを
他にぶつけることは、非常に多い。特に、別居の原因が同居親に起因するとこ
ろが大きいケース（例えば同居親の不貞、同居親が加害者である夫婦間DV、同居
親のメンタルヘルスの問題など）では、別居親の被害感情は大きく、同居親に対
してだけでなく、裁判所に対しても攻撃的になりがちである。

面会交流実施可能ケースでの別居親への対応

　こうした状況において、代理人弁護士は、別居親の気持ちに共感の姿勢を見
せつつ、しかし、冷静に事実関係をヒアリングし、客観的資料の提示を求めて、
事案の検討をすることになる。そして、面会交流不実施とする正当理由がない
事案であるとの見立てを得た場合には、同居親に対して面会交流の実現を求め
つつ、別居親に対しては同居親への過度な攻撃は控えるよう説示するという難
しい舵取りが求められる。

つまり、別居親の代理人にはカウンセラー的な要素も求められるわけであるが、ほとんどの弁護士には心理学的な素養があるわけではない。そこで、別居親の苦しみが余りにも甚大な場合は、これを代理人だけで受け止めようとせず、臨床心理士等の専門家によるカウンセリングに繋げ、または心療内科・精神科の受診を促すことも必要となろう。

　それと同時に、少しでも別居親の苦しみを軽減し、そして何より子どもにとっても別居親との継続的な関係維持の機会を設けるべく、代理人は早期面会交流の実現を同居親あるいは裁判所に対して働きかけなければならない。同居親側から面会交流実施についての不安点等が挙げられた場合は、ただ反論するだけではなく、さらに別居親代理人としてその不安を軽減する形での暫定的面会交流を積極的に提案することも必要であろう。

面会交流実施困難ケースにおける別居親代理人の対応

　別居親の代理人も、同居親から DV あるいは児童虐待主張がある場合、証拠主義に基づき事実関係を慎重に判断しなければならないのは当然である。そして、別居親が同居親主張事実を否定しており、かつそれらの事実の有無に確信を持てない場合には、裁判所を介した面会交流の実施をできるだけ早期に実現することを目指し、並行して裁判所の手続きを通じて、DV あるいは児童虐待の有無を客観的に検証していく道を選択することになる。

　DV あるいは児童虐待の事実が認められない場合、まずは代理人立ち合いや面会交流支援機関の利用等、同居親と子どもとが安心して面会交流できる具体的方法を提案して暫定実施に繋げることが望ましい。そしてその結果を同居親や裁判所とも共有しながら、最終的な面会交流の在り方を詰めていくこととなろう。

　これに対し、DV あるいは児童虐待の事実が認められる場合、子の安全・福祉の観点から慎重な検討が求められる。その際には、裁判所、特に家庭裁判所調査官と十分な連携を図りながら、面会交流の可否、あるいは最も有用な面会交流の在り方を模索していくこととなる。

　その結果、限定的な間接交流が認められた場合、代理人弁護士は、子どもとの関係を細くとも長く繋いでいくことの重要性を、別居親に理解してもらうよ

う努め、間接交流が円滑に実施されることをサポートすることが望ましい。[註14]

●──それぞれの段階における代理人活動のポイント

任意交渉段階

　第三者の関与を必要とせず、当事者間の合意に基づいて実施される面会交流は、子どもにとって理想的である。当事者間で直接の話し合いができる融和的な状況があるからである。

　代理人が関与するのは、当事者間でのやり取りが困難、あるいは協議書や公正証書にまとめることを目的とするケースが多い。

　このようにして代理人が関与する場合、それまで面会交流が実施されていないのであれば、書面を作成するよりも前に、まずは双方の要望が重なる範囲で暫定的面会交流実施を先行させ、その状況を当事者・関与者で共有することが大変有益である（片山・村岡編，2019, pp. 22-24）。子どもにとってどのような面会交流が相応しく親子の交流に資するものであるかを関与する大人たちが把握すると共に、双方の親が自分本位ではなく、子どもにとって最善の利益は何かという視点から面会交流を考え始める契機となるからである。

　最終的に、同居親も別居親も、その子どものための一つのチームとして互いを意識できるようになっていれば、協議書や公正証書の作成の段に至っても、そこは条件闘争の場にはならず、それまで実施してきた面会交流の内容を書面に落とし込みつつ、詳細にし過ぎない柔軟な合意が可能となる（木下・三崎，2018, p. 13）。

　これに対し、暫定的面会交流を実施し時間をかけても、融和的な関係が構築されず、相互の緊張関係がなかなか和らがないのであれば、ある程度の条件闘争はやむを得ないものとして、相互の妥協点としての合意を指向することとなろう。

　しかし、当事者の関係がどのような状況であったとしても、代理人弁護士は、子どもにとっての親子関係の維持の重要性を折に触れて同居親・別居親双方に意識させることが求められる。

....
●註14　さらに金（2018, pp. 338-352）が紹介するような、DV加害者に対する教育プログラムおよび面会交流プログラムがインフラとして整備されることが望ましい。

調停・審判・訴訟段階

　裁判所での手続きを利用している段階は、対立構造に置かれるがゆえに、双方の葛藤が高止まりとなりがちである。この段階において代理人弁護士は、依頼者の意思を汲んで主張や疎明・立証を行いつつも、個々の事案の動きを注意深く見て、時機に応じた活動をすることが望ましい。

　例えば、暫定的面会交流も実施され、調停成立に向けてある程度の感触が得られているにもかかわらず、調停での些細なやり取りが発端となり、依頼者の強い要望から相手方を激しく非難するような主張をすれば、相互の協力関係は壊れ、その後の面会交流自体が難しくなってしまうだろう。

　逆に、任意での面会交流が実施できていたにもかかわらず、調停の途中から同居親が明確な理由もないまま一切の面会交流を拒否し始めたような場合においては、別居親側は無理に調停成立を目指さず、不調の上、それまでの面会交流実績を疎明資料に基づきしっかりと主張して、面会交流を命ずる審判獲得を目指すのが適切なこともある。

　また、任意での合意もしくは調停が成立し、面会交流が一定期間実施されている場合に、その後に係属した離婚訴訟の段階で、より緊密な面会交流が望ましいと思われる場合には、例えば和解条項に取り込む形で面会交流内容を上書きすることもありうる。

　このように、代理人は各々の事案の動きを読み、柔軟に活動する必要があるが、もう一つのポイントとして、特に双方の葛藤の程度が高い場合、依頼者の望む面会交流の形を、できる限り具体的に言語化しておくことが挙げられる。

　双方の葛藤が高い状況において、面会交流の内容が明確な文言で定められないことは、更なる紛争を生み出すこととなる。例えば、「協議により月２回程度実施する」と定められた場合に、同居親はできるだけ少なく実施したいと考え、別居親はできるだけ多く実施したいと考えていたとしたら、どうなるだろうか。実施回数はもちろんのこと、協議さえすれば条項を守ったことになるのかといった点で、調停・あるいは審判後に激しい意見対立が生ずることは、決して珍しくない。これこそ、子にとって不幸な状況である。

　面会交流が当事者間の協力によって実施される性質のものであることから、当事者間の「協議」による柔軟な定めが適切なケースもあるが、「協議」が苦

痛であり、ある程度裁判所にカッチリと決めてもらった方が楽、という当事者もいる。あるいは、同居親が面会交流に協力するか疑わしい場合、別居親の代理人は、調停・審判文言が曖昧であれば、将来の間接強制申立てのために再調停申立てが必要となることも意識しなければならないだろう。

　このような場合に代理人は、裁判手続き終了後を見据え、双方の主張内容に鑑み、当該子の最善の利益と依頼者の意向を考慮して相応しいと考えられる具体的な面会交流実施要領案を、根拠をもって示しておくことが適切である。

面会交流事件終了時期と代理人活動

　面会交流事件について、弁護士によっては、合意や調停の成立、あるいは裁判所の判断が示された段階で依頼は終了と考え、その後一切関与しないこともある。

　しかし、暫定的面会交流が順調に実施されていたのならば問題はないものの、そうでなければ、当事者にとっての本番はむしろ「事件終了後」からである（片山，2018, p. 45）。面会交流が円滑に実施されるようになるまで代理人が関与を継続することは、依頼者に対して安心感を与えることになる。

　当事者間でトラブルなく連絡を図ることができているか、あるいは面会交流支援団体の利用において問題は生じていないか。そして何より、取決め通りに面会交流は実施されているか。代理人が注意深く見守るべき点は多々ある。

　面会交流が安定して実施されるまでのアフターフォローは、子ども、そして依頼者の利益に適うものであり、代理人活動を終了させる時期については、柔軟に判断されることが望ましいと言えよう。

●──面会交流が履行されなかった場合の対応

履行勧告

　調停が成立し、あるいは審判が出された面会交流を、同居親が実施しないケースもある。こうした場合、裁判所の手続きとしては、履行勧告や間接強制が存在する。

　履行勧告とは、権利者である別居親からの申立てにより、裁判所が義務者である同居親に対して決められた面会交流を実施するよう勧告する手続きである。

ただ、履行勧告については強制力は一切なく、同居親が履行を拒絶したとしても何らのペナルティーもない。それゆえ、面会交流の実現を担保するという意味での存在価値は非常に小さい。

ただし、家庭裁判所調査官が履行勧告の記録として作成する調査勧告票には、同居親の主張が明確に記される。同居親が履行を拒絶しているような場合、別居親にとっては、調査勧告票により同居親の考えを理解し面会交流実施に向けたヒントを把握できる点、もしくはその後の手続き選択とその疎明・証拠資料を得られるという点で、無意味ではない。

間接強制

かかる履行勧告が行われてもなお同居親が決められた面会交流を実施しない場合、さらなる手続きとして間接強制が存在する。間接強制は、権利者である別居親からの申立てにより、義務者である面会交流を実施しない同居親に対して、金銭支払いを命じるものである。心理的強制という意味で面会交流実現のための一定の効果は期待できる。

しかし、最高裁平成25（2013）年3月28日小法廷判決が、間接強制は「面会交流の日時又は頻度、各回の面会交流時間の長さ、子の引渡しの方法等が具体的に定められているなど監護親がすべき給付の特定に欠けるところがないといえる場合」に可能と判示したものの、この条件を満たすだけの調停や審判を得ることは容易ではない。

さらに、間接強制が認められたとしても、同居親に財産的引き当てがない場合などは、金銭徴収が不可能である。金銭徴収が実現されても、面会交流を拒み続けるケースも珍しくなく、面会交流を実施するための手続きとして、その効果に少なからず疑問がみられる。間接強制は、同居親の経済基盤を毀損しながら面会交流も実現されないという、子どもにとってはまさに最悪ともいえる結果をもたらしかねない。面会交流は子どものためにある。にもかかわらず間接強制に依存せざるを得ない現在の状況は、面会交流実現のための法制度不備との誹りを免れないだろうことは付言したい。

上記のような間接強制のデメリットを懸念する場合、あるいは間接強制を申し立てたくとも調停・審判の条項が特定性に欠ける場合、再調停を申し立てること

を選択せざるを得ない。再調停が実りあるものとなれば、それが一番良い。しかし、再調停を申し立てられた側（多くは同居親）は、いつまでこのような手続きに付き合わねばならないのかと、紛争が再び激化しがちであることも現実である。

代理人として注意すべき点

面会交流は、同居親と別居親が話し合ってお互いに納得して実施されることが本来望ましい。子どもに心理的負担を負わせないためにも、「話し合いが第一」であることは当然である。履行勧告や間接強制といった手続きは、同居親との話し合いによる解決が不可能と明確になった時点で、初めて着手すべきものであろう。それゆえ、別居親の代理人弁護士は、履行勧告や間接強制を行うべきか否か、話し合いの余地がないか、十分に検討し、同居親に対して話し合いのテーブルにつくよう声をかける努力を行うべきである。

また、同居親の代理人として、履行勧告や間接強制の場面に遭遇した場合、面会交流を拒む正当な理由を持たない同居親に対しては、話し合いのテーブルにつくことが子どもにとって望ましいことを説示し、これ以上紛争を激化させないよう最大限の努力をすべきである。こうした努力もむなしく、面会交流が実施されない場合、履行勧告や間接強制の手続きを行うことはやむを得ない（片山・村岡編，2019）。

いずれにしても、履行勧告、間接強制を行うにあたって弁護士はそのプロセスを誤らないよう注意するとともに、現に手続きを行うにあたっては、その手続きを利用する意味、すなわち「子の最善の利益」となることかを、十分に念頭に置いておく必要がある。

●──おわりに

同居親と別居親が激しく対立する場面に当たっては、裁判所も悩みが多いと思う。立法による面会交流インフラの整備が整っていない現状で、裁判所を責めることは無意味であり、裁判所に過剰に期待することにも無理があると言わ

●註15　例えば、若林（2018, pp. 24-25）、榊原（2018, pp. 364-365）、二宮・渡辺（2018, pp. 367-379）を参照。

176　第8章 ● 面会交流をめぐる紛争の特徴と弁護士の対応について

ざるを得ない。もっとも、共同親権制導入となれば、裁判所にも変化がもたらされるだろう。

しかし、単独親権制度下においても、裁判所の運用で可能なことはあるのではないだろうか。いわゆるフレンドリーペアレント・ルール、あるいはパラレルペアレンティングの採用・実践である。

フレンドリーペアレント・ルールは寛容性の原則とも言われ、面会交流に積極的な親に対して、優位性を認める考え方である。平成28（2016）年3月29日千葉家庭裁判所松戸支部で下された、いわゆる「百日面会交流判決」は、このフレンドリーペアレント・ルールを正面から採用した判決として注目された。ただこの判決は、その後東京高裁で覆されており、現在の裁判所の運用では、かかる東京高裁の判例が判断の基軸として通用している（Pedro-Carroll（丸井訳），2015, pp. 235-244）。しかし、それでもなお、単独親権制度下においてフレンドリーペアレント・ルールは面会交流の実現を促すために有用である。

また、高葛藤の父母で面会交流が争われる場合には、相互の協力を積極的に求めることはせず、むしろ決められたルールに則って相互に干渉せずに養育するというパラレルペアレンティング（並行的養育、並行子育て）という考え方が、有用な場合もある。この考え方は、令和元（2019）年12月21日に日弁連家事法制シンポジウムにおいても、調停に基づく実践例と共に紹介されており、筆者らの依頼者にも、パラレルペアレンティングに則り、両親間で直接的コミュニケーションを図らず、裁判所での取決め通りに、毎週子が両親の間を行き来しているケースがある。

親子の充実した面会交流の実現のため、フレンドリーペアレント・ルール、あるいはパラレルペアレンティングを積極的に取り入れ、面会交流促進の一歩を裁判所から踏み出すことを、弁護士として強く期待したい。

文　献

Pedro-Carroll, J.（丸井妙子訳）(2015). 別れてもふたりで育てる，明石書店

....

●註16　その判断基準については、近藤・西口編著（2018）pp. 102-109 を参照。

●註17　日本弁護士連合会家事法制シンポジウム「今改めて『親権』について考える：子の最善の利益の視点から」（2019）における芝池俊輝弁護士による基調講演。

Fuhrmann, G. S. W., & Zibbell, R. A.（田高誠・渡部信吾訳）（2016）．離婚と子どもの司法心理アセスメント．金剛出版．

池田清貴・鶴岡健一・泉房穂・近藤ルミ子・菅原ますみ・二宮周平・若林昌子・安倍嘉人（2016）．［ディスカッション］離婚紛争における合意形成支援の現状と課題．家庭の法と裁判，5, 32-42.

石田京子，高中正彦，植田正男，西田弥代（2019）．［座談会］相手方に対する配慮義務．ジュリスト，1534, 72-85.

小澤真嗣（2017）．子の福祉の実現に向けた家庭裁判所調査官の活動について．家庭の法と裁判，8, 32-39.

小田切紀子（2009）．子どもから見た面会交流――離婚家庭の子どもたちの声．自由と正義，60（12），28-34.

片山登志子・村岡康行（編）（2019）．代理人のための面会交流の実務．民事法研究会．

片山登志子（2018）．家事調停における自主的な解決の促進と子どもの意思の尊重．二宮周平・渡辺惺之（編著）．離婚紛争の合意による解決と子の意思の尊重．日本加除出版．

木下真由美・三崎高治（2018）．面会交流事件における代理人活動について．家庭の法と裁判，13, 11-18.

金成恩（2018）．韓国におけるDV事案と子の養育保障への取り組み．二宮周平・渡辺惺之（編著）．離婚紛争の合意による解決と子の意思の尊重．日本加除出版．

窪田允見（2018）．面会交流の現状と課題．家庭の法と裁判，13, 4-10.

近藤ルミ子・西口元（編著）（2018）．離婚をめぐる親権・監護権の実務．学陽書房．

榊原富士子（2018）．養育費・面会交流支援の裁判外の取り組み．二宮周平・渡辺惺之（編著）．離婚紛争の合意による解決と子の意思の尊重．日本加除出版．

菅原ますみ（2016）．親の離婚を経験する子どもたちの受ける影響及び子どもや親に対する専門的支援の在り方．家庭の法と裁判，5, 6-10.

棚村政行編著（2017）．面会交流と養育費の実務と展望――子どもの幸せのために．日本加除出版．

二宮周平（2019a）．面会交流の権利性――人格的構成（1）．戸籍時報，785, 2-11.

二宮周平（2019b）．面会交流の権利性――人格的構成（2）．戸籍時報，787, 2-9.

二宮周平・渡辺惺之（2018）．おわりに――新たな解決モデルに向けて，法整備の課題．二宮周平・渡辺惺之（編著），離婚紛争の合意による解決と子の意思の尊重．日本加除出版．

原千枝子（2018）．養育費相談の現状と養育費確保を巡る課題．家庭の法と裁判，12, 22-23.

村本邦彦（2018）．親の離婚と子どもの意思――心理学的見地から．二宮周平・渡辺惺之（編著）．離婚紛争の合意による解決と子の意思の尊重．日本加除出版．

山本和彦・小田正二・大島眞一・片山登志子・大森啓子・七尾聡・椎野肇・山本英明・浅岡富美（2016）．［座談会］家事事件手続法施行後3年の現状と今後の展望．家庭の法と裁判，4, 6-56.

若林昌子（2018）．面会交流当事者支援の現状と課題．家庭の法と裁判，13, 24-25.

第9章

小泉道子　[一般社団法人家族のための ADR 推進協会／家族のための ADR センター代表]

ADR（裁判外紛争解決手続）による面会交流の取決め

——はじめに

　筆者は、家庭裁判所調査官として各地の家庭裁判所に勤務した後、現在は、認証紛争解決事業者（以下、「認証 ADR 機関」と呼ぶ）として、離婚や相続といった親族間紛争の協議の場を提供している。日々の業務を通じ、親族間紛争は、認証 ADR 機関の利用が有効であると感じているが、とりわけ、面会交流については、認証 ADR 機関による解決が最適であると考えている。なぜなら、面会交流は、実施にあたり父母の協力が必須であり、誰かに押し付けられた取決めは、遅かれ早かれ破綻するからである。この点、認証 ADR 機関を利用した話合いは、互いの納得を重視する話合いの場であり、実行性の高い面会交流の取決めが可能なのである。

　また、認証 ADR 機関を利用する父母たちは、家庭裁判所を利用する父母に比べ、比較的葛藤が低いと言える。そのため、当事者からは、父母や子どもの飾らない気持ちや率直な悩みが語られ、面会交流の取決めの場として、認証 ADR 機関は、本来的な役割を果たしていると考える。

　そこで本章では、はじめに ADR の法的な背景を述べ、実際の手続きの流れや事例を紹介したい。その上で、認証 ADR 機関での話合いを通じて見えてくる面会交流の取決めにおいて大切だと思われる要素に言及し、円滑な実施のための

提案を行いたい。また昨今、父母のみでの面会交流の実施が難しいケースが増加しており、その場合の面会交流第三者機関の利用についても触れることとする。

●──ADR と ADR 法

ADR という言葉を初めて聞く読者も多いと思われるため、まずは、ADR について説明したい。ADR は、歴史も長く、各国で発展してきた経過がある。また、日本においても、さまざまな分野の ADR 機関があり、社会の中で役割を果たしている。ADR の詳細は専門書に譲ることにするが、まずは、ADR のあらましを説明し、次に、認証 ADR 機関を利用して面会交流について取り決めるメリットやデメリットを考察していくこととする。

ADR の定義と分類

ADR とは、Alternative Dispute Resolution の略語であり、紛争解決の代替の方法といった意味合いがある。日本では裁判外紛争解決手続と訳され、裁判外紛争解決手続の利用の促進に関する法律（以下「ADR 法」という）では、「訴訟手続によらずに民事上の紛争を解決しようとする紛争の当事者のため、公正な第三者が関与して、その解決を図る手続」（1 条括弧書）と説明されている。また、法務省のウェブサイトでは、「裁判によることもなく、法的なトラブルを解決する方法、手段など一般を総称する言葉です。例えば、仲裁、調停、あっせんなど、様々なものがあります」と記載されている。ADR の定義については、各種議論があるところであるが、本章を読み進める上では、上述の ADR 法および法務省の説明を前提に、「裁判以外の方法で、第三者が間に入って紛争を解決する手続き」と理解してもらえば十分である。

また、ADR は、その種類もさまざまであり、分類方法も複数あるが、ここでは運営主体別の分類例を表 1 に紹介するので参考にされたい（紛争の種類については、あくまで一例である）。

ADR の歴史

ADR は、非暴力的な紛争解決の手段として、公権力による強制的な裁判制

表1 ADR の分類

	運営主体	紛争の種類
司法型 ADR	簡易裁判所	民事調停
	家庭裁判所	家事調停
	地方裁判所	労働調停
行政型 ADR	国民生活センター	消費者紛争
	中央労働委員会	労働争議
	社会福祉協議会	福祉・介護サービスに関する苦情
	建設工事紛争審査会	建設工事の請負に関する紛争
民間型 ADR	弁護士会	民事紛争一般
	社会保険労務士会	労働関係紛争
	土地家屋調査士会	土地の境界に関する紛争
	家電製品協会	商品の欠陥に関する紛争（家電）
	日本商事仲裁協会	商事に関する紛争

度が確立する前から存在していた。そして、近代国家による裁判制度が確立すると、その裁判制度に ADR を取り込む形で発展した（司法型 ADR）。1970 年代のアメリカでは、訴訟の大量化とそれにともなう審議期間の長期化、手続の複雑化等に対する危機意識から「ADR ムーブメント」が起こり、国家の裁判制度の外で、私的な共同体の紛争解決手続が発展した（民間型 ADR）。同時期にイタリアやイギリスでも ADR を促進する政策が進められた（山本，2015）。アジアに目を向けてみても、ADR を促進する動きが見られ、中国では 2010 年に非法律家が手続を実施する人民調停制度が法制化された。この人民調停は、急激に増加した人口や紛争に対応するため、「大衆的」・「草の根的」紛争解決を目指す制度であり、今や民事訴訟数を大きく上回る受理件数がある（住田，2011）。

　以上のように、各国で発展している ADR であるが、日本においても古く戦前から始まっていた。1920 年代には初めての仲裁機関として、海事紛争に関する仲裁制度が開始された（民間型 ADR）。また裁判所では、借地借家法に関する調停制度が開始となり、戦後も引き続き司法型 ADR が次々と確立された

（山本，2015）。現在、面会交流調停の主流である家庭裁判所における調停制度が創設されたのもこの時期である。このように、各種 ADR 機関が創設されたが、民間型 ADR に関しては、人的および財政的問題が生じやすく、あまり発展してこなかった。そこで制定された法律が、裁判外紛争解決手続の促進に関する法律（ADR 法）である。

ADR 法について

◉制定の背景

制定のきっかけとなったのは、1999 年に設置された司法制度改革審議会である。司法制度改革と言えば、裁判員制度の導入や法科大学院の設置を思い出す読者も多いことと思うが、ADR 法もこの流れの中で生まれた法律なのである。

同審議会は、国民がより利用しやすい司法制度にすることや国民の司法制度への関与などを目指して設置されたものであり、法律学研究者 3 名、法曹関係者 3 名、その他（経済界、消費者団体、労働界等）7 名の委員で構成されていた。この点、利用者の立場の委員が過半数を占めていたこともあり、ユーザーの立場が重視され、当初はあまり注目されなかった ADR が「裁判と並ぶ魅力的な制度」として注目されたという裏話的な経過がある（山本，2015）。

◉法務大臣による認証制度

ADR 法の柱の一つは法務大臣による紛争解決事業者の認証制度である。すなわち、法定の基準・要件に適合する機関を法務大臣が認証し、認証を受けた民間紛争解決事業者の利用に関し、所定の要件の下に、時効中断効、訴訟手続の中止効等の法的効果が付与されるのである。また、調停前置の特例や弁護士法 72 条の例外についても、認証による法的効果である（出井，2010）。ここで認証を受ける機関として想定されているのは、上述の民間型 ADR 機関である。民間型 ADR は、司法型 ADR や行政型 ADR に比べ、利用者から信頼を勝ち取るのが難しいという問題を抱えていたが、法務大臣が業務を認証し、お墨付きを与えることでこの問題を解決しようというのである。また実際に、時効の中断等の効果を適用することで、利用者の利益も守られる。法務省は認証 ADR 機関に「かいけつサポート」という愛称をつけ、法務省のウェブサイトで紹介したり、認証 ADR 機関を紹介したパンフレットを作るなど、広報に努めてい

る。もっとも、認証制度は個人や法人に対する資格制度や免許制度ではなく、紛争解決手段の選択の目安を示し、利便の向上を図るものである。

◉ ADR の意義

司法制度改革審議会意見書（2001 年）では、ADR の意義として以下の点を挙げている。すなわち、①利用者の自主性を活かした解決、②プライバシーや営業秘密を保持した非公開での解決、③簡易・迅速で安価な解決、④多様な分野の専門家の知見を活かした解決、および、⑤法律上の権利義務の存否にとどまらない実情に沿った解決、が可能であるとしている。各 ADR の機関は、独自に運営されているため、全ての機関に①〜⑤の意義があてはまるわけではないが、①は、裁判と比べた際の ADR の大きな特徴であり、意義であるといえる（山本，2015）。とりわけ民間型 ADR は、裁判所や行政の運営下にないため、利用者の自主性や自由な意思決定が基本である。そのため、面会交流の取決めにおいても、筆者は司法型 ADR である家事調停より民間型 ADR の方が有効であると感じている。以下では、実際の取決めについて詳細を述べることとする。

なお、表 1 では、裁判所が運営主体となる民事調停や家事調停も ADR に含まれているが、本章では、以下、民間の認証 ADR 機関による手続きのみを指して「ADR」と記すこととする。

―ADR を利用した面会交流の取決めについて

面会交流を扱う ADR 機関は複数あり、筆者が運営する「家族のための ADR センター」（以下、「当センター」という）もその一つである。その経験を踏まえ、ADR による面会交流の取決めについて、実際の手続きや家庭裁判所の調停と比べたメリットやデメリット、そして典型例などについて述べることとする。

手続きの流れ

面会交流を扱う ADR 機関の手続きの流れは、多かれ少なかれ、家庭裁判所の家事調停の手続きに似ている部分がある。すなわち、申立書の提出に始まり、調停という話合いを経て、合意に至るという一連の過程である。一方で、ADR ならではの特徴や工夫も多くあるため、当センターでの手続きを例に具

体的に説明していくこととする。

◉ 申立て

各 ADR 機関が独自の申立書を作成しており、統一した書式はない。ただ、全般的に申立書に記載すべき内容や添付資料について、家庭裁判所での家事調停に比べて簡易な内容となっている。すなわち、申立てのハードルを下げ、準備が大変で申立てまでたどり着けないという事態を防ぐための工夫である。また、申立書の記載方法を丁寧に説明することもある。というのも、申立人としては、ついつい不満や不平、もしくは自分の希望ばかりを羅列したくなるが、それを読んだ相手方の受け止めは想像に難くない。そのため、何について話し合いたいのか、どうして ADR による話合いを選択したのか、そういったことをシンプルに書いてもらうよう助言している。

◉ 相手方への連絡

申立書（および必要な添付資料）の提出と申立料の支払いが完了すると、案件の「受理」となり、引き続いて相手方への連絡ということになる。当センターの手続きでは、申立書の写しや ADR に関する説明文書を同封した上で、話合いに応じるかどうかの照会書を返信期限付きで郵送している。

ADR による協議に応じるかどうかは任意であり、まずは相手方に応じてもらわないことには始まらない。そのため、ADR の趣旨および、「争いたいわけではなく、穏やかに話し合いたいと思っているだけ」という申立人の気持ちを伝えるようにしている。また、ADR 機関は申立人の味方ではなく、あくまで間に入る調停の機関であることを理解してもらうことも重要なポイントである。

相手方の意向が「不応諾」であれば、残念ながら手続きを進めることができなくなり、その時点で終了である。一方、幸いにして相手方から「応じる」旨の返信があれば、期日の調整へと進んでいく。

◉ 調停期日

紛争解決の手段は各機関によってさまざまであるが、面会交流の案件を扱う ADR 機関のほとんどは、申立人および相手方が同席した上での調停を原則としている。そこに、1 名ないし 2 名の調停者（当事者の間に入って調整活動をする者、各機関によって調停人や調停者などと呼び名が異なる）が入り、当事者の話合いをサポートすることになる。当センターでも、DV があったり、夫婦間

の力関係の差が著しく、相手と同席だと言いたいことが言えなくなってしまうなどの事情がない限り、同席調停で話し合うことを原則としている。同席調停のメリットとして、双方の意向が伝わりやすいこと、伝言の時間が不要なため、協議が早く進行すること、同席の方が意外と相手に対する不平・不満が出ず、冷静に話し合えることなどが挙げられる。

ADRの肝心要は、調停者である。調停者の資格は、法務省に申請する際、厳格に審査される。そのため、取扱い分野に関し、十分な知識がある者に限定されるのである。当センターの場合、弁護士、家事調停委員経験者、家庭裁判所調査官経験者に限られる。ただ、調停者資格はある意味最低限の資格であり、その資格を有した上で、うまく当事者の意向を吸い上げ、調整していく能力や、法的知識はもちろんのこと、問題解決のために必要な周辺知識や子の福祉に関する知見が求められるのである。

◉終結

ADRによる話合いが合意に至った場合、合意書を作成することになるが、その合意書の法的性質は、それ自体では強制執行ができないという意味において、離婚協議書の域を超えないものである。そのため、養育費等の継続給付の取決めがある場合、ADR機関では内容を同じくする公正証書の作成までをサポートすることがほとんどである。ただ、面会交流のみの取決めの場合、間接強制が可能となるような文言を記載しないかぎり、家庭裁判所の調停や審判であっても、また、公正証書で取り決めたとしても、結局は強制できない。つまり、面会交流が取決め通りに実施されるかどうかは、強制執行の可否ではなく、いかに自分が納得して合意したかにかかっているのである。そういう意味でも、面会交流はADRによる取決めが最適だと思っている。

一方、残念ながら、合意以外の終結パターンもある。申立人による取下げや相手方による手続終了依頼である。また、調停者が合意の見込みがないと判断した際も、当事者と協議した上で不成立の手続をとることもある。

ADRを利用するメリット

◉利便性・迅速性

ADR機関による手続きは、利便性の高さが特徴である。連絡手段として

メールを利用できたり、Skype や Zoom といった web システムを使って話合いに参加することが可能である。また、平日の夜間や休日の利用も可能である機関が多く、期日間の間隔も任意に決めることができる。このような利便性は、単に便利なだけではなく、連絡手段の多様性や、次回期日の設定のしやすさにつながり、結果として早期解決が見込めるのである。

この点、紛争性が高まらないうちの早期の解決が重要であることは面会交流に限らない。しかし、面会交流は、子どもの心情が関係してくるため、より一層迅速性が重要である。家庭裁判所に勤務していたころ、同居当時の親子関係は良好だったのに、裁判所での話合いが長引くにつれ、子どもが親の紛争に巻き込まれた結果、純粋な気持ちで別居親との面会交流を楽しめなくなってしまう例を数多く見聞きした。また、面会交流の話合い中、暫定的に会えている親子はよいが、正式に取り決めるまでは面会交流の実施に消極的な同居親が多いのもまた事実である。そういった面でも早期解決のメリットは大きいと考える。

◉親子の現状に即した取決めが可能

子どもの年齢や性別、生活環境や置かれた状況、また、両親の葛藤の程度や内容など、面会交流を行う親子の状況はさまざまであり、一組として同じ親子はいない。そのため、本来、「月に 1 回程度」という決め方がオーソドックスなのではなく、それぞれのニーズに応じて、個別の面会交流メニューを作成するのがベストである。例えば、平日の夕方以降、一緒に夕食をとるという面会交流が適している親子もいれば、遠方に住んでいる場合などは、普段はメールや LINE でやり取りし、長期休暇の際に宿泊付きの面会交流をするといった具合である。また、きょうだい揃って行うのが原則であるが、子どもの年齢や性別によって、一緒の面会だと十分に楽しめないこともある。そんな場合は、個別に会うという方法もある。面会交流は、ある程度自由度を持たせた取決めが望ましく、問題になりそうな箇所に絞って詳細を取り決めることになるが、具体的な面会交流のイメージがあってこそ、頻度や時間が決まってくるのである。

この点、家庭裁判所の調停は別席で行われるのが原則であるし、そもそも裁判所という争いのステージにいるため、当事者双方が互いに父母および子の生活を考慮しながら面会交流のプランを作り上げていくという作業が困難になる。審判に移行した場合は、なおさらである。

一方、ADR を利用する場合、原則同席の場で話し合うことになり、また、裁判所に比べて格段にリラックスした雰囲気の中で話合いが進む。そのため、各親子の現状に応じた面会交流をイメージしつつ、条項に落とし込むことが可能である。

◉当事者の納得が得られやすい

　本章の冒頭で述べた通り、面会交流の取決めを実現可能なものにするためには、父母双方の納得が必須であり、誰かに押しつけられた結果ではなく、自分自身が主体的に考え、決めた結論であることが肝要である。例えば、養育費などの金銭的な紛争であれば、納得していなかったとしても、強制執行が可能である。しかし面会交流は、間接強制という方法はあったとしても、直接的に面会交流を強制する方法がない。そのため、当事者が主体的に問題解決に関与し、結果にかかわらず、そこに至る経過に納得していることが必要なのである。以前、当センターで調停を行った相手方から、次のような内容のメールをもらったことがある。「合意内容については満足していない部分もある。しかし、合意に至る経過には納得している」。合意内容については、相手があることなので、自分の主張ばかりが通るわけではない。しかし、その結果に至る経過には満足しているということであり、この納得が、面会交流の円滑な実施には欠かせない。日々感じているのは、第三者を入れたとしても、同席の場で腹を割って話し合うことが可能なうちに、物事を決めておいた方がよいということである。葛藤が高まってしまうと、この構造での話合いは不可能になり、互いの権利の主張に終始してしまうのである。

ADR を利用するデメリット

◉費用

　ADR の費用は各機関が独自に設定しており、統一された料金体系はないが、おおむね利用しやすい料金に設定されている。ただ、家庭裁判所の本人調停（弁護士を代理人として依頼せず、当事者本人のみで調停を行うこと）の場合、必要な費用は申立時の数千円の郵券と収入印紙のみであり、期日のたびに費用がかかるということはない。そのため、家庭裁判所の調停に比べると ADR の利用料は高いということになる。しかし、弁護士を依頼した上で調停を行う当事

者が増えていることや、相手が弁護士に依頼した場合、自分自身も弁護士に依頼せざるを得ないという状況を考えると、家庭裁判所の手続は安価であるとも言い切れない。

◉ 任意性

家庭裁判所の面会交流調停は、相手方が出頭しない場合、審判手続に移行する。それでもなお相手方が出頭しない場合、裁判官が申立人の主張をもとに審判を下すことになる。また、相手方が出席したとしても、理由なく面会交流に応じないような場合、同じく最終的には裁判官が子の福祉を考慮して結論を出すことになる。

一方、ADR の場合、相手方が応じなければ、それ以上何もできない。例えば、婚姻費用の協議であれば、「ADR に応じなければ、協議の場が家庭裁判所に移るだけ」「家庭裁判所の調停では、いくら拒否しても算定表をベースに金額が決められる」といった認識を持っている当事者が多く、結果として ADR での取決めがスムーズになることが多い。しかし、面会交流の場合、そこまで明確な実施基準があるわけでなく、子の福祉に適うか否かの判断は、それぞれの価値観や考え方による。そのため、相手方が「面会交流は子どものためにはならない。話合いにも応じたくない」と考えているとき、相手方に ADR で協議をするニーズはなく、不応諾の確率が高まるのである。

◉ ADR が適している案件とは

ここまで、ADR のメリットやデメリット、もしくは家庭裁判所の調停との相違点等について述べてきたが、まだまだ ADR が周知されていないこともあり、「こういうケースだと家裁の調停と ADR のどちらが適しているか」といった質問を受けることが多い。そこで、まずは、家裁と ADR の特徴をまとめた表2 を見ていただき、以下で、筆者が考えるところの ADR が適している案件について述べたいと思う。

◉ 紛争性の程度・合意の準備の有無

上述したように、ADR による調停は、応じるか否かは相手方の任意であり、また、合意に至らなかった場合、家裁の面会交流調停のように審判移行して裁判官が決定するという制度もない。そのため、紛争性が高く、譲歩の余地のない当事者には向かないと言える。一方で、家裁の調停どころか、離婚裁判を経

表2　ADR と家裁の調停の比較

利便性／ 迅速性	ADR	メール利用可・土日や平日夜間も利用可・期日間の間隔は任意→早期解決への期待
	家裁の調停	連絡手段は電話と郵便・期日は平日の日中のみ・期日間の間隔は1か月→長期化することも
費用	ADR	機関によって異なるが、解決まで数万円が必要
	家裁の調停	申立時の数千円のみ（弁護士に依頼した場合はその限りではない）
任意性・ 納得度など	ADR	強制力がなく、相手方が応じなかったり不成立に終わった場合、何も取り決められない。一方その任意性ゆえ、応じてくれた場合は現実に即した納得度の高い話合いが期待できる
	家裁の調停	相手方不出頭もしくは不成立の場合、審判移行し、裁判官が決定。ただ、決定に対する納得度や実行性が低い場合もあり

た当事者の面会交流に関する再協議の場として ADR が利用され、無事合意に至ることもある。このような当事者は、父母間の葛藤は高いものの、紛争に疲れ、解決へのニーズが高いという特徴がある。このように、合意への準備ができている当事者は、ADR での解決に向いていると言える。

◉利便性や早期解決を重視するか否か

ADR 機関を利用した場合は、上述のように早期の解決が見込まれる。そのため、多少の費用を支払っても利便性や早期解決を求めたい当事者に適している。一方で、じっくり考えたり話し合って決めたい、そのたびに費用がかかるのは困る、といった当事者には、家庭裁判所の調停が適している。

◉穏やかな解決へのニーズ

一般の当事者は、調停・審判・裁判といった区別はあまりなく、手続機関が裁判所というだけで、何か身構えるような印象を持ったり、権威性を感じる人が多いように思う。一方で、民間機関である ADR 機関は、強制力もなく、制度の枠も緩いため、任意性や主体性が重視されるところがある。そのため、厳密な制度の中できちんと決めてほしいという当事者には家庭裁判所が、穏やかな雰囲気の中で主体的な解決を見出したいという当事者には ADR が適しているように思われる。

典型事例の紹介

ここまで、ADR の法的側面や ADR の手続きについて述べてきた。次は、ADR を利用した面会交流の取決めについて典型例をいくつか紹介したい。

◉離婚時の面会交流の取決め

離婚条件の取決めに際し、紛争性はそれほど高くはないが、だからといって二人では話合いができない父母が、ADR を利用して離婚条件を話し合うというケースがある。この場合、さほどもめずに面会交流を取り決めることができ、同居親は、「子どもの生活に支障がなければ」という条件つきではあるが、比較的自由な面会交流を認める。一方、別居親も、できるだけ多くの面会交流回数を確保したいという姿勢ではなく、子どもの生活に即した現実的な回数や方法を提案するなど、柔軟な姿勢を見せてくれる。また、父母共に面会交流の取決めについてイメージを持っていない場合もあり、そもそも面会交流では何を決めておくべきなのか、という質問から始まり、父母で一緒に考えるというスタンスになれることもある。

◉別居の際の面会交流の取決め

昨今、育児に積極的にかかわる父親が増えており、それ自体はとても望ましいことなのだが、夫婦不和に陥った場合、監護者および親権者の指定に関する紛争が激化する事態が起こっている。特に別居の場面では、父母のどちらが子どもと生活を共にするのかについて合意が得られず、身動きができない状態が続いたり、合意がないままに子どもを連れて別居を強行した結果、「子の連れ去り」だと言われ裁判所で争うことになってしまうことがある。

そんな事態を避けるため、ADR にて別居に関して話し合う夫婦が少しずつではあるが増えている。

母親は、父親がある程度育児に参加していることも認識しているし、子どもが父親を慕っていることも理解している。そのため、父親の同意を得ないままに、雲隠れのように別居することは、子どもにとっても望ましくないという判断になる。また、昨今の社会情勢から、「子の連れ去り」という言葉を耳にしたことがある利用者も多く、相手の同意を得ずに子どもを連れて家を出ることを非難されたらどうしようという感覚があるのである。

一方、多くの父親は、いくら育児に協力的と言えども、母親と同じくらいの

質と量の育児をこなしている人はそう多くない。そもそも、数カ月から1年にわたる育児休暇を取れる男性はまだ少なく、子どもの年齢が小さければ小さいほど、母親の監護実績が勝っているのである。そうすると、いくら「出ていくなら子どもを置いて出ていけ」と言ったところで、物理的に別居を阻止できるわけではなく、出ていかれた結果、裁判所に子の引き渡しや監護者の指定を申し立てたとしても容易に勝てるものではないことを理解している。そして、家庭裁判所で争っている間は、「面会交流中に連れ去りの危険がある」などと言われ、子どもとの面会交流ができなくなったり、第三者機関の見守りの中、短時間の面会交流に甘んじざるを得ない事態が待っているのである。そうであるならば、監護者になることは諦めたとしても、充実した面会交流を獲得した方が、自分自身にとっても、また子どもにとっても利益があると結論づけるのである。

こういった夫婦が取り決める面会交流の内容は、宿泊を伴ったり、祖父母も含めた面会交流はもちろんのこと、長期休暇時の1週間程度の旅行や宿泊、習いごとの送迎など多岐にわたる。

ただ、このような取り決めは、ゼロから作り出されるものではない。これまで親子でやっていたことや子どもが喜んでいたことをベースに組み立てられるのであり、これまでの関係性をなるべく変えずに継続する趣旨なのである。

一方で、別居時に監護者を諦めることは親権者を諦めることに限りなく近い。そのため、日常生活を共にしたいという希望が強い当事者の場合、いくら自由な面会交流を約束されても、簡単には相手が子どもを監護する形の別居に応じられない。この場合、家庭裁判所での手続きに進まざるを得なくなるが、それもやむなしである。大切なのは、当事者本人の納得であり、ADRはあくまで選択肢のひとつにすぎない。最後の最後まで親権者になることを諦めたくないという気持ちが強い場合、やはりその気持ちに沿った解決手段を選ぶしかないのである。

いずれにせよ、別居の際に面会交流および婚姻費用について取り決めておくことは、子の福祉の観点からも重要であり、このようなADRの利用方法が広まることを願っている。

◉離婚の際に取り決めた面会交流の見直し

多くの場合、子どもの成長にともなう生活の変化により、取り決めた面会交

流は数年で守られなくなる（多くの場合、回数を減らさざるを得ない状況になる）。また、何らかの問題が発生し、変更の必要が出てくることもある。その際、既に離婚から数年が経過していると、父母間の葛藤も低くなり、実情に即した話合いができることも多い。また、別居親と子どもが良好な関係を築けていれば、別居親と子どもの間で話し合えることもある。ただ、やはり、父母のみでは話ができなかったり、だからといって、再度、家庭裁判所で話合いをするのも抵抗があるというとき、ADR が利用されるのである。

◉再婚を機とする見直し

面会交流に影響を及ぼす大きな要因の一つに、父母の再婚がある。特に、同居親が再婚した場合、同居親が再婚相手に気兼ねをしたり、子ども自身が実父と養父の狭間で苦しんだりといったことが起きてしまう。そうすると、同居親としては、面会交流を減らしたり、なくしたりする方向で考えたくなるが、別居親にしてみれば、子どもを取られるような感覚に陥ったり、無性に寂しくなったりと、従来通りの面会交流を死守したくなる。そうなると、父母のみでは話合いができなくなり、第三者を入れての話合いに進むのである。

実際の話合いの場では、子どもの置かれた状況を父母で共有し、新しい生活に早く適応できるよう、また、別居親との面会も気兼ねなく楽しめるよう、父母で案を出し合うことになる。

このような場合、いつも痛感するのは、面会交流を取り決めた際の情報提供の大切さである。当事者の多くは、離婚時には再婚のことをイメージしていない。そのため、どちらかが再婚した状況になると、たちまち問題が紛糾するのである。面会交流は、お互いが再婚することをイメージし、その際の注意点や会い方について、前もって共通認識を持っていることが重要である。

ADR の場で聞かれる父母および子どもの声

◉同居親の不安や疑問

本来、同居親は、一人で子どもを抱えて生きていかなければならないことに不安でいっぱいのはずである。また、ほとんどの人が人生において初めての離婚であるため、疑問も多いはずである。しかし、裁判所のステージに上がってしまうと、「弱音を吐く＝親権者（監護権者）失格」ということになり、なかな

か口に出すことができなかったりする。

　一方、ADR の場では、「子どもにはいつ、どんなふうに説明すればいいのですか」「母子手当（児童扶養手当）と養育費をもらったとしても、やっていけるか不安です」といった声が聞かれる。強がることなく、当たり前に感じる不安や疑問の声に耳を傾け、一緒に解決し乗り越えていくような話合いの場が必要だと痛感するのである。

◉別居親の寂しさ

　別居親は、親権者になれないことに対して、少なからず寂しい気持ちがあり、「急に家族を失って寂しい」「自分だけのけ者にされている気がして切ない」といった言葉が聞かれる。そして、そういった気持ちを埋めるために、子どもと会いたいというストレートな要求をするのである。確かに、このような主張は子の福祉の観点に欠けているようにも思えるが、同居親の心に響くのもまた事実である。

◉子どもの素直な気持ち

　父母間の葛藤が高い場合、同居親から、子どもが別居親をよく思っていないとか、会いたくないと言っていると聞かされることが多い。しかし、ADR の場では、「私は夫とうまくいきませんでしたが、子どもは、パパが大好きですから」「娘は、私（母親）と住むことを選びましたが、『ママは 100％好き、でもパパも 99％好き』と言っていました。本来、大した差などないのですよね」など、子どもの生の気持ちや声が父母を通して語られることが多い。

　本来は、そういった子どもの気持ちを共有した上で、それでも父母が離婚するとしたら、どんな面会交流が子の福祉に適うのか、そんな視点で話し合ってほしいと思う。

──面会交流第三者機関

　ここまで、比較的葛藤の低い父母を念頭に置き、ADR の利用について述べてきたが、ADR の特徴として、居場所を明かさず、スカイプ調停なども可能であることから、DV があるなど、葛藤が高い父母の利用も一定数ある。そのような場合でも、別居親と子どもの関係が良好だと、面会交流は実施する方向と

なる。しかし、父母間の接触は NG であるため、第三者の力を借りざるを得ず、その際、支援をしてくれるのが、面会交流第三者機関（以下、「第三者機関」という）である。第三者機関は、まだまだ数が足りず、地方では支援を受けられない地域もある。しかし都市部では、小規模の機関が少しずつ増加してきており、どの機関の支援を受けるのか、選択の余地も出てきた。以下、第三者機関の利用について、また行政による支援サービスについて述べていきたいと思う。

利用場面

父母のみでの面会交流の実施が難しい場合に頼るのが第三者機関であるが、利用目的や理由はさまざまである。例えば、夫婦間に DV があり、接触ができない場合や、父母が高葛藤のため、面会交流の日時の調整をしようとするとけんかになってしまう場合などがある。また、別居親による連れ去りが心配だったり、子どもへの対応に不安がある場合もある。そんなふうに、父母のみでは円滑に面会交流の実施が難しい場合、問題となっている部分を支援してもらうことで、面会交流を実現するのである。以下、支援の典型例を紹介する。

◉父母間で連絡を取り合えない場合（連絡調整型）

面会交流の取り決めの際、あらかじめ日時を固定すると融通が利かないため、「月に 1 回程度」と定めることがある。そうすると、父母は、事前に連絡を取り合い、日時の打ち合わせをする必要がある。また、「毎月第 2 土曜日の 10 時から 17 時まで、待ち合わせは○○駅の改札で」などと細かく決めていたとしても、子どもが体調を崩したり、思わぬ行事が入ったりと、緊急の連絡が必要になることもある。しかし中には、直接会うことはもちろん、電話やメールでさえ連絡ができないという父母がいる。そういうときに利用するのが、第三者機関の「連絡調整型」というサービスである。このサービスは、第三者機関のスタッフが父母の間に入って日時や場所の調整をしてくれる。連絡の支援のみのため、費用も比較的抑えられている。

◉父母のみでの子どもの受渡しが困難な場合（受渡型、送迎型）

子どもが幼い場合、面会交流の際、必ず父母による引渡しが必要である。しかし、DV があったり、浮気などの婚姻中のさまざまな耐え難い出来事が原因で「相手の顔を見るだけで体調を崩してしまう」という場合がある。このよう

な場合、第三者機関の「受渡型」もしくは「送迎型」というサービスを利用することになる。このサービスでは、第三者機関のスタッフが子どもの送迎をしてくれるので、父母が顔を合わせる必要がないのである。

◉別居親単独での面会交流に不安がある場合（付添型、見守型）

「付添型」「見守型」と呼ばれるサービスは、支援員の見守りの中で面会交流を行うことができる。あくまで見守りなので、積極的に面会交流に介入することはないが、援助的な声掛け程度なら応じてくれる機関もあるようだ。例えば、同居親から連れ去りの危険が主張されている場合や、別居親のルール違反が懸念される場合、付添型が最適である。

第三者機関の選び方

◉規模の大きさ・実績の有無

職員の数が少ないと、サービスを受けられる日が制限され、面会交流の日程調整が困難になることがある。面会交流の難関の一つは日程調整であり、父母双方および子どもの日程を合わせるだけでも大変なのに、「その週末は既に予約が埋まっていて、対応できるスタッフがいません」となると困ってしまう。また、面会交流支援は、現状では必ずしも何かの資格を有していないと行えないというわけではない。そのため、第三者機関として蓄積されたノウハウや支援員の研修制度の充実などが、支援の質を左右している。これらのことを考えると、ある程度規模が大きく、支援の実績がある機関が望ましい。

ただ、面会交流という言葉の認知が進む中、従来型とは異なる支援の形も出てきている。例えば、連絡調整型の支援をオンライン上で行うサービスや、保育園などを借りてワークショップなども盛り込みつつ、複数の親子の面会交流を同時に支援するサービスなどである。これらの新しいサービスは、実績や規模の面で十分でないこともあるが、当事者のニーズをうまく吸い上げている側面もある。そのため、まずは、説明を聞いてみたり、トライアルで利用してみるのもよいかもしれない。

◉料金

費用は、各機関によって若干異なるが、事前相談や面談に数千円から1万円、連絡型が5千円未満、受渡型および付添型が1万円から、といったあたりが相

場である。子どもと会うのにこれだけの費用を要することに違和感を感じるかもしれないが、スタッフの拘束時間や手間を考えると当然の価格である。ただ、例外もあり、自治体の行政サービスの場合は、利用に所得制限はあるものの、月一回、一時間に限って無料、といった機関もある（詳細は後述）。また、実施日や実施場所が決まっており、集団面会交流のような形をとる場合、無料もしくは相場よりも安価に利用できる機関もある。使い勝手と価格を比較しながら決めていくことになるだろう。

◉利用条件

第三者機関を選択する際、一番大切なのが利用条件の確認である。例えば、子どもの年齢や利用期間に制限を設けている機関もあるし、調停や審判等で正式に合意していなければ受けてくれない第三者機関もある。事前面談を必須としている第三者機関も多く、利用条件について、きちんと把握しておくことが望ましい。また、事前面談の際、利用条件の他にも、支援に対する方針や機関の特徴なども感じることができる。注意点としては、第三者機関の支援を予定しているのであれば、必ず最終合意の前に父母双方が事前面談を終えておくことが挙げられる。第三者機関の利用を前提にした合意を交わしたけれど、結局どの機関を利用するか、父母で意見が一致しなかったり、機関側が受けてくれなかったりという事態を避けるためである。

◉探し方

以上のような視点を持った上で、第三者機関を探すことになるが、最新の情報をまとまった形で情報提供している紙媒体がない。個人的にもっとも情報が豊富で正確だと思うのは以下のサイトである。

「面会交流 .com」［http://menkaikouryu.fvsnet.org/map.html］

第三者機関が抱える問題

◉資金不足と人材不足

ほとんどの第三者機関は、資金不足と人材不足に見舞われている。上述したとおり、面会交流に関する支援が必要な親子というのは、全体の中でも紛争性が高い親子であり、支援の現場では、さまざまな事態が想定される。そのため、起こりうる事態に対応できる専門性の高い人材が必要であり、また、連れ去り

の危険などを考慮して、ひと組の親子の支援に少なくとも二人以上のスタッフが必要である。さらに、支援が週末に集中したり、時期によって変動するため、正社員のような形で雇用することも難しい。このような事情から、第三者支援機関では、人材育成や共通のノウハウの蓄積が課題なのである。

そして、もう一つの問題が運営資金である。現在、支援の費用は団体が独自に設定しているが、「親が子どもに会うために定期的に支払う金額」としては決して安くはない。しかし、一方で、支援する側としては、専門性の高い人材が複数人サポートに入ることから、現状の料金体系では利益が出ないどころか、ボランティアスタッフに頼らざるを得ない団体もある。

◉紛争の取り扱い

理論上、第三者機関が支援する時点において、すでに面会交流の方法について合意が取れており、紛争状態は解消されていることになる。しかし現実はそうではない。面会交流を実施する上でうまくいかないことが出てきたり、調整が必要な場面に遭遇したりするのである。そういった場合、ある程度の調整はできたとしても、法的な仲裁活動をしてしまうと、非弁行為になるおそれがあるため、「もう一度、家庭裁判所で決めなおしてきてください」と言わざるを得ない。しかし、その間支援は中断され、子どもは別居親に会えなくなる。第三者機関は、特に葛藤の高い父母の案件を扱うわけだが、それに見合った解決手段を有していないという点に運営上の難しさがある。

行政機関と面会交流支援

2012 年、厚生労働省が実施する「母子家庭等就業・自立支援センター事業」に「面会交流支援事業」が加えられ、2017 年の時点で、東京都、千葉県、熊本県、沖縄県、静岡市、浜松市、北九州市、高松市、明石市の九つの自治体で実施されている。面会交流支援事業が加えられた背景には、前年である 2011 年 6 月に改正民法が交付され、離婚後の子の監護に関する事項として、養育費と並んで面会交流も明文化されたことがある。母子家庭等就業・自立支援事業実施要綱では、面会交流は、子どもの生活や精神面に安定をもたらすこと、また、子どもの成長を見守ることは、実親としての養育の責務であるし、養育費の支払いにもつながるとしている。

自治体が面会交流支援をする場合、利用料は国および自治体が半分ずつ負担するため、支援を受ける父母は無料で利用することができる。上述のように、面会交流支援は、利用者側にとっても、また、支援する機関にとっても、金銭面の問題が大きい。そのため、自治体が間に入ることにより、その問題が解消するならば、大変意義深いことである。ただ、面会交流支援事業を行っている自治体は少数で、全国的な広がりを見せていないのが残念なところである。以下、行政による面会交流支援について考察したいと思う。

◉経済的制限

　面会交流支援事業を行う自治体の多くは、支援の対象となる父母に収入制限を設けている。例えば、東京都の場合、「所得水準が双方とも児童扶養手当受給相当、または、一方が児童扶養手当受給相当で他の一方が児童育成手当受給相当であること」と規定されている。ちなみに、子どもが一人の場合、支給のための所得制限は、児童扶養手当が354.4万円、児童育成手当受給が565.5万円である。そのため、例えば、別居親である父親が高収入である場合、母親がいくら低所得でも支援の対象から外れてしまうことになる。一方、裁判所において第三者機関の支援を条件に入れる場合、費用については折半が主流であり、いくら父親の所得が高くても、母親にも料金の負担が発生し、しかも行政の支援は得られないという結果になってしまう。所得制限の内容は、自治体によって多少異なる。ただ、厚労省の事業として行う限り、同省の設定した枠内で行う必要があるため、所得制限は必須である。確かに、高所得者にまで利用料を免除する必要はないが、付添型の支援を利用した場合など、2万〜3万円程度になることも多い。そのため、所得制限を少し緩めたり、収入の少ない方にのみ支援をするなど、より柔軟な運用が求められるのではないだろうか。

　なお、明石市は、所得制限の対象になってしまう利用者については、自治体独自で支援しており、どんな親子であっても市が支援をする、そんな意気込みが感じられる。また、東京都港区では厚労省の事業とは別に、離婚前後の親への支援として、養育費の保証（ADR利用料助成を含む）と並んで面会交流コーディネート事業も始まっている。

◉回数・期間的制限

　多くの自治体が支援の回数や期間に制限を設けており、月1回の支援を1年

間という設定が多い。無尽蔵に支援はできないため、こういった制限もやむを得ない。また、支援期間の制限については、支援からの卒業を促すという面で合理的かもしれない。ただ、利用費用の制限枠内であれば、回数等をある程度カスタマイズできるなどの自由度があると、より利用しやすくなるのではないかと考える。

◉取決めの方法

　行政は司法とは異なり、紛争性のある案件や合意があいまいな案件については支援できない。そのため、あらかじめ父母間で面会交流の方法等について取り決めがなされている必要がある。ただ、取決めといっても、必ずしも裁判所の文書や公正証書を作成する必要はなく、口約束だったとしても、合意できていれば支援可能な自治体がほとんどである。

──提案

行政によるワンストップサービスの実現

　以上、ADR による面会交流の取決めおよび第三者機関の利用方法や行政による面会交流支援について述べてきた。これらの話題を通じて感じるのは、面会交流は、家事事件の中でも法的な判断に馴染まない（法的な判断の実効性が乏しい）分野だということである。また、言い方を変えれば、司法ではなく行政と民間機関が協力することで、よりよい解決やよりよい面会交流の実施が可能な分野であると考える。

　例えば、行政型 ADR として、自治体が独自に親族紛争を扱う ADR の機能を備えることができれば、相談業務から ADR による調整、そして合意したものを書面化し、その内容に沿った面会交流を支援するという一連の流れができるのである。

　現在、離婚後の共同親権の問題が話題になっているが、そうなれば、ますます面会交流の取決めのニーズは高まると予想している。なぜなら、共同養育計画という形をとるのか、面会交流という形をとるのかは別にして、離婚後、父母が子どもとどうかかわっていくか取り決めることが一般的になると思われるからである。それら全ての案件を家庭裁判所の調停で処理するのは不可能であ

り、更なる審議の長期化や質の低下を招きかねない。また、話合いの内容として
ても、法的要素というより、子の福祉の観点や心理学的な知識が必要になると
も思われるが、すでに行政には多様な人材が集まっており、心理や福祉の専門
家もいる。これらの人材を活用しつつ、外部のADR機関や第三者機関と連携
する仕組み作りが必要である。この点、アメリカにおいては、離婚時の子の監
護に関する養育計画について、裁判所内外のミディエーターや弁護士、ペアレ
ンティングコーディネーターがサポートしている。このような海外の仕組みか
ら学べる点も多いのではないかと考える。

初期段階での正しい情報提供

さらに提案したいのは、初期段階での正しい情報提供の徹底である。ADR
を利用して面会交流を取り決める当事者の中にも、面会交流に消極的な同居親
もいる。また、自己の権利を押しつけようとする別居親もいる。しかし、調停
者が当事者のそういった気持ちを丁寧に扱いつつ、子の福祉の視点を提供する
過程で、大抵の当事者は子どもの視点を踏まえた協議が可能になる。このよう
に、父母が完全に対立構造になる前に正しい情報提供ができれば、比較的まっ
さらな状態に「子の福祉」という視点が浸透していく。しかし、残念なことに、
最初に触れた情報が正しくない場合には修正が難しく、その後に葛藤が高まっ
てしまうと、いくら「子の福祉」という言葉を使っても、それは「親のエゴ」
に置き換えられてしまう。

現在、多くの行政の窓口では、離婚の際の子どもの福祉に関するパンフレッ
トを配布している。また、法務省や厚生労働省をはじめとする国の機関も同様
の発信をウェブサイトなどで行っている。しかし、行政は往々にしてアピール
することに慣れておらず、必要な人に必要な情報が届いていない現実がある。

一方、容易にアクセスできるインターネット上には、玉石混合の情報が溢れ
ており、「面会交流を拒否する方法」や「養育費を支払わずにすむ方法」をう
たったウェブサイトなどが散見される。また、残念ながら離婚関連業務にかか
わる専門家の中にも、目の前の依頼者の主張を実現することが第一であり、将
来にわたって依頼者や依頼者の子どもが幸せに暮らせるために、という視点が
欠けている専門家もいる。国および自治体と民間の機関や専門家が一丸となり、

正しい情報を初期段階で届ける取組みが必要だと考える。

さいごに

　ADR は、いわば「問題解決の中食サービス」である。これまで、当事者同士で解決できない問題は、弁護士に依頼したり、裁判所で解決するしかなかった。もしくは、何も解決しないまま、放置せざるを得なかった人もいるだろう。しかし、ADR は、その両者の中間に位置するものであり、無用に紛争性を高めず、早期に解決できるのが利点である。

　一方で、表2からわかるように、葛藤が高く、任意の話合いでは合意できそうにない当事者であれば、やはり家庭裁判所での調停が適しており、ADR は、単なる一つの選択肢に過ぎないのである。大切なのは、それぞれに適した方法で協議を行うことであり、それが充実した内容の面会交流につながると感じている。これまで、面会交流の「量」に視点を置いた協議が中心だったが、今後は、面会交流の「質」やその前提としての協議の方法についても議論が活発になることを期待している。

文　献

小泉道子（2017）．面会交流はこう交渉する．民事法研究会．

公益社団法人 日本仲裁人協会（編）（2019）．仲裁・ADR フォーラム vol.6.

住田尚之（2011）．中国における ADR 制度の研究．ICD NEWS（法務省法務総合研究所国際協力部報），48, 119-129.

日本弁護士連合会 ADR センター（編）（2011）．紛争解決手段としての ADR．光文堂．

野口康彦（2012）．親の離婚を経験した子どもの精神発達に関する研究．風間書房．

山本和彦・山田文（2015）．ADR 仲裁法．日本評論社．

和田仁孝（2007）．ADR 理論と実践．有斐閣．

和田仁孝・大塚正之（2014）．家事紛争解決プログラムの概要．司法協会．

補章　青木 聡 ［大正大学心理社会学部臨床心理学科教授］

面会交流の支援者に求められる専門性

アメリカの監督付き面会交流ネットワークの基準

●──はじめに

　監督付き面会交流ネットワーク（Supervised Visitation Network: SVN, 1992 年設立）は、米国を中心とする面会交流支援者／支援団体の国際的ネットワーク（職能団体）であり、面会交流支援者が集う実践報告の年次大会や、面会交流支援者向けの各種研修を米国各地で精力的に行っている。米国在住の信頼できる面会交流支援者は、SVN の会員として相互に研鑽を積み、情報交換や連携に熱心である。SVN は活動のミッションとして、「子どもが争いに巻き込まれずに父母双方と安全・安心に交流する機会を促進する教育や支援を地域社会に提供します」と宣言し、裁判所や行政機関と連携しながら、安全・安心な監督付き面会交流の啓発と研修を行ってきた。そうした長年の活動により、SVN は社会的信用のある職能団体として、米国では面会交流紛争に関与する専門職だけでなく、広く一般にも認知されている。

　日本のほとんどの面会交流支援団体は、善意の元当事者有志が立ち上げた組織であり、各団体独自のやり方で面会交流支援を手探りで行っているのが現状

....
●註1　SVN では、面会交流支援者／支援団体のことをプロバイダーと呼んでいるが、本稿では日本で馴染みの薄いプロバイダーという用語は使用せず、文脈によって面会交流支援者と面会交流支援団体という用語を使い分けた。

表1 SVN「基準」の全セクション

1	序文
2	定義
3	監督付き面会交流の支援者
4	運営上の責務
5	プログラムの実施
6	評価と助言
7	記録
8	安全対策
9	子どもに関する支援者の責任
10	料金
11	スタッフ
12	研修と実務訓練
13	リファー
14	インテークとオリエンテーション
15	サービスに向けたスタッフの準備
16	実施中の面会交流や受け渡しへの介入と中止
17	監督付き面会交流の後に支援者が行うこと
18	サービスの打ち切り
19	子どもに対する性的虐待とドメスティック・バイオレンスを含む状況への特別な基準
20	裁判所と連携先への報告書
21	秘密保持義務

といってよいだろう。一方、SVN は原則的に対人援助の専門職（心理職や福祉職などの資格保持者）以外に監督付き面会交流支援の業務を認めておらず、面会交流支援者に高度な専門性と継続的な研鑽を求め、2006 年には The Standards for Supervised Visitation Practice（監督付き面会交流実務の基準：以下、「基準」と略）を公開している。この「基準」は、面会交流紛争に関与する多職種の専門職（裁判官、弁護士、心理職、福祉職、面会交流支援者、家族法／家族問題の研究者な

ど）が一堂に会する AFCC（Association of Family and Conciliation Courts：全米家庭裁判所／調停裁判所協会）においても、監督付き面会交流実務のガイドラインとして採用されている。本稿を執筆している 2019 年時点では、日本と米国の監督付き面会交流をめぐる状況の違いはあまりにも大きいが（後述するように監督付き面会交流の意味合いも違う）、日本における面会交流支援者／支援団体の専門性を検討する上で、SVN の「基準」は非常に参考になる。

そこで本章では、「基準」の内容をセクションごとに抄訳的に詳しく紹介し、SVN が監督付き面会交流の支援者／支援団体にどのような専門性を求めているのかを具体的に見ていきたい。なお、インターナショナル会員は年会費無料で登録できるので、SVN に関心がある方はホームページで会員登録方法を確認していただきたい［https://www.svnworldwide.org/］。SVN のホームページにアクセスすれば、年次大会や各種研修の情報などを得ることができる。また、SVN の「基準」の概要全文も読むことができる。

●──「基準」の概要

SVN の「基準」は、全 21 セクションで構成されている（表 1）。「基準」の各セクションに示されている内容は、SVN が監督付き面会交流の支援者／支援団体に求めている専門性といえる。以下、セクションごとに適宜説明を加えながら詳しく紹介していく。[註2]

1　序文

「序文」は、面会交流支援者に SVN のコアバリュー（倫理原則）を体現することを求め、安全・安心（safety）と子どもの福祉（well-being of the child）が最優先事項であることを明記している。SVN のコアバリューとは、①敬意（Respect）、②誠実さ（Integrity）、③倫理的態度（Ethical Behavior）、④卓越したサービス（Excellence in Service）、の 4 点である。これらは面会交流支援者に限らず、対人援助職に共通して求められる基本的態度であり、「序文」にふさわしいと

<hr>

●註2　SVN の「基準」は「〜しなければならない（must）」という強制の言い回しが多用されている。本稿の表現もそれに合わせた。

いえるだろう。また、安全・安心と子どもの福祉が最優先事項であることは、面会交流支援においてはどれだけ強調しても強調し過ぎることはない。SVNが「基準」の冒頭で面会交流支援者に求めている事項の重要性について、まずしっかり自覚しておきたい。

2　定義

　このセクションは、「基準」の本文に入る前に、「基準」で使用されているいくつかの重要な用語を定義している。面会交流支援者に何らかの専門性を求める直接的な文章が置かれているわけではないが、ここで定義されている用語は、面会交流支援者が身につけるべき専門知識の一端を示している。たとえば、「リスク・アセスメント」「ドメスティック・バイオレンス」「治療的な監督付き面会交流」など、それぞれの項目について、かなり高度な専門知識が必要となることがわかる。

　ただ単に面会交流に付き添うことが監督付き面会交流ではない。離婚後も原則共同親権で父母による共同養育が普及している米国では、虐待、暴力（ドメスティック・バイオレンス）、精神疾患、ドラッグ／アルコール依存、不適切な養育、犯罪などの前歴がない限り、監督付き面会交流の裁判所命令が出されることはないため、そうした難しい問題に対処できる高度な専門性が必要とされるのである。

　ちなみに、米国の裁判所は、これらの理由により、父母間で面会交流を実施することが子どもの福祉に適わないと判断した場合に限って、第三者機関を利用した監督付き面会交流を命令する。したがって、米国の当事者に話を聞くと、裁判所に監督付き面会交流を命令されることは、他人に知られたくない「親失格の烙印を押されるような屈辱」であると口をそろえて言う。ただし、上記の面会交流制限理由が認められる場合でも、裁判所は一時的に面会交流を禁止したうえで、各種の矯正プログラムや治療プログラムの受講を非監護親（問題のある親）に命令し、プログラム受講によって子どもや監護親に直接の危害を加える危険性が低くなったと判断した時点で、速やかに第三者機関を利用した監督付き面会交流の実施に移行させる。それは、理由の如何を問わず、できるだけ親子関係を断絶させないという家族観を大前提にしているからである。監督

付き面会交流は、父母だけで行う面会交流に向けた試行や練習と位置づけられている。そのため、米国では、裁判所と矯正プログラムや治療プログラムの実施機関および監督付き面会交流支援団体の連携が密であることが特徴といえる。

3　監督付き面会交流の支援者

　このセクションは、監督付き面会交流の支援者とは何者なのか、面会交流支援者に何ができて何ができないのかを定義している。SVN は、監督付き面会交流について、原則的に対人援助の専門職（資格保持者）によって実施されなければならないとしている。したがって、SVN に所属する面会交流支援者は、すでに臨床心理学や児童福祉学などで大学院レベルの専門教育と実務訓練を修了している。対人援助の資格保持者が、さらに監督付き面会交流に関する専門研修を受け、面会交流支援者となるのである。面会交流支援者は、提供するサービスの範囲と役割の限界を理解し、監督付き面会交流の支援者としての自分の役割を利用者に説明できなければならない。

　SVN は、面会交流支援者／支援団体の中立性および利益相反行為について厳しい立場をとる。すなわち、面会交流支援者／支援団体は、父母間の争いに巻き込まれることなく、中立性を守らなければならない。そして、とりわけ監督付き面会交流を主たる業務としていない団体は、監督付き面会交流を支援するスタッフが十分な専門研修を修了していることを保証する責任を負い、監督付き面会交流支援の提供が利益相反行為になっていないことにも注意しなければならない。

　また、監督付き面会交流を支援する者は、裁判所の許可がない限り、サービス提供の場以外で、利用者やその家族／親族と金銭的な関係、雇用あるいは被雇用の関係、個人的に親密な関係を結んではいけない。サービスを提供する面会交流支援者は、監督付き面会交流に関する専門研修と実務訓練を受け、経験を積み、提供するサービスの内容を父母や連携先に書面で公開し、自分が受けた研修、訓練、経験の範囲外にある利用者の問題への対応やサービス提供については、別途コンサルテーションを受ける必要がある。

4 運営上の責務

　このセクションは、面会交流支援者／支援団体が、収支記録、人事方針、ケース記録を管理しなければならないことを定めている。面会交流支援者に求められる専門性と聞いて多くの人が思い浮かべるのは、実際の支援スキルや専門知識のことだと思われるが、こうした運営事務の知識や能力も求められていることは重要であろう。収支記録は一般的な会計の方式に基づき、法に定められている期間の管理が必要となる。専属スタッフやボランティアを雇っている支援団体は、人事方針や人事記録を適切に管理しなければならない。ケース記録に関しては「7.　記録」で詳述されている。

　また、SVN は、運営上の責務として、面会交流支援者／支援団体が定期的にケース検討を行うことを求めている。利用者が契約を遵守しているか、未解決の問題が生じていないかを確認するために、現在進行中あるいは現在休止中のケースの状況を定期的に検討しなければならないのである。米国の州法によっては、裁判所や紹介元にケース検討の方針や手順を書面で示さなければならない場合もある。ケース検討では、裁判所命令の変更のために意見を具申する必要性や、サービスの延長や打ち切りについても検討される。

5 プログラムの実施

　このセクションは、サービスを提供するときの基本的な実施要件を定めることを求めている。まず、当然のことだが、各団体の施設規模や人的資源の範囲内で、受け入れる利用者の人数を絞らなければならない。また、提供するサービスの規則や手順を明文化しなければならない。主に施設内で監督付き面会交流を実施することになるため、面会交流に使用する部屋が利用者の安全と安心を守るように特別に設計されている必要がある。そして、さまざまな年齢層の面会交流に適した部屋にするため、インテリアや備品（おもちゃを含む）に工夫を凝らさなければならない。さらに、人種のるつぼである米国的といえるかもしれないが、関連法規に基づいて、地域社会の人種・文化・言語のニーズに配慮した多様な申込受付の方針や手順を準備しなければならない。なお、SVNは、提供するサービスに関連した適切な保険に入っておくことも勧めている。

6　評価と助言

　このセクションは、監督付き面会交流の支援者／支援団体に対して、治療／今後の面会交流の設定／養育権（親権）の判断に関するアセスメント、評価、助言を禁止している。SVN は、面会交流支援者／支援団体が、精神疾患、養育権、父母の子育ての仕方、子どもの発達や親子のアタッチメントについて、アセスメントや評価を行うことを明確に禁止しているのである。禁止事項には、今後の面会交流の設定や養育権について助言することや判断を述べることが含まれている。SVN は、面会交流支援者に監督付き面会交流の支援に専念することを求めており、担当ケースのアセスメントや評価や助言を行う二重役割を担ってはならないとしている。そうした評価や助言は、適切な臨床心理の専門職（資格保持者）に別途依頼しなければならない。

　ただし、面会交流支援者は、利用者の情報や行動を検討そして分析し、利用者やスタッフが危害を受ける潜在的リスクを踏まえ、安全・安心なサービスを提供できるか、サービスの一時中止や打ち切りの是非を含めて判断できなければならない。なお、特別な訓練を受けた臨床心理の専門職が実施する「治療的な監督付き面会交流」では、治療を次の段階に進めるかどうかの判断のために、子どもに対する父母の関わり方についての専門的な意見を含めた報告書を作成する場合がある。しかし、そのような場合でも、「基準」では養育権や今後の面会交流の設定についての助言を含めてはならないとしており、監督付き面会交流を通した親子関係の再構築に専念することを求めている。

7　記録

　このセクションは、ケース記録を管理する責務、利用者の情報の開示に関するガイドライン、裁判所や連携先に提出する報告書の内容についての基準を示している。

　面会交流支援者／支援団体は、関連法規に基づいて、ケース記録を作成、保管、破棄する管理責任を負っている。ケース記録は家族ごとに作成し、内容の秘密を守らなければならない。また、情報を開示する場合の方針や手順を明文化しなければならない。ケース記録の開示請求があったときは、関連法規に基づいて児童虐待の疑いを通告する場合や、裁判所に情報を請求された場合を

除いて、個人情報の部分を消去して（黒塗りにして）開示しなければならない。また、利用者がシェルターなどの秘密の場所にいる場合、とりわけ暴力が問題となるケースの場合は、裁判所命令や関連法規に基づいた請求を除いて、個人情報を一切開示してはならない。

　ケース記録に最低限含まれるべき内容は、親子の氏名、誕生日、住所、電話番号、緊急連絡先、ケースの受理日、紹介元、紹介理由、サービス利用の合意内容、（もし存在すれば）面会交流への参加を認められる父母以外の人物の氏名、関連する裁判所命令や父母間の取り決めの内容、（必要に応じて）情報開示の合意内容、（各回の）面会交流の観察記録、とされている。各回の観察記録には、面会交流を行った親子の氏名、子どもを面会交流に連れてきた人物の氏名、面会交流支援者の氏名、面会交流に立ち会ったその他の人物の氏名、面会交流の日付と時間、面会交流に参加した人物の氏名、（必要に応じて）面会交流中に起きた重大な事件の詳細、面会交流の中止や打ち切りとその理由、などを事実に即して記す。また、面会交流支援者／支援団体は、秘密保持に関する方針を定め、ケース記録でスタッフやボランティアの人物特定ができないように守らなければならない。

8　安全対策

　このセクションは、安全対策に関する規定を定めることを求めている。

　「基準」では、安全対策の中心となる目安は、「面会交流支援者の能力」と「提供されるサービスの内容」と「家族のニーズとリスクへの対応力」が一致していることとされている。しかし、面会交流支援者／支援団体は安全・安心を完全には保証できないため、SVN は、原則的に（大人の）利用者に自身の行動に責任を持ってもらう必要があるとしている。利用者が自身の行動に責任を持てない場合（面会交流支援者／支援団体がケースの安全・安心を守れないと判断した場合）、面会交流支援者／支援団体はケースの受理を謝絶しなければならない。ただし、その場合も、各利用者に対する敬意と公平性を保って関わることが、危害の潜在的リスクを減らすために重要とされている。

　面会交流支援者／支援団体は、安全対策を確実に提供できるように合理的な努力をしなければならない。安全・安心を守る方針と手順に最低限含まれるべ

き内容は、①インテーク（受付面接）とケース検討の仕方、②地域の法執行機関と連携する際の迅速な対処の仕方、③安全対策の定期的な確認の仕方、④施設が消防、建築、衛生の基準を満たしているかどうかの定期的な確認の仕方、⑤緊急事態に対処する際の明文化されたプロトコル、である。

　また、暴力的行動や父母間の激しい衝突が懸念されるハイリスク状況に対処するための付加的な安全対策として、①父母が接触しないように分離しておくための施設内の設計や動線についての方針と手順の明文化、②父母間の接触とやりとりを回避する手段の明文化、③即座に確認できるようにコピーした裁判書面の管理、④代理人に応対する方法、⑤安全・安心な受け渡しの方法、を定めておくことも重要である。

　なお、面会交流支援者／支援団体は、安全・安心を守る方針や安全対策が、危害の潜在的リスクのスクリーニングの代替にならないことを踏まえ、各ケースのリスクをスクリーニングする方針と手順も作成しなければならない。ここでいうスクリーニングは、各団体におけるケースの受理要件という意味合いに近い。前述のように、米国では、裁判所が監督付き面会交流を命令するため、すでにケース自体のリスク・スクリーニングは行われている。そのうえで、各団体はそれぞれの施設規模や人的資源を勘案した独自の受理要件を通過したケースに対して、安全対策を徹底したサービスを提供するのである。

9　子どもに関する支援者の責任

　このセクションは、サービス提供時の子どもに関する面会交流支援者の責任と親の責任の境界を明確化している。面会交流支援者／支援団体は、面会交流支援者と親の責任について明確に定義し、利用者の同意を得ることが必要である。

　「基準」では、親は、①監督付き面会交流中の自分自身の行動に責任を持ち、プログラムの方針と手順、裁判所命令、署名したサービスの取り決めを遵守する、②監督付き面会交流中の子どもの世話と子どもの持ち物に責任を持つ、とされている。

　一方、面会交流支援者／支援団体は、①監督付き面会交流中に、非監護親と子どもをほんの一瞬であっても二人きりにしない、②父母間の取り決めに明記されていない、あるいは、裁判所命令に明記されていない、面会交流の詳細に

関する方針と手順を明文化しなければならない。その場合、片方の親に権限を全面的に委任してはならない、③子どもの受け渡しで父母間を移動するときの子どもの世話と保護に責任を持つ、とされている。

また、施設外で監督付き面会交流や受け渡しを行う場合、面会交流支援者／支援団体は、①どこで面会交流や受け渡しを行うか、誰が面会交流に関与するか、を父母や連携先にあらかじめ伝えておく責任がある。そして、②施設外の監督付き面会交流を行うかどうかを判断する際に、すべての関係者の安全・安心を考慮に入れなければならない。

ちなみに、米国では、施設外の監督付き面会交流はきわめて例外的な措置（あるいは監督付き面会交流の卒業段階やフォローアップ段階）であり、事件発生のリスクを回避するため、基本的に施設内で短時間の面会交流になることが多い。

10 料金

このセクションは、サービスの料金に関する規定を定めることを求めている。

面会交流支援者／支援団体は、プログラム料金とその徴収の仕方について、あらかじめ決めておく必要がある。すべての面会交流支援者／支援団体は、①サービス料金の総計、徴収の仕方、未払いの場合の対策に関する方針を明文化しなければならない。②面会交流支援者／支援団体の料金に関する方針は、サービス開始前に父母双方と話し合わなければならない。裁判所命令や紹介元による判断がない場合、あるいは、料金負担の配分に関する面会交流支援者／支援団体の方針に父母が合意しない場合は、料金に関する合意が得られるまでサービスを提供してはならない。

11 スタッフ

このセクションは、面会交流支援団体のスタッフに求める要件を定めることを求めている。サービスの提供は、すべての関係者にとって安全・安心な監督付き面会交流というミッションとコアバリューを体現するスタッフによって実施されなければならない。したがって、面会交流支援者は、紹介されるケースの種類に応じたサービスを提供するために、監督付き面会交流に関する専門研修と実務訓練を修了し、スキルと知識を身につける必要がある。スキル養成と

実務訓練の中心となる目安は、安全対策と同じく、「面会交流支援者の能力」と「提供されるサービスの内容」と「家族のニーズとリスクへの対応力」を一致させることである。

　また、有給無給を問わず、スタッフのスクリーニングが必要である。スタッフに応募してきた人物を雇う前に、犯罪、児童虐待、ネグレクトの前歴がないことを確認しなければならない。面会交流支援者に最低限求められる要件は、①中立的な役割を守ることができる、②利益相反関係がない、③性的虐待、児童虐待、児童に関連するその他の犯罪歴がない、④過去5年間、暴力の犯罪歴がなく、保護観察中あるいは執行猶予中ではない、⑤過去5年間、裁判所から本人に対して保護命令／禁止命令が出されていない、⑥現在あるいは過去に、本人に対して監督付き面会交流の裁判所命令が出されていない、⑦18歳以上である、⑧子どもと直接接触する際、地域の衛生要件を遵守する、⑨監督付き面会交流を支援するために、適切な実務訓練を修了している、である。

　さらに、特別な要件として、①利用者を車で移動させることがある面会交流支援者には、(a) 使用する車種に応じた適切な免許を保有していること、(b) 使用する車に賠償責任保険をかけていること、(c) 地域の法に基づいて、車にシートベルトやチャイルドシートを装備していること、(d) 過去5年間、飲酒運転歴がないこと、を求めている。また、②警備員を利用する面会交流支援団体は、警備員が警備業務について訓練されていること、および、賠償責任保険に加入していること、を確認しなければならない。なお、③面会交流支援者は、監督付き面会交流を利用する親子が話す言語を理解し、話せる必要がある。親子が話す言語を理解できず、話せない場合は、18歳以上の中立的な通訳を同行させなければならない。

12　研修と実務訓練

　SVNは国際的に通用する実務訓練のカリキュラムを開発することを長期的な目標としている。SVNは、そのようなカリキュラムが開発されるまで、最低でも以下のトピックに関する研修や実務訓練を修了しなければならないとしている。

　まず、実務訓練の全般的な原則として、①面会交流支援者が受ける実務訓練

は、提供するサービスに適合していなければならない、②実務訓練は、雇用されて1年以内に修了しなければならない、③必要な実務訓練を修了していない者は、必要な実務訓練を修了したスタッフによるサービスの補助しかできない、と定めている。

　そして、面会交流支援者の実務訓練（実習）には、①実務訓練を修了した面会交流支援者による監督付き面会交流を直接観察すること（シャドーイング）、②実務訓練を修了した面会交流支援者と一緒に面会交流を監督すること、③面会交流を主に一人で監督する場面について、実務訓練を修了した面会交流支援者に直接観察してもらうこと（逆シャドーイング）、④遠隔地にいる訓練生は、面会交流を支援する場面の動画を使って、実務訓練を修了した面会交流支援者から助言を受けること、もし近隣に実務訓練を修了した面会交流支援者が在住しているならば直接指導を受けること、これらの4点を含まなければならないと定めている。

　また、SVNは「24時間トレーニング」という研修プログラムを開発しており、面会交流支援者に受講を強く推奨している。「24時間トレーニング」に含まれる内容は、①SVNの「基準」と倫理原則、②面会交流支援の方針と手順、③すべての関係者の安全・安心、④児童虐待の通告義務、⑤専門職の限界／利益相反行為／秘密保持義務／中立性、⑥子どもの基本的な発達段階、⑦別居や離婚が子どもと家族に与える影響、⑧父母の離別および児童虐待やネグレクトによる転居に関連する喪失体験、⑨文化の多様性、⑩ドメスティック・バイオレンス／ドメスティック・バイオレンスが子どもに与える影響、⑪児童虐待／ネグレクト／性的虐待、⑫ドラッグ／アルコール依存、⑬精神疾患／発達障害／その他の身体障害や情緒障害のある親や子に対するサービスの提供、⑭疎遠だった親子の関係再構築、⑮子育てのスキル、⑯自己主張トレーニングと葛藤解決の方法、⑰面会交流中や受け渡し中にすべての関係者の安全・安心を守るために、いつどのように介入するか、⑱親子のやりとりの観察の仕方、⑲出来事の観察記録や報告書の書き方、⑳養育権／面会交流／児童保護の関連法規、である。なお、SVNは、受け渡しを支援するだけであっても、このうち⑥⑧⑮⑱⑲以外の15のトレーニング（16時間）を修了することを面会交流支援者に求めている。

さらに、SVN は、面会交流支援団体の運営に関するトレーニングも開発しており、プログラムの運営責任者には、最低限以下の内容を含めた追加トレーニング（16 時間）の修了を求めている。その内容は、①リファーの受付、②インテークとオリエンテーションの仕方、③記録管理と秘密保持義務、④利用者との面会交流の契約、⑤料金の設定、⑥サービスの利用規則の設定、⑦安全・安心な面会交流／受け渡しの場所の設定、⑧裁判所／児童保護機関／その他の紹介元／紹介先との連携、⑨他のサービスへの利用者のリファー、⑩ボランティアやインターンを含めたスタッフの実務訓練／教育指導、⑪裁判所やその他の連携先への報告、⑫裁判での証言、⑬サービスの一時中止と打ち切り、⑭ケースの管理と検討、である。

　また、面会交流支援者が「支持的な監督付き面会交流」を実施する場合は、上記のトレーニングに加えて、①変化を促進する介入の仕方、②子育てのスキル、③よいアタッチメントを促進する関わり方／離別／関係再構築、についての追加トレーニングも修了しなければならない。なお、SVN では、「治療的な監督付き面会交流」の実施は、臨床心理の専門職（資格保持者）に限られている。その場合も、これらの追加トレーニングを義務づけている。

13　リファー

　このセクションは、リファーの受理と謝絶に関する規定を定めることを求めている。米国では、裁判所命令によるリファー、あるいは、児童保護機関からのリファーの場合、非監督親の養育権（親権）は一時停止されていることが多い。そのときは裁判所や児童保護機関の指示に従って監督付き面会交流を実施する。それ以外のとき、離婚問題に関与する心理職、福祉職、メディエイター、ペアレンティング・コーディネーター、弁護士などからのリファーの場合は、紹介状に父母双方が署名した支援利用の同意書も必要となる。

　紹介状には、リファーの理由、関係者の安全・安心や親子の交流に影響を与えることが予想される家族の問題に関する情報が含まれていなければならない。紹介状に面会交流の頻度や支援期間に関する指示がない場合や、父母がサービス提供の条件で合意していない場合、面会交流支援者／支援団体は、裁判所や紹介元機関にケースを差し戻さなければならない。ケースを差し戻している間、

面会交流支援者／支援団体は、父母が合意できる暫定的な条件を設定する場合もある（裁判所による暫定的命令が必要）[註3]。

　なお、面会交流支援者／支援団体は、家族の安全・安心のニーズとリスクを管理できない場合、ケースの受理を謝絶しなければならない。面会交流支援者が適切な実務訓練を修了していない場合や、求められている種類のサービスを提供する各種資源が不足している場合なども、ケースの受理を謝絶する理由となる。そして、面会交流支援者／支援団体は、ケースの受理を謝絶する場合、紹介元に謝絶理由を書面で知らせなければならない。

14　インテークとオリエンテーション

　このセクションは、インテークとオリエンテーションを行う際の義務と責任に関する規定を定めることを求めている。SVN は、面会交流支援者／支援団体が、父母双方と一対一の面談で個別にインテークとオリエンテーションを行わなければならないとしている。

◉インテークについて

　①面会交流支援者は、サービスを開始する前に、父母双方と面談しなければならない。インテークを行う際には、裁判所や紹介元機関と連携が必要な場合もある。②父母が互いに接触しないように、面談を個別に別の日程で行わなければならない。③面会交流支援者は、関係者の安全・安心や親子の交流に影響を与えている家族の問題に関する情報やリファーの理由について、インテークで質問する必要がある。④面会交流支援者は、面会交流を行う親子および面会交流に関与するその他の関係者の心身の健康や、親子や関係者が抱えている現在治療中の疾患あるいは慢性的な疾患や障害について、面会交流の安全・安心に影響を与えるリスクがないか、質問する必要がある。⑤面会交流支援者は、秘密保持の限界について父母に説明し、連携先として指定されている専門職や機関に情報を開示する場合の許可を得ておく必要がある。⑥面会交流支援者は、サービスを開始する前に、プログラムの規則や方針について父母双方に説明する必要がある。⑦面会交流支援者は、サービスを開始する前に、父母双方から

●註3　米国では、別居後／離婚後の親子交流の空白期間を短くするために、最終的な裁判所命令を出す前に、「暫定的命令」で面会交流を開始する場合がある。

合意書に署名してもらう必要がある。

◉オリエンテーションについて

　面会交流支援者は、サービスを開始する前に、父母双方にオリエンテーションを行わなければならない。オリエンテーションでは、①スタッフや面会交流の場所に慣れ親しんでもらうこと、②安全対策について話し合うこと、③サービスの内容について説明すること、④監督を付ける理由と、監督付き面会交流の実施を子どものせいにしないことについて話し合うこと、⑤不安や心配を十分に語ってもらうこと、が行われる。オリエンテーションは、利用者の不安や心配を軽減し、円滑な面会交流を実現するために非常に重要とされている。

◉父母による子どもの準備について

　①面会交流支援者は、子どもの年齢や発達段階に合わせて、初めての面会交流の前に、子どもの気持ちを準備させる方法について、父母に書面で伝えなければならない。②また、書面には、サービスの方法、監督付き面会交流の理由、監督付き面会交流の実施を子どものせいにしないお願い、を含まなければならない。③乳幼児の場合、サービスの方法、監督付き面会交流の理由、安全・安心の管理について、ケースの事情に合わせて例外を認める場合がある（柔軟に対応する場合がある）。

15　サービスに向けたスタッフの準備

　このセクションは、裁判所命令に明記されない面会交流の細かい取り決めや、サービスの提供に向けてスタッフがどのような準備をするかについて、規定を定めることを求めている。面会交流を監督するスタッフとボランティアは、リファーの理由、サービスの提供に伴う安全・安心のリスク、提供しているサービスの細かい取り決めについて知っておかなければならない。

◉面会交流の細かい取り決めについて

　①監督付き面会交流の細かい取り決めに関する方針と手順を明文化する必要がある。たとえば、面会交流を行う人物は誰か、おもちゃ、食事、贈り物、写真／動画／録音、携帯電話、トイレをどうするか、など。面会交流支援者／支援団体の方針と手順は、片方の親だけにこうした細かい取り決めに関する権限を全面的に委任するものであってはならない。②面会交流支援者は、監督する

親子が使う言語を理解し、話せなければならない。親子が話す言語を理解できず、話せない場合は、18歳以上の中立的な通訳を同行させなければならない。

16　実施中の面会交流や受け渡しへの介入と中止

このセクションは、実施中の面会交流への介入と中止の要件を定めることを求めている。①面会交流支援者／支援団体は、実施中の面会交流への介入と中止の方針や手順を明文化しなければならない。方針には、面会交流支援者／支援団体が介入と中止を判断する状況を明記する必要がある。たとえば、(a) 子どもが激しく動揺している、(b) 父母がサービスの合意書に定められたプログラムの利用規則を遵守しない、(c) 関係者が心理的あるいは身体的に傷つけられるリスクが差し迫っている、など。なお、②利用者の面会交流を中止することは、一時的な手段であり、サービスの打ち切りと同じではない。

17　監督付き面会交流の後に支援者が行うこと

このセクションは、父母にいつどのようにフィードバックを行うか、スタッフにいつどのようにデブリーフィングを行うかについて、規定を定めることを求めている。

◉父母へのフィードバックについて

①面会交流支援者は、面会交流中に子どもが怪我をしたり、重大な事件が起きたり、安全・安心のリスクが懸念される出来事が起きた場合は、父母双方に知らせなければならない。②面会交流支援者は、どちらかの親がサービスの一時中止や打ち切りにつながる規則違反を犯した場合は、父母双方に知らせなければならない。ただし、児童保護機関に報告書の提出が義務づけられていて、面会交流支援者から父母に重大な出来事について知らせないことを児童保護機関に命じられている場合を除く。

◉スタッフのケース検討について

複数の専属スタッフやボランティアが所属する面会交流支援団体は、自分たちが監督した面会交流や受け渡しについて、面会交流支援者同士でケースのスーパービジョンや検討の機会を持たなければならない。

18　サービスの打ち切り

　このセクションは、監督付き面会交流サービスを打ち切る場合の要件を定めることを求めている。

　◉打ち切る理由について

　面会交流支援者／支援団体は、サービスを打ち切る場合の方針と手順について明文化しなければならない。①面会交流支援者／支援団体にうまく管理できない安全・安心の懸念やその他の問題がある、②面会交流支援者／支援団体の資源の範囲を超えた過剰な要望がある、③プログラムの利用規則を父母が遵守しない、④プログラム料金の未払い、⑤実際の暴力や脅迫、など。

　◉子どもが面会交流を拒否する場合について

　①面会交流支援者／支援団体は、子どもが面会交流を拒否する場合の方針と手順について明文化しなければならない。②サービスの継続が子どもの安全・安心や精神的安定に有害である懸念を生じさせるような仕方で、あるいは長期間にわたって、子どもが非監護親との面会交流を拒否する場合、面会交流支援者／支援団体は問題が解決するまでサービスを一時中止しなければならない。

　◉サービスの打ち切りの手順について

　サービスを打ち切るとき、面会交流支援者／支援団体は、①サービスを打ち切る理由を書面で父母双方に知らせること、②打ち切りの理由を裁判所や紹介元に伝える書面を準備すること、③ケース記録に打ち切りの理由を記録しておくこと、が必要となる。

19　子どもに対する性的虐待とドメスティック・バイオレンスを含む状況への特別な基準

　このセクションは、子どもに対する性的虐待とドメスティック・バイオレンスを含む状況にサービスを提供する場合の付加的な条項を定めることを求めている。

　◉子どもに対する性的虐待について

　①面会交流支援者／支援団体は、サービスを利用するすべての関係者の安全・安心を確保するために、性的虐待の申し立てや前歴があったケースの監督をする場合の方針と手順を明文化しなければならない。②性的虐待の申し立て

や前歴があった場合、面会交流を監督する面会交流支援者は、子どもに対する性的虐待やそれが子どもに与える影響についての特別な専門研修と実務訓練を修了している必要がある。③親子の交流は、常に片時も離れずに監督されなければならず、すべての言葉のやりとりを聞き取り、すべての身体接触を監視しなければならない。④性的虐待の申し立てが調査中ならば、面会交流支援者／支援団体は、ケースを受理してはならない。そして、裁判所命令もしくは性的虐待の専門家の意見書によって申し立てが却下されるまで、サービスの提供を延期しなければならない。

◉ドメスティック・バイオレンスについて

①面会交流支援者／支援団体は、サービスを利用するすべての関係者の安全・安心を確保するために、ドメスティック・バイオレンスの申し立てや前歴があったケースの監督をする場合の方針と手順を明文化しなければならない。面会交流支援者／支援団体は、①リスクのある利用者のために、安全・安心な受け渡しと面会交流の方法を作成しなければならない。②ドメスティック・バイオレンスの被害者のケアについては、被害者個人の安全・安心を支援できる専門知識を持つ専門職と連携しなければならない。③共同決定権限（shared decision making）を認められていない場合の方針と手順を作成しなければならない（特別な事情において、裁判所命令に共同決定権限が明示されているときは除く）。④父母間の接触とやりとりが認められていない場合の方針と手順を作成しなければならない（特別な事情において、裁判所命令において接触とやりとりが認められているときは除く）。

よく知られているように、米国では、ドメスティック・バイオレンスの前歴があった場合でも、加害者が治療プログラムを終了し、子どもと監護親に危害を加えるリスクが低くなったと裁判所が判断すると、非監護親からの要請に応じて監督付き面会交流を実施することが一般的である。そのため、ドメス

◉註4　一般的には「共同意思決定」と訳されており、医療において医師と患者が共同で治療方針を検討・決定することを指す場合が多い。面会交流支援の文脈においては、実質的に支援者と父母が共同で面会交流の方針について検討・決定することを意味する。ただし、米国で監督付き面会交流が命令されるケースは、さまざまな理由で非監護親の養育権や父母間の接触が制限されている場合がほとんどであり、裁判所命令に共同決定権限が明示されていることは多くない。したがって、基本的に方針が必要となる。

ティック・バイオレンスのケースにおいては、監督付き面会交流の支援者／支援団体が担う役割はとても大きい。

20　裁判所と連携先への報告書

このセクションは、裁判所や連携先への報告書の提出についての規定を定めることを求めている。

◉面会交流に関する報告書について

①面会交流支援者／支援団体は、裁判所や紹介元／紹介先、その他の機関に報告書を提出する場合に関する方針と手順を明文化しなければならない。②報告書を作成する面会交流支援者は、すべての報告が事実、観察、父母による直接の発言に限られていることを保証しなければならない。そして、面会交流支援者の個人的な判断、提案、意見を述べてはならない。また、すべての報告書や観察記録には、情報の使用に関する注意文を含める必要がある。

21　秘密保持義務

このセクションは、面会交流支援者／支援団体の秘密保持義務とその例外、面会交流支援者／支援団体への罰則付き召喚状[註5]（subpoena）、他の機関から要請される面会交流への立ち会い、父母や弁護士から要請される面会交流支援者のケース記録の閲覧について、それぞれ規定を定めることを求めている。

◉全般的な方針

①弁護士の依頼者と違い、面会交流支援の利用者は、秘密保持の特権（ケース記録について裁判所からの罰則付き文書提出命令、あるいは、裁判手続きの相手方からの文書照会を防ぐことができる）を持たない。②面会交流支援者／支援団体は、観察記録や報告書の提出を含む、秘密保持および秘密保持の限界に関する方針と手順を明文化しなければならない。③面会交流支援者／支援団体は、利用者の同意書がない限り、情報開示を拒否し、秘密保持義務を守らなければならない。ただし、利用者の特別な許可がなくても、以下の状況の場合、面会交流支援者／支援団体は利用者の情報を開示できる。①裁判所からの文書提出

●註5　米国では、裁判所が監督付き面会交流の支援者／支援団体に、裁判への出廷、証言、報告書やケース記録などの提出を罰則付きで命令する場合がある。

命令、②児童虐待やネグレクトが疑われる場合に作成される、関連法規が定めた適切な機関宛ての報告書、③関連法規に基づいて作成される、自傷他害の危険性に関する報告書、など。

◉記録閲覧に関する父母の権利について

①面会交流支援者は、郡、州、連邦の関連法規に基づき、ケース記録を閲覧する父母の権利に関する方針と手順を明文化しなければならない。②面会交流支援者は、父母の一方がケース記録の閲覧を希望する場合、関連法規に基づいて、もう一方の親と子どもに関する個人的な秘密の情報を削除した上で、その要請に応えなければならない。

◉監督付き面会交流への立ち会い要請について

①監督付き面会交流への立ち会いを専門職から要請された場合について／面会交流支援者は、監督付き面会交流への立ち会いを専門職から要請された場合の方針と手順を作成しなければならない。その方針には面会交流に立ち会う場合の要件を含んでいること。②利用者から立ち会いを要請された場合について／（a）面会交流支援者は、利用者が監督付き面会交流に立ち会う場合の方針と手順を作成しなければならない。（b）監督付き面会交流への立ち会いには、原則的に、裁判所命令や裁判官の許可書、あるいは父母双方の合意書が必要である。

──おわりに

本章では、SVN の「基準」を詳しく紹介した。SVN が監督付き面会交流の支援者／支援団体に高度な専門性を求めていることが理解されたのではないだろうか。SVN は、面会交流支援者／支援団体の活動に、細かい明文の規定とその公開を求めている。また、サービス提供にあたって、他機関との十分な連携を求めている。そして何より、面会交流支援者に本当の意味で安全・安心と子どもの福祉を最優先事項とする姿勢を身につけてもらうために、監督付き面会交流に関する研修の受講と継続的な研鑽を強く勧めている。

米国と日本の状況の決定的な違いは、共同親権か単独親権かという制度面に加え、日本のほとんどの団体で元当事者有志が面会交流支援を行っていること

や、各団体独自の面会交流施設を持たないことが大きい。実際、日本では、いわゆる専門職よりも元当事者有志のほうが高度な専門知識や実務経験を持っている場合も少なくない。監督付き面会交流施設の不足により、弁護士の事務所で監督付き面会交流を行うことさえある。こうした日本特有の状況に合わせた「基準」や日本独自の研修内容および監督付き面会交流の実施の仕方を検討する必要があるだろう。

SVN の実際の研修に参加すると、安全・安心と子どもの福祉を軸に、ドメスティック・バイオレンス、児童虐待、ネグレクト、ドラッグ／アルコール依存、片親疎外、子どもの一時保護や里親委託を含む児童保護関連の法律といったトピックの知識習得や演習（ロールプレイやエクササイズなど）に、多くの時間が割かれていた。また、再婚後・再々婚後の面会交流、実親と非嫡出子の面会交流、大都市と片田舎／富裕層と貧困層の面会交流の相違点・留意点、人種や言語の問題、国際離婚と家族観・文化の多様性などに焦点を当て、さまざまな面会交流支援の工夫について白熱した生々しい議論が交わされていた。継続研修でも、そのとき支援現場で話題となっている最新のトピック（たとえば、発達障害的特性を持つ子どもの面会交流の留意点など）を取り上げ、安全・安心と子どもの福祉を最優先事項とする支援のあり方について、相互の事例検討を通して団体の垣根を超えて研鑽を積んでいた。今後、日本でも、支援者／支援団体の指針となる「基準」が定められ、諸団体が相互に研鑽を積む日が来ることを願ってやまない。

文　献

Supervised Visitation Network（2006）. The Standards for Supervised Visitation Practice.［https://www.svnworldwide.org/attachments/standards.pdf］

Supervised Visitation Network（2010）. Training Manual. Unpublished material.

Supervised Visitation Network（2010）. Handbook for Parents: A Guide to the Selection and Use of Supervised Visitation and Exchange Services. Unpublished Material.

Supervised Visitation Network（2015）. 24-Hour Certificate Training Program. Unpublished material.

Supervised Visitation Network（2016）. Program Management Certificate Training. Unpublished material.

あとがき

　離婚全体の中で、協議離婚は約9割を占めている。当事者同士の話合いで済むなら簡便なのだが、うっかりすると紛争激化や傷つきを恐れるあまり、十分な話し合いのないまま、離婚や親権の合意をしてしまいかねない。背景にDV問題等を抱えていると、話合いはなおさら困難となる。その結果、子どもと非監護者の面会交流や養育費の支払いの取り決めで、不本意な合意をしたり、途中中断を覚悟のうえで合意したりしてしまうこともある。そして、そのしわ寄せは、弱者である子どもにも及ぶことになる。本来であれば、離婚後の子育てのあり方について、当事者間で綿密な自主協議のうえ、子どもの監護に必要な事項を子の利益を最優先に考慮して定めることが望ましいのだが、葛藤状況下にある当事者にはそのような余裕がないことが多い。これらを支える支援体制もまだ十分とはいえないのが、実情である。

　また、特に面会交流をめぐっては、父母の高葛藤、DVや虐待の問題、ステップファミリーの問題などさまざまな課題が影響する場合もあり、子どもにとって真に安全で安心できる面会交流を、円滑に実現することが困難となっている家庭も少なくない。そこで、葛藤をかかえ離婚した夫婦にとって、面会交流を支えてくれる支援機関の存在は、非常に重要なものとなっている。

　本書は、上記の情勢をふまえ、離婚と面会交流をめぐる諸問題について、研究者や司法関係者、さらには実務家の先生方から、それぞれの問題意識や研究成果を珠玉の論文にしていただいたものである。

　第Ⅰ部は離婚と面会交流をめぐる総論である。まず棚村政行教授（早稲田大学）に、家族法の枠組みから、離婚と面会交流の現状と課題を説明していただき、欧米諸国の実情も紹介していただいた。社会の変化に従い、養育費や面会交流、そして親権監護権の決定基準までもが、徐々に徐々に変化していることがわかった。次に編者である家裁調査官の町田隆司が家庭裁判所に紛争が持ち込まれた場合の扱いを、同じく編者の小田切紀子（東京国際大学）が臨床心理士として相談を受けた場合の対応を要約した。子どもが親の紛争に挟まれ翻弄される事態は、当事者である親にはなかなか見えにくいものである。家庭裁判

所の実務と臨床心理学の考え方を足場に、子どもに寄りそうことの大切さと重要性をまとめた次第である。また弁護士の今里恵子氏には、国際的な子の奪取の民事上の側面に関する条約（ハーグ条約）事件（国境を越えた子どもの連れ去り事件）について、弁護士の立場から論じていただいた。

第Ⅱ部はいわば各論である。まず、ステップファミリーにおける面会交流について野沢慎司教授（明治学院大学）は、継親子が「親子」になることを自明視し、別居親との面会交流を制限する従来の見解を批判する。社会学的な研究知見に基づき、婚姻カップルと子どもだけを家族とみなす暗黙の前提を、子どもを中心とした複数世帯にまたがるネットワーク家族モデルへと転換すべきと主張された。次に、子どもが面会交流を拒否するときについて田高誠氏（家裁調査官）に、両親間の高葛藤が問題となる場合の面会交流を濱野昌彦氏（家裁調査官）に、論じてもらった。葛藤状況の中で子どもは何を感じ、どのように振る舞うのか、親はそれになかなか目を向けることができない。それどころか、親自身の抱えている課題が、面会交流に影響を及ぼすことさえもある。また、面会交流をめぐる紛争に際し、弁護士がどのように対応するのかを上野晃氏（弁護士）と渡邉祥子氏（弁護士）に論じてもらった。代理人活動をしている中で遭遇する多種多様な課題が、披露されたと思う。さらに裁判外紛争解決手続（ADR）による面会交流の当事者合意による解決を小泉道子氏（家族のためのADRセンター代表）にまとめていただいた。ADRはまだ数こそ少ないが、今後期待される紛争解決手段でもある。最後に、青木聡教授（大正大学）にアメリカの面会交流支援機関のガイドラインを紹介していただき、面会交流支援団体の在り方について問題提起していただいた。

以上のように見てくると、本書のタイトルでもある「離婚と面会交流」の課題は、実に多岐にわたることが、おわかりいただけたであろう。法律上の枠組み、心理学的社会学的な配慮、関係機関や支援団体の実際の取組みと連携、諸外国の制度との相違など、至るところに問題が潜んでいる。それでも、いちばん基本に考えなければいけないのは、「子どもの安全を確保し、子どもの利益に資するような、子どもと非監護親との交流を支援する」ことであろう。本書が、離婚時の紛争解決の一助に、そして子どもに有益な面会交流の在り方を検討するにあたって参考となれば、幸いである。離婚と子どもの問題や家事事件

に関わる弁護士、司法関係者、臨床心理士、公認心理師、社会福祉士、司法書士、民間の支援団体で働く支援者、家族法・国際私法・民事訴訟法の研究者などの諸先生方に、ぜひ本書を一読していただきたいと考える。

　最後に、本書編集にあたり、多くの先生方からご助言やご意見、叱咤激励をいただいた。また、校正においては、金剛出版編集部の高島徹也氏に、時間も短い中、多大なご尽力をいただいた。この場を借りてお礼と感謝の意を述べたいと思う。

編者を代表して　町田隆司

［著　者］

序　章　**小田切紀子**［おだぎり・のりこ］
　　　　……東京国際大学人間社会学部教授

第Ⅰ部

第1章　**棚村政行**［たなむら・まさゆき］
　　　　……早稲田大学法学学術院教授

第2章　**町田隆司**［まちだ・りゅうじ］
　　　　……家庭裁判所調査官／公認心理師・臨床心理士

第3章　**小田切紀子**［おだぎり・のりこ］
　　　　……東京国際大学人間社会学部教授

第4章　**今里恵子**［いまざと・けいこ］
　　　　……麦田法律事務所／弁護士

第Ⅱ部

第5章　**野沢慎司**［のざわ・しんじ］
　　　　……明治学院大学社会学部教授

第6章　**田高　誠**［ただか・まこと］
　　　　……家庭裁判所調査官／公認心理師・臨床心理士

第7章　**濱野昌彦**［はまの・まさひこ］
　　　　……家庭裁判所調査官／公認心理師・臨床心理士

第8章　**上野　晃**［うえの・あきら］
　　　　……日本橋さくら法律事務所／弁護士

　　　　渡邉祥子［わたなべ・さちこ］
　　　　……日本橋さくら法律事務所／弁護士

第9章　**小泉道子**［こいずみ・みちこ］
　　　　……一般社団法人家族のためのADR推進協会／家族のためのADR
　　　　　センター代表

補　章　**青木　聡**［あおき・あきら］
　　　　……大正大学心理社会学部臨床心理学科教授

［編者］

小田切紀子［おだぎり・のりこ］
東京都立大学大学院人文科学研究科博士課程修了、心理学博士、臨床心理士、公認心理師。東京国際大学人間社会学部教授。2014年 国際家事ハーグ条約裁判外紛争解決（ADR）メディエーター。親が離婚した子どもの心理を専門分野とし研究と実務に携わる。主な著書に「家族の心理」（小田切紀子・野口康彦・青木聡共編『家族の心理』2017年、金剛出版）など。

町田隆司［まちだ・りゅうじ］
横浜市立大学文理学部心理学科を卒業。大阪家庭裁判所で家庭裁判所調査官補として採用され、養成研修の後、全国の家庭裁判所及びその支部で家庭裁判所調査官として、少年事件及び家事事件の調査にあたった。臨床心理士であり公認心理師。編著に『家裁調査官が見た現代の非行と家族』（創元社）、分担執筆に『家族の心理』（金剛出版）「第8章／少年・家事事件の現状」などがある。

りこん　めんかい　こうりゅう
離婚と面会交流
こ　　よ　　　　　せいど　　しえん
子どもに寄りそう制度と支援

印刷　2020年4月10日
発行　2020年4月20日

編著者　小田切紀子・町田隆司
発行者　立石正信
発行所　株式会社 金剛出版（〒112-0005 東京都文京区水道1-5-16）
　　　　電話 03-3815-6661　振替 00120-6-34848
　　装釘　臼井新太郎　　印刷・製本　株式会社 太平印刷社
ISBN 978-4-7724-1753-2 C3011　　　　　　©2020 Printed in Japan

離婚と子どもの司法心理アセスメント
子の監護評価の実践

[著]=ジェリ・S・W・フールマン ロバート・A・ジーベル
[訳者]=田高 誠 渡部信吾

●A5判 ●並製 ●240頁 ●定価4,200円＋税
● ISBN978-4-7724-1499-9 C3011

心理学は離婚と子の監護をめぐる司法手続にいかに貢献できるか。
実証的な知見を網羅し、実務と研究に体系的な指針を示す。

ステップファミリーのきほんをまなぶ
離婚・再婚と子どもたち

[編]=SAJ（ステップファミリー・アソシエーション・オブ・ジャパン）野沢慎司
[著]=緒倉珠巳 野沢慎司 菊地真理

●A5判 ●並製 ●190頁 ●定価2,200円＋税
● ISBN978-4-7724-1651-1 C3011

「ふつう」の家族になる必要はない。
「ステップファミリー」としての生き方！
実親・継親・子どもたちすべてが幸せになるために

家族の心理
変わる家族の新しいかたち

[編]=小田切紀子 野口康彦 青木 聡

●A5判 ●並製 ●204頁 ●定価2,600円＋税
● ISBN 978-4-7724-1577-4 C3011

少子超高齢社会をむかえ、
変動のなかにある現代家族を学ぶ
家族心理学の新しい教科書。